本书得到国家自然科学基金面上项目"高校服务新农村建设策略研究"(71373103)资助

经济管理学术文库·经济类

知识吸收能力及其影响因素对农民合作社绩效的作用研究

Research on Effects of Knowledge Absorptive Capacity and Its Influence Factors on Farmer Cooperative's Performance

戈锦文／著

经济管理出版社

ECONOMY & MANAGEMENT PUBLISHING HOUSE

图书在版编目（CIP）数据

知识吸收能力及其影响因素对农民合作社绩效的作用研究/戈锦文著.—北京：经济管理出版社，2017.3

ISBN 978 – 7 – 5096 – 4914 – 5

Ⅰ.①知…　Ⅱ.①戈…　Ⅲ.①知识经济—影响—农业合作社—经济绩效—研究—中国
Ⅳ.①F321.42

中国版本图书馆 CIP 数据核字（2017）第 024483 号

组稿编辑：张巧梅
责任编辑：杨国强　张瑞军
责任印制：黄章平
责任校对：雨　千

出版发行：经济管理出版社
　　　　　（北京市海淀区北蜂窝 8 号中雅大厦 A 座 11 层 100038）
网　　址：www. E – mp. com. cn
电　　话：（010）51915602
印　　刷：北京玺诚印务有限公司
经　　销：新华书店
开　　本：720mm × 1000mm/16
印　　张：14.25
字　　数：272 千字
版　　次：2017 年 6 月第 1 版　　2017 年 6 月第 1 次印刷
书　　号：ISBN 978 – 7 – 5096 – 4914 – 5
定　　价：68.00 元

前　言

　　《农民专业合作社法》自2007年7月1日颁布实施以来，农民合作社如雨后春笋般涌现，数量和规模得到迅速发展。然而在实际调研中发现，合作社"名存实亡"、"大农吃小农"，或是经营了一段时间运行不下去的现象层出不穷。不难发现，我国农民合作社知识基础薄弱、资源利用率低下、科技创新能力不强，导致可持续发展能力普遍不强，严重阻碍了农业现代化建设。在经济全球化和知识经济高速发展的背景下，知识吸收能力和组织学习行为对农民合作社成长以及持续发展的价值越发凸显。如何激励农民合作社对新知识的开放态度，增强其知识吸收能力，获得市场竞争优势，进而提高农民合作社绩效，是目前亟须研究和解决的重大现实问题。

　　综观国内外相关研究，从知识吸收能力的角度分析农民合作社的可持续发展的文献较少。由于历史原因，经济社会二元化发展模式，以及长期重工抑农的技术政策和重城抑乡的教育政策，导致我国农村居民的科技意识及知识薄弱，缺乏科技成果转化能力，经营管理能力较弱。可以说，对知识和技术的主动获取、吸收和应用成为影响农民合作社健康持续发展的重要因素。此外，国外合作社发展的诸多成功经验都与其对新知识、新技术的吸收能力、组织内部的知识管理密切相关。一些国内学者基于我国国情，围绕农民合作社健康发展开展的研究，主要集中于成员参与行为、经营模式、治理结构、运行机制等方面。

　　本书在吸收和借鉴国内外众多专家学者的研究成果的基础上，结合定性分析和定量研究，运用深度访谈、扎根理论、问卷调查、结构方程模型相结合的方法，系统地探析了知识吸收能力及其影响因素与农民合作社绩效的关系。首先，锁定江苏省为实地考察的典型省份，分别对苏中、苏南、苏北的若干具有代表性的农民合作社进行深度访谈和半结构化访谈，采用扎根理论方法提炼了农民合作社知识吸收能力三个层面的影响因素。其次，在界定了农民合作社绩效的基础上，从市场绩效、社会绩效和创新绩效三个维度刻画农民合作社绩效的内涵，按照知识吸收能力研究的"前因—过程—后果"为基本范式，提出了在农村社会特定情境下的知识吸收能力影响因素、知识吸收能力和农民合作社绩效的整体理论模型。最后，开发了面向农民合作社的知识吸收能力、影响因素、绩效的测量量表，并对江苏省范围内农民合作社的 700 名成员进行调研，回收了有效问卷 414 份，采用结构方程模型方法验证了本书所提出的理论模型。

通过质性研究和实证研究发现：第一，农民合作社知识吸收能力的影响因素包括个体层因素、组织层因素和外部层因素。第二，潜在知识吸收能力和实现知识吸收能力均能提升农民合作社绩效。第三，部分影响因素能够通过知识吸收能力的中介作用积极影响农民合作社绩效。基于研究结论，本书认为在提升知识吸收能力和农民合作社绩效的过程中，有如下两方面工作刻不容缓：一方面，通过增强农民合作社成员的知识资本，强化农民合作社内部知识管理，创建全方位的社会支持体系促进农民合作社的潜在和实现知识吸收能力；另一方面，通过增强农民合作社的人力资本，培养农民合作社成为学习型组织，并优化其发展环境，进而推动农民合作社绩效的稳步前进，实现其可持续发展。

本书尝试从知识吸收能力视角探究农民合作社可持续发展的问题，囿于作者自身的学术素养所限，本书尚存在诸多不足之处，农民合作社知识管理的相关议题仍有待于进一步探讨和完善，恳请各位读者批评指正。

作者

2016 年 11 月

目　录

第一章 导论

第一节 研究背景

随着农业市场化程度的提高，农业农村形势向好，城乡居民收入差距逐渐缩小，城镇化率稳步提高，城乡结构发生历史性变化，"三农"问题面临转变和巨大挑战。首先，在农业现代化发展进程中，增强农业综合生产能力，保障农产品供给和粮食安全的任务艰巨；其次，大量年轻劳动力流向城市导致农村空心化、劳动力高龄化、留守人口老龄化，农民利益诉求的多元化等问题亟待解决，加强农村管理势在必行；最后，农村社会的内部分化使得人力资源、知识技术、资金等农业经济要素快速流失，农业市场竞争能力难以提升。为此，中共中央制定了一系列战略部署，如表1-1所示。

表1-1 扶持农民合作社发展的相关政策

年份	政策内容
2008	积极发展农民专业合作社和农村服务组织。全面贯彻落实农民专业合作社法，抓紧出台配套法规政策，尽快制定税收优惠办法，清理取消不合理收费
2009	扶持农民专业合作社和龙头企业发展。加快发展农民专业合作社，开展示范社建设行动。加强合作社人员培训，各级财政给予经费支持
2010	大力发展农民专业合作社，深入推进示范社建设行动，对服务能力强、民主管理好的合作社给予补助
2012	充分发挥农民专业合作社组织农民进入市场、应用先进技术、发展现代农业的积极作用，加大支持力度，加强辅导服务，推进示范社建设行动，促进农民专业合作社规范运行

年份	政策内容
2013	坚持依法自愿有偿原则，引导农村土地承包经营权有序流转，鼓励和支持承包土地向农民合作社等流转，发展多种形式的适度规模经营
2014	扶持发展新型农业经营主体。鼓励发展专业合作、股份合作等多种形式的农民合作社，引导规范运行，着力加强能力建设。允许财政项目资金直接投向符合条件的合作社等
2015	加快构建新型农业经营体系。引导农民专业合作社拓宽服务领域，促进规范发展，实行年度报告公示制度，深入推进示范社创建行动
2016	坚持以农户家庭经营为基础，支持新型农业经营主体和新型农业服务主体成为建设现代农业的骨干力量。积极培育家庭农场、专业大户、农民合作社、农业产业化龙头企业等新型农业经营主体

资料来源：根据中共中央国务院颁布的中央一号文件整理（2008～2016）。

2013 年中央一号文件指明，"农民合作社能够带动分散农户进入市场的主体，是发展农村集体经济的新型实体，是创新农村社会管理的有效载体"。2015 年中央一号文件进一步提出，"注重农业科技知识创新，提高农业竞争力，建设高效、集约、农产品安全的现代化农业发展道路"。这涉及农民合作社、知识创新等方面的农业深化改革。农民合作社是农业生产经营的重要组织方式，有利于整合农业知识资源，促进农业增长，对解决"三农"问题，发展现代农业意义深远。

农民合作社①在解决分散农户小规模生产和大市场对接问题时应运而生。一方面，能够降低生产成本和交易费用，提高个体在市场中的谈判地位，避免受到中间商的盘剥，实现农户利益最大化；另一方面，有效提高农民组织化程度，提升农产品质量安全，增强抵御风险的能力，进而提高农业竞争力，实现农村经济增长方式的有效转变。可以说，农民合作社在调动农民参与新农村建设的积极性等方面发挥着重要作用，是推动现代化农业建设的有效载体。自 2007 年 7 月 1 日国家颁布实施《农民专业合作社法》，确立了农民专业合作社的法人资格和市场主体地位后，良好的政策法律环境使得农民专业合作社蓬勃发展。据国家工商总局统计，2008 年底实有农民合作社 11.09 万家，而到 2015 年 10 月底，农民合作社在全国的数量高达 147.9 万家，入社农户覆盖全国农户的 41.7%，如图 1-1 所示。2016 年中央一号文件提出"要夯实现代农业基础，积极培养农民合作社

---

① 2013 年中央一号文件首次提出农民合作社，认为农民专业合作社已经不能涵盖整个合作社的发展趋势。所以，中央提出"要培育多种形式、多元化的农民合作社"，而《农民专业合作社法》也将做出相应调整。因此在本书中，均采用"农民合作社"作为直接意指的研究对象。

这类新型农业经营主体，提高农业质量效益和市场竞争力"。在政府、政策的支持下，农民合作社数量发展迅速，但内生动力不足、管理松散、组织农民抵御市场风险的能力低下等问题日益凸显，抑制了农民合作社健康发展和持续增长的动力。面对错综复杂的外部环境，我国农民合作社如何实现可持续发展是亟须解决的重大现实问题。

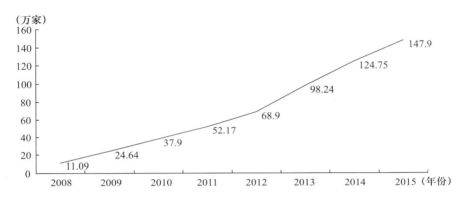

图1-1 农民合作社数量发展（2008～2015 年）

近年来，现代科学知识和技术逐渐取代传统资源，成为农业经营主体竞争优势的来源，因而获取应用知识和技术，增强农业竞争力，促进可持续发展的理论同样适用于农民合作社这一市场经营主体。农民合作社要实现为成员提供服务、立足于国内外市场，就必须保有相较营利性组织的竞争优势。从国外农民合作社的成功发展经验看，当农民合作社高效地获取和利用有价值的新知识时，其成长能力和盈利能力相对较强，具备创造和维持核心竞争优势的能力，能够为成员带来更多的收益和服务。在农业现代化建设进程中，我国农民合作社将面临使用大量工业辅助功能，以现代化管理方式进行生产、经营和销售等活动。而现代农业生产接近完全竞争的市场结构要求农民合作社了解最新农业科技和市场走势等，及时掌握市场发展动态，准确把握市场变化，不断地将新技术、新知识应用于实践活动中才能适应现代农业的发展要求，确保农产品的质量安全和供给需求，增强农业综合生产能力。

前期调研发现，农民合作社"知识贫困"现象严重，严重阻碍了竞争优势的获得，从而导致组织发展能力的匮乏。"知识贫困"主要指吸收、共享知识能力的匮乏或是途径的缺失[1]，类似于企业中的"吸收裂痕"（Assimilation Gap）

---

[1] 高雄. 基于农村弱势群体知识援助保障机制研究［J］. 图书馆工作与研究，2014（5）：9-14.

现象①。一方面，我国农民合作社近年来的发展受到资源劣势的影响，面临市场信息、生产技术、知识资源稀缺等问题，遇到问题时对政府部门、少数农村能人、精英过度依赖，发展的持续性存在诸多不确定性；另一方面，农村信息化与农村知识服务的深入开展，使得多处农村地区通信设施得以改善，信息输入量呈指数增长，许多农民合作社获取外部新知识已经不是一件难事。然而，由于农民合作社的内生力量不足，虽能与外部机构和销售市场进行一定程度的对接，具备获得外部资源和知识的渠道，但因知识吸收能力不强，资源利用率不高，仍然难以改变劳动生产率低下的局面。世界银行的研究报告指出，制约我国农业农村发展的是农民对知识、信息的获取、消化、利用问题②，农民合作社的管理层大多缺乏懂技术、会管理、具备市场开拓能力的领导者，很大程度制约了农民合作社的发展。因而农民合作社成员对各类知识、信息的搜寻、分类、加工和转化能力亟待提高。获取的知识只有通过消化与应用才能够转化为现实的生产力。农民合作社作为连接"大市场"和"小农户"的组织载体，需要从外部吸收知识，充分挖掘和激发农村资源、资本和劳动力等生产要素潜能，以商品化的形式经营产出，保有相较营利性组织的竞争优势，才能立足于市场竞争中，真正实现服务散户农民，有效解决"三农"问题。

以农民合作社为对象的知识管理相关研究，对解决"三农"问题，发展现代农业的意义深远。近年来，部分国内学者根据我国国情，围绕农民合作社发展进行了一系列研究，主要集中于成员参与行为、治理结构、运行机制等方面。不难发现，虽然知识和信息的吸收对绩效、农民合作社的生存与发展具有十分重要的作用，但鲜有关于农民合作社知识管理及其与绩效的系统研究。鉴于此，本书结合农民组织化理论、组织学习理论等，围绕知识吸收能力、影响因素及其对农民合作社绩效的作用路径展开研究，探索农民合作社如何通过提高知识吸收能力，获得市场竞争优势，实现绩效增长，促进可持续发展，进而推动我国现代化农业建设。江苏农村商品经济的快速发展促使农民合作社的大量涌现，在农业增产、农民增收、推动农村经济发展中发挥了积极作用，在全国范围内具有较大的影响力。此外，苏中、苏南、苏北地理条件、产业结构和资源禀赋的差异，导致江苏省内农民合作社发展亦存在明显差异，具有一定研究价值，继而为本书提供了一个良好并具有典型性的研究背景。因此，本书以江苏省农民合作社为典型进行研究。

① Fichman R. G., Kemerer C. F. The illusory diffusion of innovation：An examination of assimilatin gaps [J]. Information Systems Research, 1999, 10 (3)：255 - 275.

② 世界银行. 2008 年世界发展报告：以农业促发展[M]. 北京：清华大学出版社，2008.

第二节　研究意义

一、理论意义

提出农民合作社知识吸收能力的维度构建，并分析各维度对绩效的作用机理。在梳理知识吸收能力的现有文献时发现，一方面，很少有知识吸收的过程研究，多数研究将知识吸收能力当作单维度变量，仅通过几个指标进行实证研究；另一方面，实证研究甚少涉及农民合作社这一新兴市场经济实体。近年来的研究中，有学者开始以各类企业为研究对象，对知识吸收能力的多维度测量展开研究，而各维度对产出具体作用的实证检验并不多。本书基于对农民合作社知识吸收能力的内涵理解，借鉴 Zahra 和 George（2002）对知识吸收能力的分解方式，剖析各个维度的知识吸收能力对农民合作社绩效的作用途径，提出相应的理论假设并进行实证研究，本书丰富了知识吸收能力相关理论。

在中国农村情景下，将知识吸收能力的影响因素、知识吸收过程以及农民合作社绩效有机地纳入一个整体理论框架体系内，研究作用于农民合作社绩效的直接与间接变量的传导效应，有助于农民组织化理论、合作经济组织理论与知识管理理论、组织学习理论的相互交叉研究。这种理论的融合为农民组织化理论、知识管理理论等研究找到新的切入视角，从两两错位的角度观察农民组织化理论与知识管理理论的发展，为本书知识吸收能力理论的研究框架提供了恰当的情景参考。因此，本书以农民合作社为研究对象，构建了知识吸收能力及其影响因素与农民合作社绩效关系的理论模型。

二、实践意义

知识经济时代下，组织的无形资产，诸如知识、技术、品牌等，比有形资产更加重要。因此，研究农民合作社的知识吸收能力，帮助农民合作社在激烈的国内外市场竞争中通过提高获取、消化、转换和应用知识的能力来维持竞争优势，有利于改善农民合作社的知识结构，增强其运营活力，促使农民合作社不断地学习、拓宽知识获取渠道，打破知识在城乡传播过程中的文化壁垒，对于提高合作社及其成员的知识文化水平，促进知识的应用创新，提高农民合作社的市场绩效、创新绩效和社会绩效，存在积极作用。本书的研究结论可为各级政府制定促进农民合作社提升知识吸收能力、组织绩效水平，获得健康可持续发展提供相应的路径指导。此外，本书针对江苏省全省范围内的农民合作社抽样调研，对社员进行访谈，获悉农民合作社知识吸收能力现状，对了解不同发展程度地区的农民合作社知识吸收能力水平有一定参考价值。

第三节　国内外研究现状

基于本书的研究主题及研究内容，从农民合作社、知识吸收能力、组织绩效三个方面对国内外相关研究文献进行梳理，并对研究现状进行评析。

一、农民合作社研究综述

农民合作社是我国目前重点发展的新型农业经营主体，是同时具有企业和社团属性的准企业化组织[1]，近年来在政府政策支持下进入了蓬勃发展阶段。目前，国内外学者对农民合作社的研究可大致分为以下几个方面：

首先，一些学者围绕农民合作社的功能、存在的必要性与重要性及其发展思路展开研究。Deng 等（2010）研究发现，政府是农民合作社发展过程中的决定性因素之一[2]。Yang 和 Liu（2012）论证了农民合作经济组织的产生伴随着分工的演进以及农业专业化而发展，阐述了农民合作经济组织的产生条件及其促进农业专业化发展的内在机制[3]。国内学者黄祖辉和梁巧（2007）认为，合作社扮演了为分散的农户提供技术、信息的渠道，并代替其进入市场的角色，增强了农民的安全感和抵御风险的能力，降低了分散农户在市场中面临的高昂交易费用，增强了农业的积累和发展能力[4]。农民合作社的主要功能通过自身的经济活动，为成员提供行之有效的综合服务。胡冉迪（2012）分析了我国农民合作社当前面临的四个问题，包括发展规模小、组织功能单一，生产成本得不到有效控制等，并在此基础上提出创新发展的对策建议[5]。邓衡山和王文烂（2014）运用多案例研

① 张月辰. 农民专业合作组织系统管理研究［D］. 天津大学博士学位论文，2006.

② Deng H. , Huang J. , Xu Z. , et al. Policy support and emerging farmer professional cooperatives in rural China［J］. China Economic Review, 2010, 21 (4)：495 – 507.

③ Yang D. , Liu Z. Study on the chinese farmer cooperative economy organizations and agricultural specialization［J］. Agricultural Economics, 2012, 58 (3)：135 – 146.

④ 黄祖辉，梁巧. 小农户参与大市场的集体行动［J］. 农业经济问题，2007 (9)：66 – 71.

⑤ 胡冉迪. 当前我国农民专业合作社创新发展问题与对策研究［J］. 农业经济问题，2012 (11)：44 – 48.

究对现实合作社的本质进行检视，认为合作社是为了实现潜在的规模经济而产生①。

其次，一些文献则针对农民合作组织的经营模式、制度特征、发展现状、组织行为和经营模式等展开。Luo 和 Hu（2015）从合作社内部因素、技术因素和外部环境因素三个维度探讨了合作社的技术创新风险模式，确定各风险指标的权重，并用模糊综合评价法确定风险系数，最终通过数值算例对某特定创新项目进行风险评估②。Liang 等（2015）通过中国浙江省的水果和蔬菜合作社调查的实证结果表明，所有权的分配，决策权以及收入权在中国农业合作社的治理中所占比例较小，并且合作社的一些治理实践不符合法律规定的要求③。Hao 等（2015）通过针对林业农民及其林业合作社调查，找出集体林管理中存在的主要问题，建议提高集体林的可持续管理水平，制定和实施合理的集体林管理方案，形成参与式协调管理机制④。Zhou 等（2016）研究发现，农村合作社中农户对农产品的自查可以更好地提高安全管理标准，并在此基础上开发出农户产品自查行为的影响因素⑤。张开华等（2007）认为，农民专业合作社的健康成长必须构建"能人"治社与民主管理相协调的运行机制，积极开展培训辅导，解决人才稀缺等问题⑥。李明贤等（2013）对三家典型合作社的经营模式进行比较，探索了不同经营模式下农民合作社在发展现代农业的道路上所产生的社会经济效果⑦。黄祖辉、吴彬和徐旭初（2014）构建了"三位一体"的合作社"理想类型"，通过比照现实类型，对合作社的类型及其质性问题进行辨析⑧。

最后，也有一些学者针对农民合作社内部治理结构、运行效率和制度变迁；与合作社相关合作的经济理论框架、模型和运行机制等内容展开研究。Cook

---

① 邓衡山，王文烂. 合作社的本质规定与现实监视——中国到底有没有真正的农民合作社？［J］. 中国农村经济，2014（7）：15－26.

② Luo J. L. , Hu Z. H. Risk paradigm and risk evaluation of farmers cooperatives' technology innovation ［J］. Economic Modelling, 2015（44）：80－85.

③ Liang Q. , Hendrikse G. , Huang Z. , et al. Governance structure of chinese farmer cooperatives：Evidence from zhejiang province ［J］. Agribusiness, 2015, 31（2）：198－214.

④ Hao C. X. , Dong Z. F. , Ge C. Z. , et al. Research on the capacity building of xin sheng bamboo planting special farmer cooperative in na kou, shao wu city, fujian province ［J］. Advance Journal of Food Science and Technology, 2015, 9（2）：79－86.

⑤ Zhou J. , Yan Z. , Li K. Understanding farmer cooperatives' self－inspection behavior to guarantee agri－product safety in China ［J］. Food Control, 2016（59）：320－327.

⑥ 张开华，张清林. 农民专业合作社成长的困惑与思考 ［J］. 农业经济问题，2007（5）：62－65.

⑦ 李明贤，樊英. 经营模式、经营特性与农民专业合作社的发展研究——基于湖南省浏阳市三家典型蔬菜类合作社的研究 ［J］. 农业经济问题，2013（2）：81－87.

⑧ 黄祖辉，吴彬，徐旭初. 合作社的"理想类型"及其实践逻辑 ［J］. 农业经济问题，2014（10）：8－16.

（1995）总结出农民合作社存在免费搭车问题、短视问题、投资组合问题、控制问题和影响成本问题五个制度缺陷①。Fulton（1995）认为，农业知识的进步能减少农产品质量的不稳定性，强调了知识和技术对合作社生存和发展的重要性②。Hanson 等（2010）探讨了农业合作社的需求，发现农村经济组织在企业管理、市场营销、法律服务和组织效益等方面需要获得帮助③。Julius（2012）采用双向方差分析法研究发现，在尼日利亚首都阿布贾，农民合作社的农民教育水平对合作社的外延服务不产生影响④。Faysse（2012）探讨了网络对农民合作社的成员的知识及创新性的影响，以及集体行动在合作层面的表现。对话网络和集体行动被证明是评估农民合作组织的有效方式⑤。Emery（2015）探讨了农村经济组织的个人利己主义思想，发现独立性是有效的调整手段⑥。Yuliando 等（2015）运用网络分析法（ANP）加强茶叶合作社中茶农的产品商业化合作因素，结果表明，合作社与其他机构和环境的合作起重要作用，同时，创造产品附加值、存取市场和金融信息以及农户持股是有效手段⑦。Verhofstadt 和 Maertens（2015）研究发现，卢旺达合作社成员具备的合作精神有利于合作社增加收入并减少贫困⑧。Van Dijk 等（2015）研究发现，社会压力、自我认同以及农民意图对于环境合作社成员参与农业环境计划（AES）有重要影响⑨。Avsec 和 Štromajer

① Cook M. L. The future of US agricultural cooperatives: A neo – institutional approach [J]. American Journal of Agricultural Economics, 1995, 77 (5): 1153 – 1159.

② Fulton M. The future of canadian agricultural cooperatives: A property rights approach [J]. American Journal of Agricultural Economics, 1995, 77 (5): 1144 – 1152.

③ Hanson J. C., Matavulj M., Manzuk G., et al. Agricultural cooperatives and unions of cooperatives in bosnia and herzegovina: Opportunities for improvement in providing services and educational programs for farmers [J]. Journal of Rural Cooperation, 2010, 38 (1): 3.

④ Julius A. Effects of farmers' level of education and cooperative membership on access to agricultural extension services in Abuja, Nigeria [J]. Trends in Agricultural Economics, 2012, 5 (4): 104 – 114.

⑤ Faysse N., Sraïri M. T., Errahj M. Local farmers' organisations: a space for peer – to – peer learning? The case of milk collection cooperatives in Morocco [J]. The Journal of Agricultural Education and Extension, 2012, 18 (3): 285 – 299.

⑥ Emery S. B. Independence and individualism: conflated values in farmer cooperation? [J]. Agriculture and Human Values, 2015, 32 (1): 47 – 61.

⑦ Yuliando H., Erma K. N., Cahyo S. A., et al. The strengthening factors of tea farmer cooperative: Case of indonesian tea industry [J]. Agriculture and Agricultural Science Procedia, 2015 (3): 143 – 148.

⑧ Verhofstadt E., Maertens M. Can agricultural cooperatives reduce poverty? Heterogeneous impact of cooperative membership on farmers' welfare in Rwanda [J]. Applied Economic Perspectives and Policy, 2014, 37 (1): 86 – 103.

⑨ Van Dijk W. F. A., Lokhorst A. M., Berendse F., et al. Collective agri – environment schemes: How can regional environmental cooperatives enhance farmers' intentions for agri – environment schemes? [J]. Land Use Policy, 2015 (42): 759 – 766.

（2015）通过历史统计数据及其相关测量，研究了在斯洛文尼亚农民合作社公共政策的变化①。

二、知识吸收能力研究综述

知识吸收能力作为学术界一个重要的概念，被频繁地引入技术管理、知识管理、组织学习等管理学和经济学的相关领域。吸收能力的概念雏形可以追溯到熊彼特经济理论时期，关于创新和研发对经济增长的作用影响。早期学者认为，企业组织致力于研发活动时，同时能够获得从外部环境中获取知识的能力。在此基础上，Cohen 和 Levinthal（1990）从产业组织经济学的视角，在分析企业 R&D 研发投入的作用时提出，知识吸收能力是指识别、消化、利用外部环境中的知识能力②。此后，学术界出现诸多针对吸收能力的研究成果，并一直处于持续增长的阶段。

目前，知识吸收能力的研究大体可以归结为影响因素、过程与作用结果三个方面。影响因素研究主要为识别影响知识吸收的相关因素，如先验知识、社会资本、组织结构等变量。其重点在于解释"是什么"影响了组织对知识的吸收。而过程研究侧重于组织吸收知识中"How"这个问题，即知识"是如何"被组织所吸收的。结果研究则关注组织知识吸收能力的作用，往往集中于绩效、竞争力等方面。由此可知，影响因素研究、过程研究和作用研究对于组织知识吸收能力的关注点各有不同，学者们在探究组织吸收能力问题时往往以此为核心进行探讨。本书将从这三个部分的文献进行梳理。

此外，知识吸收能力的研究对象多为企业、团体等，甚少涉及农民合作社这一新兴市场经济组织。这部分对现有农民合作社知识吸收能力相关文献进行单独论述。

（一）知识吸收能力影响因素研究

Cohen 和 Levinthal（1990）是最早关注吸收能力影响因素的学者，提出员工教育背景、拥有知识的多样性、成员之间知识互补特性等因素均会对吸收能力产生积极的影响。Kraemer（1999）认为，政府可以通过政策鼓励、补贴激励等手段影响组织对知识的应用③，但目前较少有文献证明政策对知识吸收能力的直接影响。Lane（2006）等提出组织结构与过程特征、组织内个体和部门的心智模

---

① Avsec F. , Štromajer J. Development and socioeconomic environment of cooperatives in slovenia [J]. Journal of Co – operative Organization and Management, 2015, 3 (1): 40 – 48.

② Cohen W. , Levinthal D. Absorptivee capacity: A new perspecitve on learning and innovation [J]. Administrative Science Quarterly, 1990, 35 (1): 128 – 156.

③ Kraemer K. L. , Perry J. L. Innovation and computing in the public sector: A review of research [J]. Knowledge and Policy, 1999, 2 (1): 72 – 87.

式、内外部知识特征、学习关系特征、组织战略等因素均会对组织吸收能力产生影响①。Rajesh（2004）研究了组织社会资本与吸收能力的关系，从社会资本的结构、关系和认知维度提出了社会资本对吸收能力影响的理论模型，指出了社会资本对提高吸收能力的积极作用②。Vanhaverbeke（2011）认为，吸收能力与组织内部的创新过程有关，内部创新过程决定组织内技术知识扩散与利用③。

国内同样出现大量关于知识吸收能力影响因素的研究。刘常勇和谢洪明（2003）研究发现先验知识、学习强度和方法、研发强度是影响吸收能力的最为重要的要素④。吴晓波（2005）等研究发现"看门人"是外界与组织练习、组织内部知识传播的中心人物，具有知识丰富、信息面广、权威性高等特点，是知识吸收过程中的重要因素⑤。宁东玲和吴远巍（2007）将影响因素归纳为六个：研发投入、先验知识、学习强度、组织结构、人力资本、组织文化⑥。而吴伯翔和阎海峰（2007）则通过对国内企业的实证调研得到了吸收能力影响五因素：互动程度、努力程度、联系程度、信任因素和支持因素。但他们研究尚存在一些不足，这五个因素涉及企业内部和企业之间两个层面，但他们对吸收能力内核的测度却只涉及一个层面，两者并不一致。徐二明和陈茵（2009）研究发现，企业的业务培训能有效提高员工的认知基础，对潜在和实际吸收能力均有正向推动作用，同时内部沟通交流也对两种吸收能力有明显作用，且对实际吸收能力的作用更为显著⑦。陈劲等（2011）通过归纳与实证调研认为，员工教育背景、工作经验和基本技能与知识吸收能力正相关⑧。崔志等（2012）认为，企业组织的先验知识、管理因素、企业 R&D 活动水平及企业外部社会资本等因素对我国企业技术吸收能力具有重要的影响⑨。陈晓红和宋洋（2011）利用因子分析法对区域创新系统中知识吸收能力的影响因素进行了研究，发现区域内基础知识水平、知识

① Lane P. J., Pathak S. The reification of absorptive capacity: a critical review and rejuvenation of the construct [J]. Academy of Management Review, 2006, 31 (31): 833 – 863.

② Upadhyayula R. S., Kumar R. Social capital as an antecedent of absorptive of firms [J]. Indian Institute of Management, 2004 (12): 1 – 30.

③ Vanhaverbeke W., Cloodt M. Van V. V. Connecting absorptive capacity and open innovation [D]. Hasselt University, 2007.

④ 刘常勇，谢洪明. 企业吸收能力的主要影响因素[J]. 科学学研究，2003，21 (3): 307 – 310.

⑤ 吴晓波，陈宗年，曹体杰等. 技术跨越型企业的技术吸收能力探究[J]. 自然辩法研究，2005 (3): 69 – 70.

⑥ 宁东玲，吴远巍. 吸收能力的影响因素及对策研究[J]. 技术经济与管理研究，2007 (1): 98 – 99.

⑦ 徐二明，陈茵. 中国企业吸收能力对竞争优势的影响[J]. 管理科学，2009，2 (22): 14 – 23.

⑧ 陈劲，蒋子军，陈钰芬. 开放式创新视角下企业知识吸收能力影响因素研究[J]. 浙江大学学报（人文社会科学版），2011，5 (41): 71 – 82.

⑨ 崔志，于渤，崔崑. 企业知识吸收能力影响因素的实证研究[J]. 哈尔滨工业大学学报（社会科学版），2012 (8): 110 – 113.

交流能力、自身创新水平等因素会影响知识吸收能力[①]。刘青海（2012）从内部和外部 R&D、人力资本、合作因素及文化传统和其他因素总结了吸收能力的影响因素，并认为因素并非只是独立作用，而是可能会联合一起，共同对吸收能力产生影响[②]。何永清（2012）通过访谈与调研选取了影响知识吸收能力的五大因素，依次为整体知识水平、组织管理、吸收时间、学习投入和外部知识环境[③]。卫东（2012）建立了开放式创新环境下我国装备制造企业知识吸收系统的动力学模型，考虑了知识距离、信任程度、技术差距、学习意愿及能力、企业的激励机制等辅助变量，保证了模型的可用性及可信度[④]。杨东红和金微子（2013）则针对油田装备制造企业的知识吸收能力问题，分析了知识吸收能力影响因素，得出先验知识、员工个体吸收能力、企业内部组织管理、企业资金实力、企业外部社会资源五个潜在变量对吸收能力有显著影响[⑤]。

不难发现，国内外关于知识吸收能力影响因素的研究已经较为丰富，研究者根据研究内容和对象的不同，选择分析吸收能力影响因素的角度亦不同。这些研究多数以国外早期研究为基础进行假设后验证，涉猎对象多为科研团队、企业等，但较少涉及农民合作社这类新型市场经济实体。农民合作社的制度环境和社会网络关系均不同于企业，农民文化水平亦不能与企业员工相比，因此，农民合作社知识吸收能力的影响因素可能存在其自身独特性。

（二）知识吸收能力的过程研究

对于知识吸收能力过程的研究，大部分研究者较为关注吸收能力的动态性，并基于过程视角将吸收能力进行维度划分，通过对各个独立动作的考察来探究知识如何逐步与组织融合，并被组织应用的。目前，对知识吸收过程研究比较有影响力的来源于两篇文献：一是 Cohen 和 Levinthal（1990）构建的吸收能力模型，包含评价、消化和应用三个维度，该模型为后续研究奠定了相关基础，但该文并未对三个维度之间的关系进行深入研究。二是 Zahra 和 George（2002）在前人研究基础上，将吸收能力分为潜在吸收能力和现实吸收能力，潜在吸收能力包括获取和消化维度，实际吸收能力包括转换和应用维度。

除此之外，还有一些对过程的其他划分方式。Todorova 和 Durisin（2007）基

① 陈晓红，宋洋. 区域创新系统中知识吸收能力的评价及比较研究[J]. 科技进步与对策，2011，28（1）：108－112.

② 刘青海. 吸收能力的概念及影响因素：文献综述[J]. 浙江社会科学，2011，2（2）：126－142.

③ 何永清. 商业银行客户知识吸收能力研究[D]. 哈尔滨工业大学博士学位论文，2012.

④ 卫东. 开放式创新环境下装备制造企业知识吸收系统动力学模型[D]. 哈尔滨工业大学博士学位论文，2012.

⑤ 杨东红，金微子. 油田装备制造企业知识吸收能力影响因素分析——基于结构方程模型[J]. 辽宁工程技术大学学报（社会科学版），2013（5）：453－457.

于组织学习视角将吸收能力过程划分为评价、获取、消化、转换和应用五个维度①。Murovec 和 Prodan （2009）将吸收能力区分为科学推动型和需求拉动型，前者基于科学知识，而后者更偏向于市场信息②。Camisón 和 Forés（2010）主张将消化能力和转换能力分开进行实证研究，他们认为这两种能力分属于潜在知识吸收能力和实现知识吸收能力，依赖于不同程序③。Jansen 等（2005）研究认为，部门潜在知识吸收能力和现实知识吸收能力发展路径的不同导致了部门绩效的差异④，在动态环境中，潜在知识吸收能力能够提高部门获取新知识的能力从而提高绩效水平，但好的实现知识吸收能力并不一定能够与好的绩效成正比，知识利用甚至可能降低绩效水平。这种理论的划分方式能够更好地理解不同能力差异的内在机理，更清晰地分析知识吸收能力对组织绩效的影响。

而国内研究多在国外学者研究的基础上，根据自身的研究对象展开探索。国内学者葛沪飞等（2010）结合开放式创新中自外而内、耦合、自内而外三个维度以及研究与开发阶段，提出吸收能力概念可以从过程动态性、学习特点、知识与网络组合属性以及路径特点四个方面进行拓展⑤。戴勇和朱桂龙（2011）则将吸收能力归纳为知识的辨识和获取能力、知识消化能力和知识的共享、整合和应用能力三个维度⑥。此外，何永清和张庆普（2012）在 Zahra 和 George 研究的基础上提出吸收能力的五个维度，即知识获取能力、消化能力、转化能力、利用能力和知识清除能力⑦。张根明和彭艺杰（2013）通过实证研究发现潜在和实际知识吸收能力对开发性创新和探索性创新均有正向影响作用，但潜在知识吸收能力对开发性创新的正向影响大于实际知识吸收能力，实际知识吸收能力对探索性创新的正向影响大于开发性创新⑧。林春培和张振刚（2014）提出过程视角下的企业

① Todorova G. , Durisin B. Absorptive capacity： Valuing a reconceptualization ［J］. Academy of Management Review，2007，32 （3）：774 － 786.

② Murovec N. , Prodan I. Absorptive capacity, its determinants, and influence on innovation output： Cross － cultural validation of the structural model ［J］. Technovation，2009，29 （12）：859 － 872.

③ Camisón C. , Forés B. Knowledge absorptive capacity： New insights for its conceptualization and measurement ［J］. Journal of Business Research，2010，63 （7）：707 － 715.

④ Jansen J. J. P. , Volberda H. W. Managing potential and realized absorptive capacity： How do organizational antecedents matter? ［J］. Social Science Electronic Publishing，2005，48 （6）：999 － 1015.

⑤ 葛沪飞，仝允桓，高旭东 . 开放式创新下组织吸收能力概念拓展［J］. 科学学与科学技术管理，2010 （2）：46 － 52.

⑥ 戴勇，朱桂龙 . 以吸收能力为调节变量的社会资本与创新绩效研究——基于广东企业的实证分析［J］. 软科学，2011，1 （25）：80 － 85.

⑦ 何永清，张庆普 . 知识吸收能力的内涵和构成维度：基于人体消化吸收视角［J］. 情报理论与实践，2012，35 （3）：32 － 36.

⑧ 张根明，彭艺杰 . 企业知识吸收能力对孵化企业绩效的影响研究［J］. 财务与金融，2013 （6）：65 － 68.

吸收能力是一个含有三阶维度的复杂概念，并实证检验了企业吸收能力的组织学习过程和知识处理功能①。叶春森和梁雯（2015）基于组织学习机制和知识资源价值创新导向两条主线回顾了吸收能力相关文献，构建了基于认知、执行和提升3个层面的知识吸收能力维度框架②。综上所述，相关学者对吸收能力的过程研究和维度划分方式如表1-2所示。

表1-2 知识吸收能力的过程维度划分

维度划分	具体维度	代表性学者
二维	潜在知识吸收能力实现知识吸收能力	Camisón 和 Forés （2010）；Zahra 和 George （2002）
三维	认知外部知识（认识和获取）吸收外部知识（消化和转化）商业化应用	Cohen 和 Levinthal （1990）；Lane 和 Lubatkin （1998）；Lane 和 Koka （2006）；戴勇和朱桂龙（2011）；林春培和张振刚（2014）
四维	获取、消化、转换、应用前两者为潜在吸收能力，后两者为实际吸收能力	Zahra 和 George （2002）；Flatten 和 Engelen （2011）；陈劲、蒋子军、陈钰芬（2011）；张素平、吴志岩（2012）
五维	评价/价值辨识、获取消化、转化、应用	Todorova 和 Durisin （2007）；张韬（2009）

资料来源：根据参考文献整理得出。

（三）知识吸收能力的作用结果研究

对知识吸收能力的作用研究主要集中在创新绩效③④、研发产出⑤、组织竞争优势⑥、财务绩效和组织学习等方面。目前，学者已经达成共识的是知识吸收能力与组织绩效、创新绩效、竞争力呈正相关关系，但具体来说，吸收能力在各维度所发挥的作用存在差异。Zahra 和 George（2002）提出潜在吸收能力向现实吸收能力转化的过程模型，该模型表明外部知识来源与组织过去的经验显著地影响

① 林春培，张振刚. 过程视角下企业吸收能力的组织与结构的实证研究[J]. 科研管理，2014，2（35）：25-34.

② 叶春森，梁雯. 知识吸收能力的要素延异和维度研究[J]. 情报理论与实践，2015，38（1）：44-48.

③ 张德茗，李艳. 科技型中小企业潜在知识吸收能力和实现知识吸收能力与企业创新绩效的关系研究[J]. 研究与发展管理，2011，3（23）：56-67.

④ 任爱莲. 吸收能力对合作创新绩效的影响研究——来自中小电子信息科技企业的证据[J]. 科学管理研究，2010，1（28）：70-73.

⑤ 樊路青，刘雯雯. "二元论"视角下的技术获取战略与吸收能力——基于中国经验的实证研究[J]. 科学学研究，2014，2（32）：257-266.

⑥ 崔志，于渤，郝生宾. 企业知识吸收能力对竞争优势影响的实证研究[J]. 工业技术经济，2007，26（11）：29-34.

企业潜在吸收能力，现实吸收能力主要体现在柔性、创新和绩效上①。崔志（2007）等通过实证研究发现，知识利用能力与企业竞争力之间存在显著相关关系，而知识获取、消化、整合能力与企业竞争力之间则无相关关系。阎海峰和程鹏（2009）认为，以往研究忽略了组织因素、社会认知因素等对吸收能力不同维度的影响差异，以及知识吸收能力不同维度之间的作用机制及不同维度对后果因素的影响程度②。付敬和朱桂龙（2014）研究表明，潜在吸收能力对企业创新绩效并无直接作用，但对财务绩效有显著影响，而实际吸收能力促进创新绩效，却不直接影响财务绩效③。

张泽蔚（2014）构建了企业战略性人才管理—知识吸收能力—组织绩效的综合研究模型，研究表明知识吸收能力的两个维度知识转化、知识获取及吸收能力分别与组织绩效显著正相关。宗振（2015）指出，企业知识吸收能力有利于提升企业并购绩效，并会随着跨国并购绩效的提升得以提高。董勋（2015）通过实证研究证明，潜在吸收能力仅能对企业陈述性组织记忆产生影响，实现吸收能力既能够促进企业陈述性组织记忆又能够促进过程性组织记忆④。张光磊（2012）等对企业组织结构通过知识吸收能力中介影响研发团队创新绩效这一过程进行了研究⑤。朱思文（2013）提出，企业隐性知识吸收对突破性技术创新能力有显著的正向影响，资源获取和知识应用开发在整个企业隐性知识能力吸收的过程中起中介作用。丁浩和王炳成（2013）认为，企业中员工社会网络异质性会在员工知识吸收与商业模式创新关系中起到调节作用⑥。

（四）农民合作社知识吸收能力研究

在农民合作社知识吸收能力方面，研究者们已经认识到知识的应用是促进合作社发展的最为重要的动力之一。但目前基于知识吸收理论视角研究农民合作社的发展仍然处于起步阶段，仅有一些文献从知识管理与服务，农村信息化以及新型农民培育等方面涉及了农民合作社的知识吸收能力的研究。

国外学者的研究主要集中在本国合作社所涉及的一些知识因素、效率因素。

---

① Zahra S. A. , George G. Absorptive capacity: A review reconceptualization and extension [J]. Academy of Management Review, 2002, 27（2）: 185 – 203.

② 阎海峰，程鹏. 吸收能力研究评述[J]. 管理评论，2009（8）: 95 – 103.

③ 付敬，朱桂龙. 知识源化战略、吸收能力对企业创新绩效产出的影响研究[J]. 科研管理，2014, 3（35）: 25 – 33.

④ 董勋. 知识吸收能力、组织记忆与创新绩效的关系研究[J]. 科技管理研究，2015, 35（4）: 132 – 136.

⑤ 张光磊，刘善仕，彭娟. 组织结构、知识吸收能力与研发团队创新绩效[J]. 研究与发展管理，2012, 24（2）: 19 – 27.

⑥ 丁浩，王炳成. 员工知识吸收对商业模式创新的影响——以员工的社会网络异质性为调节变量[J]. 技术经济与管理研究，2013（3）: 45 – 49.

Mascarenhas（2004）认为，发展中国家农民仅依靠自己的经验和知识进行创新是导致其收入较低的最为重要的原因①。在知识获取渠道方面，Boateng（2006）认为科技人员将知识传授给农民的过程符合循环知识模型②。发展中国家农村组织的知识来源仅限于大学、科研院所等产生的显性知识。Lwoga 等（2010）也认为，发展中国家农村的知识获取与传播是在一个较小的网络中展开③。

还有一些文献涉及我国农民合作社的知识因素，并阐述了知识因素对合作社吸收能力的重要性，这些研究对本书具有一定的启示作用。拉坦（1991）认为，合作社比单个农户更能获取知识产生的效益，而知识是促进合作社作为一种组织创新形式出现的原因之一④。一些学者对知识因素在我国农民合作社发展过程中所起的重要作用进行了分析。如黄祖辉（2012）等认为，中国农民合作社的发展历程是农民不断获取、吸收现代化知识的历程⑤。而知识在传递过程中，所依赖的工具不仅包括传统的资料、培训、示范、言传身教，也包括现代的信息技术和知识管理过程。孔祥智（2010）认为，合作社成员目前需要法律、市场、生产等各个方面的知识，这些知识将有助于其提高管理与决策能力⑥。郭春丽和赵国杰（2010）则构建了农民合作社的"五层次"知识管理模式。张良（2010）等研究表明，农民在知识需求与获取方面存在较为严重的供需失衡⑦。可以说，农民合作社利用知识、信息、人才和信用等优势，推动了农业社会化服务体系的形成。综上所述，虽然目前对合作社知识吸收能力的研究刚处于起步阶段，但已经受到了学术界的广泛重视。

三、组织绩效的研究综述

（一）国内外组织绩效

国外对组织绩效的研究大致可以分为三个阶段：成本模式阶段、财务模式阶

① Mascarenhas A. Knowledge，indigenous knowledge，peace and development［J］. African Journal of Indigenous Knowledge Systems，2004（14）：1 – 15.

② Boateng W. Knowledge management working tool for agricultural extension practice：the case of Ghana［J］. Knowledge Management for Development Journal，2006，2（3）：19 – 29.

③ Lwoga E. T.，Ngulube P.，Stilwell C. Managing indigenous knowledge for sustainable agricultural development in developing countries：Knowledge management approaches in the social context［J］. International Information & Library Review，2010，42（3）：174 – 185.

④ 拉坦. 诱致性制度变迁理论，财产权利与制度变迁［M］.上海：上海三联书店，1991.

⑤ 黄祖辉，徐旭初，冯冠胜. 农民专业合作组织发展的影响因素分析——对浙江省农民专业合作组织发展现状的探讨［J］.中国农村经济，2012（3）：13 – 22.

⑥ 孔祥智，蒋忱忱. 成员异质性对合作社治理机制的影响分析——以四川省井研县联合水果合作社为例［J］.农村经济，2010（9）：8 – 11.

⑦ 张良，张润清，张艳峰. 新型农民培训供需分析——基于河北省农民培训问卷的调查［J］. 西北农林科技大学学报（社会科学版），2010（2）：26 – 29.

段、平衡模式阶段（见表 1－3）。19 世纪初至 20 世纪初，成本模式是基于泰罗开创的科学管理理论，以控制成本为根本目标。主要是为了计算工作前预算和工作完成过程中的支出控制，以达到管理成本的目的。这个时期绩效评价主要通过制定标准成本、成本执行情况和成本差异分析控制成本。以工作完成度、完成工作支出金额为衡量指标。进入 20 世纪后，财务模式阶段主要由传统财务模式和经济附加值（EVA）两个阶段组成，前者以利润为基础指标，后者以投资者为核心利益主体，奉行的是以投资者利益为中心的经济价值观。两者虽然都反映了企业或组织的增值指标，但过度依赖财务指标，会导致经营者对短期财务目标的过分追求，而严重偏离可持续发展的轨迹。20 世纪 80 年代后期，随着越来越多公司发现强调短期财务绩效而致使国际市场竞争力的缺失，开始重视品质和顾客满意度等一系列非财务指标，出现了平衡模式的绩效评价阶段。

表 1－3　组织绩效研究的三个阶段

阶段	代表观点	代表学者
成本模式	标准成本制度	哈瑞（1991）
财务模式	投资报酬率	Melnnes（1971）
	销售利润率、每股收益率、现金流量和内部报酬率	Persen 和 Lezzig（1979）
平衡模式	平衡计分卡 Balanced Score Card（财务方面、经营过程、客户导向和组织学习与成长）	Kaplan 和 Norton（1992）[①]
	财务、竞争、服务质量、革新、灵活性、资源利用	Freeman（1984）等
	社会责任承担、企业的社会反映、利益相关者等质量尺度、作业时间尺度、资源使用尺度、人力资源尺度	霍尔（1990s）

资料来源：根据参考文献整理得出。

我国的绩效评价体系的发展演化主要是由政策导向的。由于我国实行的是高度集中的计划经济体制，因此在初期阶段，主要以产量和产值为中心进行绩效测评；随后，《企业财务通则》（以下简称《通则》）的颁布实现了我国企业绩效评价的重大变革，《通则》中规定了资产负债率、速动比率、流动比率、应收账款周转率、存货周转率、销售利税率等八项指标，从偿债能力、获利能力和营运能力三个方面评价企业绩效；进一步发展后，为了适应科学的现代企业制度，出台

---

① Kaplan R., Norton D. The balanced scorecard—Measures that drive performance [J]. Harvard Business Review, 1992, 70（1）：71－79.

了《企业经济效益评价指标体系（试行）》，力求产权清晰、责权明确；近年来，《国有资本金绩效评价规则》和《国有资本金绩效评价操作细则》重点评价了资本效益状况、资产经营状况、偿债能力和发展能力四项内容，能够更科学、更完整地评价企业绩效。

此外，国内一些学者也构建了一些绩效评价指标体系。有学者基于可持续发展的考虑，建立出由经济效益、环境效益、社会效益三项企业可持续发展指标体系。刘雅莉（2003）设置了经济绩效、环境绩效、社会绩效和风险绩效四项内容，囊括了投资者、规制者、政府、公众和消费者五个方面①。为了强调企业"以人为本"的基本理念和可持续发展战略，有学者将财务、人力资源、市场、技术创新、管理和社会责任六项作为企业绩效评价的核心指标。

纵观国内外绩效评价体系的发展，不难发现，从最初的偏重经济绩效，逐渐发展为能够平等考虑财务绩效和非财务绩效。许多学者在构建评价体系时，开始考虑到生态环境、社会责任和可持续发展等诸多方面的影响，但多数仍然不能完整、协调性地反映各个方面。

（二）农民合作社绩效相关研究

对于农民合作社的绩效，有诸多来自西方学者的经验借鉴。国外学者较多使用财务分析方法②对合作社市场绩效进行测度。其主要关注合作社的经济效率而非综合效率③④。North（1994）认为，合作社只要被组织起来并拥有一定的市场份额，就可能充当一个市场竞争尺度的角色⑤。Helmberger 和 Hoos（1962）肯定了农民合作社对外部市场效益的改善，他们认为合作社提高了农民在市场竞争中的地位，增加了他们的收入。Tennbakk（1995）通过对比双寡头死人企业、双寡头农民合作社和双寡头公众企业三类卖方寡头市场的运行绩效，认为合作社可能具有改善市场失效的作用⑥。Albak 和 Schultz（1998）分析认为，合作社有义务接受社员的所有产品，当社员不断地扩大与农民合作社的交易量后，将会促进合作社的市场份额，为单个社员带来更高的盈利。农民合作社利于地区就业和农民收入，且农民合作社的根植性能够对基建和商业发展产生积极影响，是促进农村

① 刘雅莉. 自然垄断企业利益相关者导向的综合绩效评价［J］. 管理评论，2003，15（12）：31－36.

② 财务分析法在北美比较流行，因为北美比较偏重功利主义，注重"效率"。

③ Hendrikse G. W. J. , Veerman C. P. Marketing cooperatives and financial structure：A Transaction costs economics analysis［J］. Agricultural Economics，2001，26（3）：205－216.

④ Borgen S. O. Rethinking incentive problems in cooperative organizations［J］. The Journal of Socio－Economics，2004，33（4）：383－393.

⑤ 道格拉斯·C. 诺斯. 经济史中的结构与变迁［M］. 上海：上海人民出版社，1994（3）.

⑥ Tennbakk B. Marketing cooperatives in mixed duopolies［J］. Journal of Agricultural Economics，1995，46（1）：33－45.

发展的有力工具。Sexton 和 Iskow（1988）从效率、分配效率、规模效率和价格效率测度农民合作社的绩效，为了体现合作社所提供的公共物品的价值①。Keeling 等（2005）提出了财务绩效测度指标，以测量绩效与农民合作社规模的关系②。Hendrikse 和 Veerman（2001）指出，农民合作社同样在激烈的市场中生存和发展，不得不像企业一样重视经济效益③，然而，不同于企业的是，合作社具有社员共同体和企业的双重身份，既要考虑经济功能，又要考虑社会功能。因此，农民合作社绩效应从多层面测评绩效。

国内学者对合作社绩效问题进行了广泛而深入的研究，取得了较为丰硕的研究成果。本书使用关键字"农民专业合作社"、"农民合作社"并和"绩效"在《中国期刊全文数据库》（1999～2016 年）进行搜索，共获取文章 414 篇，涉及农民合作社绩效评价的文章共 37 篇。其中不乏一些产生重要影响力的评价指标体系。

浙江省农业厅课题组徐旭初等（2008）认为，农民合作社的绩效评价体系应从组织运行、运营活动、社员收益、组织发展和社会影响五个方面体现④。赵佳荣（2010）基于 John Elkington "三重盈余"的理论视角，构建了包括经济效益、社会效益和生态环保效益的"三重绩效"评价模式⑤。他认为，农民合作社是一个服务型市场主体和具有特殊性质的特殊企业，应积极实现其经济责任、社会责任和环境责任的有机统一，满足广大农民群众的根本利益。然而，不难发现，该指标体系均以结果为导向，没有体现合作社日趋增强的创新能力的评价。徐旭初和吴彬（2010）从行为性绩效和产出性绩效两方面加以考察，行为性绩效反映组织运行和生产经营两方面，产出性绩效分别体现社员、组织和社会三个层面⑥。程克群和孟令杰（2011）认为，农民专业合作社发展最要紧的是组织运行、经营

① Sexton R. J. , Iskow J. Factors critical to the success or failure of emerging agricultural cooperatives [C]. IEEE International Conference on Indium Phosphide & Related Materials. University of California, Davis, Giannini Foundation, 1988：39－42.

② Keeling J. J. , Carter C. A. Trading places：Fortunes of california rice co－ops took opposite trajectories；as RGA faded, FRC ascended [J]. Rural Cooperatives, 2005 (5)：32－35.

③ Hendrikse G. W. J. , Veerman C. P. Marketing cooperatives and financial structure：a transaction costs economics analysis [J]. Agricultural Economics, 2001, 26 (3)：205－216.

④ 浙江省农业厅课题组. 农民专业合作社绩效评价体系初探[J]. 农村经营管理, 2008, 10 (10)：7－14.

⑤ 赵佳荣. 农民专业合作社"三重绩效"评价模式研究[J]. 农业技术经济, 2010 (2)：119－127.

⑥ 徐旭初, 吴彬. 治理机制对农民专业合作社绩效的影响——基于浙江省 526 家农民专业合作社的实证分析[J]. 中国农村经济, 2010 (5)：43－55.

活动、社员收益、企业规模和社会影响几个方面，并以此构筑了绩效评价体系[①]。范远江、杨贵中（2011）认为，合作社绩效是指其运营效果功能发挥的综合考量[②]。郑少红和刘淑枝（2012）构建了合作社组织规模、组织效益和组织影响三维度的绩效评价体系[③]。黄祖辉和扶玉枝（2012）认为，社员结构及素质、经理的人力资本是影响合作社内部治理效率的关键，向社员投资是提高合作社效率政策层面的关键[④]。文雷（2013）采用平衡计分卡对农民专业合作社绩效评估，从社员满意度、内部管理制度、财务绩效和成长能力四个维度评价合作社绩效[⑤]。陈共荣等（2014）吸收现有合作社绩效评价的精华部分，从财务维度、顾客维度、核心内部流程维度及学习与成长维度反映合作社获利能力、竞争能力、综合能力和持续发展能力[⑥]。李道和（2014）借鉴企业与社团的绩效评价指标，选取六个具体指标衡量合作社的绩效，政策扶持、内部治理机制、技术因素及企业家才能四个方面的因素对农民专业合作社绩效的影响进行实证分析[⑦]。罗颖玲（2014）认为，农民专业合作社绩效可以从财务绩效、管理绩效、社会绩效、生态绩效四个方面加以考察评估[⑧]。杨大蓉（2015）运用层次分析法将农民专业合作社绩效评价指标设定为财务指标、市场指标、内部管理指标和可持续发展指标四个维度[⑨]。陈共荣、沈玉萍、刘颖（2014）基于平衡计分卡（Balanced Score Card）的基本原理，从财务维度、顾客维度、核心内部流程维度、学习与成长维度四个方面刻画了农民合作社的综合绩效[⑩]。这一评价体系细致地囊括了合作社绩效涉及的多项指标，对本书中指标构建具有重要的参考意义，但在实际操作过程中，仍然需要根据不同情况进行调整，以便获得全面和理性的合作社绩效评价体系。徐启（2015）认为，衡量农民合作社是否有效运行，即考量合作社组织功能实现度与运行有效性，以及社员满意度等几个方面[⑪]。

①　程克群，孟令杰．农民专业合作社绩效评价指标体系的构建［J］．经济问题探索，2011（3）：70 - 75.

②　范远江，杨贵中．农民专业合作社绩效评价研究范式解析［J］．经济纵横，2011（10）：58 - 61.

③　郑少红，刘淑枝．农民专业合作社运营绩效评价——以福建省为例［J］．技术经济，2012（9）：82 - 87.

④　黄祖辉，扶玉枝．合作社效率评价：一个理论分析框架［J］．浙江大学学报，2012（11）：1 - 12.

⑤　文雷．中国农民专业合作社治理机制与绩效［D］．西北农林科技大学博士学位论文，2013.

⑥⑩陈共荣，沈玉萍，刘颖．基于BSC的农民专业合作社绩效评价指标体系构建［J］．会计研究，2014（2）：64 - 70.

⑦　李道和，陈江华．农民专业合作社绩效分析——基于江西省调研数据［J］．农业技术经济，2014（12）：65 - 75.

⑧　罗颖玲，李晓，杜兴端．农民专业合作社综合绩效评价体系设计［J］．农村经济，2014（2）：117 - 120.

⑨　杨大蓉．农民专业合作社绩效评价模型构建与应用［J］．统计与决策，2015（18）：60 - 62.

⑪　徐旭初．农民专业合作社绩效评价体系及其验证［J］．农业技术经济，2009（4）：11 - 19.

经过梳理发现，农民合作社绩效评价研究的对象主要集中在我国东部和中部省份，东部地区又主要针对浙江省农民合作社的绩效评价，如表1-4所示。

表1-4 农民专业合作社绩效研究的对象分布

作者（时间）	研究对象
赵兴泉等（2007）	浙江省323家农民合作社
黄胜忠、林坚和徐旭初（2008）	台州、温州、邯郸三地的168家农民专业合作社
徐旭初（2009）	浙江省526家农民合作社
赵佳荣（2010）	湖南省10家农民专业合作社
梅付春、刘福建和杨明忠（2010）	河南省农业调查总队对河南省3237家农民合作社的调查数据
董晓波（2010）	安徽省292家农民合作社
刘文、贾宪威和袁林（2011）	四川省地区农民合作社
郑少红和刘淑枝（2012）	福建省地区农民专业合作社
李道和陈江华（2014）	江西省300家农民合作社
李双元（2015）	青海藏区55家生态禽牧业合作社
任重等（2015）	山东省15个样本合作社
肖轶和尹珂（2015）	重庆市80个农村新型股份合作社

四、国内外相关研究评析

综上所述，目前针对知识吸收能力、组织绩效以及农民合作社的相关理论研究均已经取得了一定的成果。但目前国内外针对我国农民合作社的知识吸收能力的研究并不多见。针对农民合作社的研究主题多集中于合作社的性质、结构、组织行为、绩效、运营模式、组织制度、激励机制等，而针对知识吸收能力的研究多以企业为研究对象，甚少涉及农民合作社这一新型市场经济实体。综观现有文献，有以下两点需要指出：

（1）知识吸收能力理论正处于不断发展完善的进程中，在定性与定量方面均取得了比较成熟的研究成果。然而，现有研究成果主要集中在企业层面，分析知识吸收能力的影响因素、过程和结果，忽略了农民合作社。仅有少量针对农民合作社知识吸收能力及其影响因素的研究也停留在定性分析，虽然涉及一些调查研究，但只采用简单描述性统计解释其外在现象或表象特征，难以揭示问题的本质和内在机理。

（2）随着农民合作社的社会关注度的持续增高，如何实现合作社绩效的持续增长，是需要研究的重要课题之一。国内学者对合作社绩效的研究主要涉及经营活动、制度安排和治理机制的影响等，鲜少从知识因素层面考虑对合作社绩效的影响。事实上，知识吸收能力作为一种有效吸收利用新知识、挖掘隐性知识、创造新知识的资源管理方式，将为各类农民合作社增强市场竞争能力，持续发展提供有力保障。另外，国内极少的关于合作社绩效的实证研究也仅限于方差分析和回归分析等方法，难以区别影响合作社绩效因素的直接或间接的作用。

本书将知识吸收能力划分为多维度变量，分别研究其对农民合作社绩效的作用。在探索农民合作社知识吸收能力多方面影响因素时，研究这些因素对农民合作社绩效是否存在作用影响，以此获取提高知识吸收能力及农民合作社绩效的路径。

第四节　研究内容与研究方法

一、研究内容

本书将农民合作社视为一个系统，基于知识视角，引入知识管理理论和组织学习理论，研究知识吸收能力及其影响因素对农民合作社绩效的作用机理。本书的主要内容包括：首先，采用扎根理论方法，对收集到的江苏省农民合作社的访谈录音文本进行质性分析，提炼出农民合作社知识吸收能力的影响因素，构建出个体主范畴、组织主范畴、外部主范畴与知识吸收能力主范畴的模型。其次，基于质性研究结果，将知识吸收能力划分为潜在知识吸收能力和实现知识吸收两个方面，结合文献梳理，研究两者对农民合作社绩效的作用机理。同时，基于中介效应模型，探索了个体层因素、组织层因素和外部层因素对农民合作社绩效存在的作用，进一步研究得到潜在知识吸收能力和实现知识吸收能力作用中介效应的部分实现。最后，本书结合研究结论，探索实现农民合作社获得可持续发展的途径，提出了知识吸收能力及农民合作社绩效的提升策略。

本书各部分的具体分章内容如下：

第一章　导论。本章主要介绍了研究的缘起，进而阐述了本书的背景与意义，并详细阐述了国内外研究现状、研究内容与研究方法、研究思路与技术路线以及主要创新点。

第二章　理论基础。本章首先对与本书相关的关键概念进行界定，包括农民合作社、知识、知识吸收能力及农民合作社绩效。由于目前鲜有研究从知识角度探索农民合作社的绩效提升问题，因此对关键概念的界定能够明确本书的研究方向和研究重点。然后，阐述了与本书研究相关的理论基础，并对文献进行综述。理论基础主要介绍了合作经济组织理论、农民组织化理论、组织学习理论、知识管理理论，并在此基础上，展望了各个理论未来的研究趋势，为本书的探索方向打好坚实的基础。

第三章　农民合作社知识吸收能力影响因素的质性研究。运用扎根理论提取影响因素。本章通过访谈和扎根理论提取影响知识吸收能力影响因子，为后续模型构建提供现实基础。对收集的地方一手数据进行处理整理、分析和编码，提取知识吸收能力影响因素。数据来源于对江苏省苏南、苏北、苏中选取的农民合作社理事长、理事、技术专家、成员进行访谈所获得录音资料，同时通过网络、政府部门收集的二手资料作为数据的不同来源相互印证，以保证资料的真实性。

第四章　知识吸收能力及其影响因素对农民合作社绩效作用的理论模型构建。本章主要分析知识吸收能力及影响因素对农民合作社绩效的作用机理。在扎根理论提取的知识吸收能力影响因素基础上，结合相关文献，理论推导得到知识吸收能力及其影响因素对农民合作社绩效作用的理论模型。本章提出了农民合作社绩效的构成；知识吸收能力对农民合作社绩效的影响假设；知识吸收能力的三个层面影响因素对知识吸收能力的影响假设；知识吸收能力三个层面影响因素对农民合作社绩效的影响假设；知识吸收能力在三个层面影响因素与农民合作社绩效关系中的中介效应假设。

第五章　知识吸收能力及其影响因素对农民合作社绩效作用的实证研究设计。本章首先介绍了问卷调查方法及问卷的设计过程，其次借鉴现有文献中相关的成熟变量测量量表，结合本书构思和农民合作社访谈结果，对知识吸收能力个体层、组织层、外部层影响因素，知识吸收能力以及农民合作社绩效各个变量确定合适的测量题项，遵循问卷设计原则形成了初始测量量表。在此基础上，进行小样本调研，并对数据进行分析，根据分析结果对初始测量量表有关条款进行修正、补充，形成正式测量量表。

第六章　实证分析的结果与讨论。本章内容是对收集的大样本数据进行处理分析，检验第四章构建的整体理论模型，并对分析结果进行阐述和解释。首先，对414份样本进行信度、效度和共同方法偏差检验，并阐述描述性统计和相关性分析结果。其次，采用AMOS21.0对样本进行验证性因素分析、二阶验证性因素分析和假设关系的分模型检验。最后，根据温忠麟提出的中介变量的检验步骤验证知识吸收能力的中介效应。

第七章　农民合作社知识吸收能力及其绩效的提升策略。根据本书的研究结论，分别提出知识吸收能力和农民合作社绩效的提升策略，为政府制定提升知识吸收能力和农民合作社绩效，帮助农民合作社获得持续健康发展的政策制定提供借鉴。

第八章 结论与展望。本章梳理了本书的主要研究结论，回顾本书的不足，展望了未来研究的方向。

二、研究方法

本书采用理论研究与实证研究相结合的方法展开研究，具体使用的研究方法如下：

（1）文献研究法。理论分析是本书的起点，本书探讨知识吸收能力问题，其中蕴含着丰富的理论原理，如合作经济组织理论、组织学习理论、知识管理理论等诸多理论知识，对相关理论进行系统梳理是本书的起点和基础。对农民合作社知识吸收能力问题进行综述，找到研究的切入点。通过文献查询发现，现有研究多从管理机制、运营模式等方面探讨农民合作社绩效问题，仅有极少数学者关注农民合作社的知识吸收能力问题，仅有的研究也只是频数和百分比等简单描述性统计，并未对该问题进行系统的探讨和深入的数据分析。

（2）访谈法。访谈法是一种调查研究收集数据的方法，主要运用在知识吸收能力影响因素的提取，获取质性研究编码所需的文本资料，以及受访合作社第一手数据的收集。根据研究需要设计访谈提纲，对采访农民合作社成员以提问的方式获得数据。该方法对访谈对象的条件、所要询问的问题等只有一个粗略的基本要求，访谈者可以根据访谈时的实际情况灵活地做出必要的调整，实现有效沟通，在录音的同时并做好访谈记录。本书采用了深度访谈和半结构化访谈。

（3）扎根理论分析法。质性研究采用定性归纳的方式，对文本进行编码、重组和解码的分析整理，从而得出相关的结论。在分析的过程中，更注重对象的信息丰富度而非样本数量的多少。在此基础上进行开放译码工作，将资料一一记录逐步进行概念化和范畴化。本书中的扎根理论方法主要体现在第三章中，结合受访农民合作社的档案资料，通过一系列编码构成构建了知识吸收能力影响因素的框架，为后续总体模型的构建奠定了基础。

（4）结构方程模型方法。结构方程模型（Structural Equation Modeling，SEM）基于因素分析模型的整体质量，检验直接反映所研究构念的测量指标的有效性，相比一般的统计方法显得更严谨、更周详。是一种基于理论支持，检测观察变量和潜变量之间假设关系的统计分析方法。而理论模型中出现的抽象的、不可直接观测的变量称为潜变量，如本书中的先验知识、信任程度、知识吸收能力等无法直接观测的构念，需要通过一组观测变量（指标）间接体现。而当研究涉及多个自变量和因变量的复杂关系时，为了省去逐条分拆的烦琐过程，SEM 综合多元回归、路径分析和验证性分析，用于检定复杂理论模型。SEM 适用于大样本的分析，取样样本越多，则 SEM 统计分析的稳定性与各种指标的实用性越好。一般来说，200 以上的样本数量可以称之为中型样本，需要更稳定的 SEM 分析结果，则样本数最好在 200 以上，如本书中的样本数量为 414。

第五节　研究思路与技术路线

本书基于合作经济组织理论、农民组织化理论、知识管理理论、组织学习理论，综合运用质性研究方法、多元统计分析方法、结构方程模型方法等，围绕核心问题——农民合作社的可持续发展，沿着"问题提出—知识吸收能力影响因素提取—知识吸收能力及其影响因素对农民合作社绩效的作用分析—知识吸收能力及农民合作社绩效提升策略"的总体思路，对农民合作社的知识吸收能力和绩效问题进行了深入探索。

首先，基于实地访谈获得的一手数据及相关理论的启示，采用科学规范的研究过程，对访谈所得文本进行初始编码、轴心编码和理论编码，提炼知识吸收能力的影响因素，发现个体、组织和外部三个层面的因素对知识吸收能力存在影响，但进一步，各个因素对潜在知识吸收能力和实现知识吸收能力的路径并不清楚。

其次，通过理论推演，提出了农民合作社的绩效构成，结合质性研究的结果，构建了知识吸收能力及其影响因素对农民合作社绩效的作用机理模型，提出相应 4 组假设。以江苏省的农民合作社为对象展开大规模问卷调查，对收集到的 414 份有效问卷采用相关分析、因子分析、结构方程模型等方法检验各个变量之间的假设关系，明确整体理论模型中所提出的路径关系。

最后，基于质性研究和实证分析的结果，提出相应的知识吸收能力提升策略和农民合作社绩效提升策略，帮助农民合作社获得竞争优势，获得可持续发展。本书遵循如图 1-2 所示的技术路线。

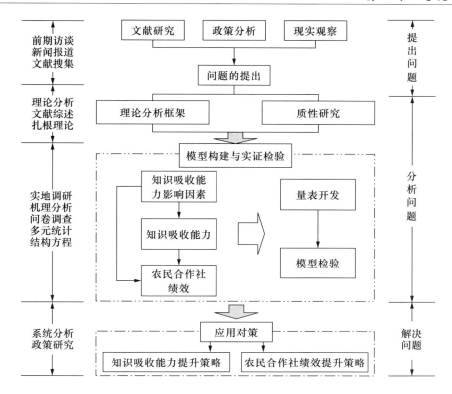

图 1 - 2　本书的技术路线图

第六节　主要创新点

（1）采用深度访谈和扎根理论相结合的质性研究方法，尝试性地提出农民合作社知识吸收能力影响因素模型。由于农民合作社知识吸收能力是一个复杂的、受多方面因素影响的动态能力，以往关于知识吸收能力前因变量的研究尚不能全面地解释知识吸收过程，且鲜有以农民合作社为研究对象。因此，本书选取处于不同发展阶段的农民合作社，在前期文献研究的基础上，通过实地考察、深度访谈获得农民合作社的一手录音数据及二手文件资料。在处理录音文本时，经过严谨规范的编码程序，凝练出影响知识吸收能力的个体层因素、组织层因素和外部层因素，其中，提出了包括带头人领导力、个体经验异质性等农村特定情境下的影响因素。

（2）构建了农民合作社知识吸收能力分析框架，对其前因变量和结果变量展开深入探讨，丰富和拓展了知识管理理论在农村经济组织中的应用。以往关于农民合作社的研究主要集中在组织运营机制部分，而本书将知识管理和组织学习相关理论引入农民合作社可持续发展的研究中，明确了潜在知识吸收能力和实现知识吸收能力对农民合作社绩效的提升作用。发展较好的农民合作社通过持续获取和利用新知识，整合内外部知识资源，准确把握市场机会，形成竞争优势，从而起到提升绩效的作用。本书在知识吸收能力影响因素质性研究的基础上，进行理论推演，构建了知识吸收能力及其影响因素与农民合作社绩效三个要素间的作用模型，证实了知识吸收能力及其影响因素提升农民合作社绩效的路径。

（3）本书以农民合作社为调研对象，基于国内外权威期刊上关于知识吸收能力和组织绩效的研究成果与成熟量表，结合深度访谈和半结构化访谈，遵循规范的量表编制程序，创新性地设计了充分考虑农民合作社组织特性的知识吸收能力影响因素、知识吸收能力和农民合作社绩效量表。量表设计过程经历了多次专家座谈，并运用了信度效度检验、探索性因子分析、验证性因子分析等测量工具，证实了以农民合作社为研究主体的知识吸收能力影响因素、知识吸收能力及农民合作社绩效量表的有效性和可靠性，为后续相关实证研究奠定基础，提高了研究结论的科学性和精密度。

第二章　理论基础

第一节　关键概念界定

一、农民合作社

合作的含义是人们或组织一起工作以达到共同目的，其内涵在于强调所需实现的共同利益，合作个体之间的配合与协作，以及目标的同一性。若缺少两个或两个以上的参与者，或者缺乏异质性目标，并未实现一致目标而联合起来，就无法构成合作行为和合作组织。合作的核心在于参与主体的多元性，以及目标、行为的一致性（孙亚范，2006）[①]。

合作社是商品经济发展到一定阶段衍生出的一种特殊的生产和经营活动的组织形式。国际上"合作社"相对应常见的英文名有"Cooperatives、Farmer Cooperatives、Rural Cooperatives、Agriculture Cooperatives"等，而关于合作社的定义，不同时期下，不同的国家对其赋予了不同的定义。作为最早出现这种组织形式的国家——法国，对农民合作社的定义是：

> 作为一种经济组织，农民合作社的成员集体拥有资产，参与民主管理，按照使用的服务量和业务活动的数量，而不是根据参与资本的大小进行盈余分配。

合作社最重要的原则是联合和自治，是一个参与、协商的载体，努力帮助成

---

① 孙亚范. 新型农民专业合作经济组织发展研究[M]. 北京：社会科学文献出版社，2006：24－37.

员适应市场经济环境，与市场竞争抗衡。1965 年，美国农业部农场主合作管理局对合作社的定义是：

> 合作社是由拥有共同所有权的人们在非盈利基础上为提供他们所需的各类服务而自愿联合的组织。合作社中投资、经营风险、盈利和亏损均由成员使用合作社的服务比例来分担。合作社实行民主管理，其成员也应为服务使用者，而不是投资者。

德国合作社学者 Hans（1991）将合作社定义为一种由一定数量的人员以成员合作和共同利益为基础，实行自愿原则和开门政策，与第三方进行经济交往，促进成员的经济利益和社会利益①。

当然，最权威的无疑是国际合作社联盟（ICA）1995 年 9 月在 100 周年代表大会上提出了一个很原则的定义：

> 合作社是人们自愿联合、通过共同所有和民主管理的企业，来满足共同的经济和社会需求的自治组织。

这个定义确定了合作社是一种具备社会团体和企业性质的特殊组织形式，它由服务的成员共同拥有和民主管理，并对所获得利益进行公平分配。一般认为，ICA 的定义偏向消费合作社和信用合作社。合作社是"人的自愿联合"，允许社员自愿加入和退出，且存在的主要目的是"满足共同的经济和社会的需求"。

> 农民合作社则是指在农业互助合作经济运动中，由农民组织的、直接为农业提供服务的各种合作社及其联合组织。

在西方市场经济国家，农民合作社与农民合作经济组织、农业生产者合作社、农业合作经济组织等同。

而在我国，农民合作经济组织经历的曲折的发展历程和演变，最终，在2007年《中华人民共和国农民专业合作社法》中对"农民专业合作社"进行了明确的概念界定：

> 在农村家庭承包经营基础上，同类农产品的生产经营者或者同类农业生

---

① Hans H. M. 合作社法律原理十讲 [M]. 成都：西南财经大学出版社，1991.

产经营服务的提供者、利用者、自愿联合、民主管理的互助性经济组织。

这一定义确定了我国农民专业合作社的内涵，但值得注意的是，2013 年中央一号文件首次提出农民合作社，认为农民专业合作社已经不能涵盖整个合作社的发展趋势。同时，中央提出"要培育多种形式、多元化的农民合作社"，而《农民专业合作社法》也将做出相应调整。因在本书中，在此概念的基础上均采用"农民合作社"作为直接意指的研究对象，包含了农民专业合作社，以及多元化的综合型农民合作社。

二、知识

对于"知识"（Knowledge）的研究始于古希腊时代，那个时代的学者认为所有的知识都来自个人经验，是相对于个人而言的。这种观点在苏格拉底和柏拉图时期被否定，柏拉图提出，知识一定是被验证过的、正确的，而且被人们相信的。马克思主义认为，社会实践是一切知识的基础和检验知识的标准。知识的定义各式各样，都是从不同学科和角度进行的。有学者认为，知识是一种获得性的东西，是各种信息按一定规则组织在一起，表达了某个方面的应用（林榕航，2005）[①]。Freeman 和 Polasky（1992）从生产和经济增长的角度提出，知识代表商家对生产理解的部分。知识内涵的解析对于知识吸收能力研究具有重要的指导意义[②]。

本书基于农民合作社组织特性，阐述知识的内涵，一般来说，农民合作社知识大体可以分为个体知识和组织知识。农民合作社是分散农户缔结的利益共同体，本质是农户个体进行自我服务的组织，因此，个体是组成农民合作社的根本因素。个体知识是指存储于农民合作社中每一名成员头脑中的经验和知识。在加入农民合作社之前，社员往往以个人为单位进行生产劳动和销售工作，为其积累了大量的生产技巧和销售经验，如对某地区消费者群体的喜好和习惯。个体知识中有一部分是可以通过语言、媒介进行交流的，还有一部分需要亲身实践才能够获得。组织知识是指组织在发展过程中生成的知识，与组织的历史经验相关。农民合作社的成员拥有知识，而合作社拥有的知识不仅仅是所有成员的个体知识的简单叠加，换言之，农民合作社的组织知识远远大于所有成员拥有的知识总和。之所以这样，是因为组织知识体现在农民合作社的"惯例之中"，所谓"惯例"，是指组织的技能集合，包括组织得以建构和运行的行事方式、程序、规则、技术

---

① 林榕航. 知识管理原理［M］. 厦门：厦门大学出版社，2005.

② Freeman S.，Polasky S. Knowledge－based growth［J］. Journal of Monetary Economics，1992，30（1）：3－24.

等。具体说，组织知识包括方针政策、规章制度、战略范式等。

知识、数据、信息是常会同时出现、相互混淆的三个概念。数据（Data）是人类在长期生产和生活实践中逐渐形成的，与人类"符号"系统——语言、文字等的出现和发展存在直接的关系。数据是说明原始事实的基本单位。"信息"在"概念"中的层次比"数据"高一级，知识和信息是极易被混淆的两个概念，人们常常用"信息"与"知识"替换使用，这是片面、不准确的。信息（Information）从信息管理角度说，是指数据按一定意义、一定规则组合在一起，形成的数据集合。还有学者认为，"信息是事物间的差异"，差异越大，信息量就越大，没有差异则不存在信息，不可传递的东西不是信息①。信息的特点是显性化、结构化或半结构化的，有一定的形式和格式，储存于文件、资料、邮件、数据库中等。从管理学角度理解，"信息"是"概念"的一个层次，而"知识"在"概念"中的层次高于"信息"，因为知识的产生完全来自人的大脑神经系统。根据 Amidon（1998）的知识梯级的定义（见图 2 – 1），可以发现三者之间的关系。一般来说，数据的概念不易引起混淆，智慧的概念也难有歧义，信息与知识最容易产生迷惑。信息是独立于人而客观存在的，可以通过编码被计算机或其他载体存储和应用，而知识的存在依赖于人的意识，脱离人体则没有知识了。知识还依赖于所处的环境，不同环境下，同样的信息能够成为不同的知识。知识是一个大概念，外延和内涵都较大；信息是一个相对较小的概念，与知识外延存在交叉。可以说，一切信息都是知识，但不是所有知识都可以恰当地成为信息（夏先良，2000）②。

图 2 – 1　艾米顿的知识梯级要素构成

可以说，知识作为一种社会资源，具有许多特性。例如，可存储性，它需要依存于知识载体来储存和交换，这类知识载体包括纸质载体、计算机系统、人脑

---

① 杨培芳. 网络经济学［M］. 北京：经济科学出版社，2000.
② 夏先良. 知识论——知识产权、知识贸易与经济发展［M］. 北京：对外经济贸易大学出版社，2000.

和群体意识；可传递性，知识可以由一方转移到另一方，接收方需要时可以获取；相对性，知识往往在特定的环境下有效（环境依赖性），或对特定对象有效（对象依赖性）等；积累性，即知识的增长具有持续性，可以不断积累。

三、知识吸收能力

"吸收"（Absorb）在辞海中的定义是"物体把外界的某些物质吸到内部"，常用于医药科学、物理学、生物学等。"吸收"行为既可以在工业操作中进行，也可以在人体生理上实现。

在学术界，Abramovitz（1986）首先提出"追赶假说"，即后发国与先发国之间存在的技术差距是后发国能够有效吸收先发国知识的重要因素[①]。后有学者Brezis等（1993）在总结发展中国家成功发展经验时，在Abramovitz的基础上提出了基于后发优势的技术发展"蛙跳模式"（Leapfrogging Model）[②]。这些可以说是"吸收能力"的雏形。1998年，Kedia和Bhagat率先提出"吸收能力"一词，但真正意义上得到学术界广泛引用的是来自Cohen和Levinthal（1989）的研究，他们定义吸收能力为企业识别、消化及利用外部新知识的能力[③]。1990年，他们又从认知视角，基于经济学模型再次展开研究，将吸收能力解释为企业识别外部知识的价值、吸收和应用于商业终端的能力，成为后来众多学者们的重要研究基础。他们认为，知识吸收能力具有路径依赖的特点，建立在个人的先验知识基础上，依赖于组织对知识的共享和沟通，而对外部新知识的吸收不仅体现在知识的利用，还体现在提高知识发展方向和所涉及行业发展趋势的预测能力。认知理论认为，个体在处理复杂、异质的知识时，会构建起内在的心理表征（Mental Representations），对外部知识进行过滤、诠释和重构，进而形成新颖的想法和观点，当然也不可避免地出现偏见和惰性。将这类分析延伸到组织时，那么组织也将形成心理表征，并对管理决策和组织行为产生影响。其他代表性学者对知识吸收能力的内涵解释如表2-1所示。

由表2-1可知，国内外众多学者根据不同的研究目的和研究对象对吸收能力内涵进行阐述。居于主流地位的除了Cohen和Levinthal以外，Zahra和George的研究也对知识吸收能力概念的发展起到重要推动作用。他们整理相关文献后重构了知识吸收能力的概念，即组织通过一系列组织的惯例和规范实现知识的获取

① Abramovitz M. Catching up, forging ahead, and falling behind [J]. The Journal of Economic History, 1986, 46 (2)：385 – 406.

② Brezis E. S. , Krugman P. R. , Tsiddon D. Leapfrogging in international competition：A theory of cycles in national technological leadership [J]. The American economic review, 1993 (10)：1211 – 1219.

③ Cohen W. M. , Levinthal D. A. Innovation and learning：The two faces of R&D [J]. Social Science Electronic Publishing, 1989, 99 (397)：569 – 596.

表 2－1　知识吸收能力内涵

代表学者	内涵	研究内容
Cohen 和 Levinthal（1990）	识别价值、消化和利用	1719 个制造业企业
Lane 和 Lubatkin（1998）[①]	识别、消化和应用新知识	69 个制药、生物科技的 R&D 联盟
Lane，Salk 和 Lyles（2001）[②]	理解、消化、应用	78 个国际合资个案
Zahra 和 George（2002）[③]	获取、消化（潜在知识吸收能力）转换、应用（实现知识吸收能力）	文献整理，提出重构概念
Nonaka 和 Toyama（2003）[④]	综合新知识和自身知识，创造新知识	整理重构
Van den Bosch 等（2003）[⑤]	识别外部知识价值、消化、应用	
Todorova 和 Durisin（2007）[⑥]	转化、潜在吸收能力、社会化机制	
王国顺和李清（2006）[⑦]	识别、理解、学习、应用	跨国公司与本地企业
Sara Lev 等（2009）[⑧]	存量和流量的吸收能力	以色列 12 家医院 522 名经理人

资料来源：本书整理。

（Acquisition）、消化（Assimilation）、转换（Transformation）和利用（Exploitation），形成的一种动态能力。他们将吸收能力划分为潜在吸收能力（Potential Absorptive Capacity）和实现吸收能力（Realized Absorptive Capacity）两种，前者为对知识的获取和消化，后者则强调了知识的转换和利用。

综合现有文献，本书更赞同 Zahra 和 George（2002）的观点，但他们和其他

---

① Lane P. J. , Lubatkin M. Relative absorptive capacity and interorganizational learning [J]. Strategic Management Journal, 1998, 19 (5): 461－477.

② Lane P. J. , Salk J. E. , Lyles M. A. Absorptive Capacity, Learning, and Performance in International Joint Ventures [J]. Strategic Management Journal, 2001, 22 (12): 1139－1161.

③ Zahra S. A. , George G. Absorptive capacity: A review reconceptualization and extension [J]. Academy of Management Review, 2002, 27 (2): 185－203.

④ Nonaka I. , Toyama R. The Knowledge－creating theory revisited: Knowledge creation as a synthesizing process [J]. Knowledge Management Research and Practice, 2003, 1 (1): 2－10.

⑤ Van den Bosch F. A. J. , van Wijk R. , Volberda H. W. Absorptive capacity: Antecedents, models and outcomes [J]. ERIM Report Series Research in Management, 2003.

⑥ Todorova G. , Durisin B. Absorptive capacity: Valuing a reconceptualization [J]. Academy of Management Review, 2007, 32 (3): 774－786.

⑦ 王国顺，李清. 基于吸收能力的跨国公司知识转移过程研究[J]. 武汉大学学报（哲学社会科学版），2006, 59 (6): 762－766.

⑧ Sara Lev. , Avi Fiegenbaum, Aviv Shoham. Managing absorptive capacity stocks to improve performance: Empirical evidence from the turbulent environment of israeli hospital [J]. European Management Journal, 2009, 27 (1): 13－25.

多数学者的描述中并没有出现"知识"一词，本书研究中，为了区分知识与其他相似概念，认为"知识"两字不可省略。此外，本书所研究的知识吸收能力的主体是农民合作社，不同于一般企业组织，需从两方面进行梳理：第一，农民合作社成员拥有的知识具有异质性，知识存量大小不一，许多成员加入农民合作社前，经过多年劳作的积累，而形成非常独到珍贵的知识经验，但并不为农民合作社所有，那么，农民合作社依然会有吸收这类知识的需求。第二，不同于一般企业利益最大化的单一动机，农民合作社作为非营利性组织，吸收知识是为了同时满足经济和社会的需求，并实现可持续发展。鉴于此，本书提出，知识吸收能力是指农民合作社在获取和消化内、外部新知识，转换形成组织需求的新知识，并应用实现组织目标的能力。由于农民合作社的知识学习过程大多在"干中学"中完成，获取和消化往往是在同一时间完成的，同样，应用创新多产生于农业生产和实践中，因此，借鉴 Zahra 和 George（2002）的研究，将知识吸收能力划分为潜在知识吸收能力和实现知识吸收能力。农民合作社在获取和消化新知识后，并不一定即刻应用到实践中，新知识形成后，储存于组织也能够提高其自身价值，这类知识包括价值观、专业技术等。也就是说，潜在知识吸收能力和实现知识吸收能力是可以独立并存的。

四、农民合作社绩效

字面解析，绩效由"绩"和"效"组成。绩，即为业绩，体现的是组织的利润目标，衡量了组织是否实现其目标管理和职责要求；效，即为效率，可以看作是社会经济管理活动中的成效。关于绩效的内涵，大致可以分为三种观点，第一，绩效即是结果。管理学大师彼得·德鲁克曾定义绩效为"直接成果"[1]。国外学者 Kane（2000）认为，绩效是"与工作目的相对存在的工作成果"[2]。第二，将绩效看作一种行为。Mulphy 和 Jansen（1990）认为绩效以行为为导向，是与目标相一致的行为表现的结果[3]。第三，绩效是行为和结果的综合体现。

财务部门将绩效定义为是企业在一段时间内的经营绩效和业绩，经营绩效包括盈利能力、运营能力、偿债能力以及后续发展能力等方面。经营绩效具体表现在销售额、毛利率、市场占有率、投资回报率等各类任务指标。从管理学角度看，绩效是组织或企业实现其期望的目标和结果而进行的有效输出，往往由个人

① 德鲁克. 卓有成效的管理者［M］. 北京：机械工业出版社，2009.

② Hovakimian A. ，Kane E. Effectiveness of capital regulation at US commercial banks，1985 to 1994［J］. The Journal of Finance，2000，55（1）：451.

③ Jensen M. C. ，Murphy K. J. Performance pay and top-management incentives［J］. Journal of Political E-conomy，1990：225-264.

绩效和组织绩效两方面组成。组织绩效的完成是基于个人绩效的实现，当组织绩效被层层分解到各个部门岗位、个人岗位并且按时完成时，组织绩效才能得以实现。

根据社会经济和企业管理的要求，一般认为绩效是指立足于组织长远的发展，以提高个人绩效和组织绩效为基本目标，以组织功能的实现程度、组织运行的有效性及服务对象的满意度为基本衡量指标。简言之，绩效是对组织经营管理效果和功能发挥的一种综合性衡量。

农民合作社绩效是农民合作社在生产运营过程中的行为和结果。作为具有企业和社会团体双重属性的特殊组织形式，其绩效需考虑多方面因素，才能综合反映出农民合作社的市场经营活动、成员收益、社会影响力、农业生态平衡、可持续发展等多方面职能。本书从市场绩效、创新绩效和社会绩效三个维度综合评价农民合作社绩效，构建了财务指标和非财务指标相结合的多维度指标体系进行衡量。

第二节　相关理论基础

一、合作经济组织理论

合作经济组织从本质上说，是市场经济条件下个体农民、工人或其他劳动者为捍卫自己的利益而建立的群众性的经济团体和特殊企业。在国际合作运动中，合作经济组织的具体形式包括各种合作社及其联合组织。西方诸多学者对合作经济组织的态度各不相同，形成了众多的合作经济组织理论，这些理论是伴随着资本主义市场经济的产生和发展而演进的，对合作经济组织运动影响很大。

（一）马克思主义合作经济组织理论

马克思主义合作经济组织理论是在社会化大生产背景下产生的工厂制度基础上的一种新的生产制度，是基于工人运动的实践而创立的。该合作经济组织理论的核心可以概括为四点：第一，通过合作经济组织的道路促进土地私有制向集体所有制的过渡。这点指明了合作经济组织的性质，是马克思主义合作经济组织理论的本质特征之一。第二，合作经济组织必须贯彻自愿互利的原则，坚持不剥夺农民财产和采用示范的原则，而这一原则是决定合作经济组织成败的关键。第三，合作经济组织应实行按劳分配，但不反对在合作经济组织经历发展的特定时期，可以有限制地保留一定的股息分红，如按农民入股土地、预付资本和所付出劳动力的比例分配。第四，贯彻民主管理原则是合作经济组织得以成功运行的必要条件之一。

（二）新古典经济学的合作经济组织理论

新古典经济学作为西方主流经济学的理论基础，在很长的一段时间内没有将非资本主义性质的企业制度作为研究对象。但随着科学技术的发展，以及随之而来的劳动者在生产中主体地位的不断加强，劳动者的工作热情和态度与企业发展息息相关时，一些新古典经济学家开始认识到调整资本主义企业内部关系的必要性和紧迫性，逐渐将这类企业制度纳入研究范畴，而合作经济制度也被一些新古典经济学家纳入自己的研究对象之列。有学者们提出了"员工自营厂商理论"，并主张企业发展的根本保证在于调动员工的积极性，为此要使员工的劳动成果与劳动报酬挂钩，以此实现劳动者所得利益的最大化，提高工作积极性。无论从经济角度看或是非经济角度看，工人参与管理的经济都要比其他制度优越，至少与其他制度相比具有同等的效率。因此，推广和支持能够实现工人管理的制度（如合作经济制度、雇员分享制），成为合作经济组织理论的政策主张。

（三）新制度经济学的合作经济组织理论

新制度经济学以研究企业制度为重要内容，新制度经济学家着力研究资本主义企业制度的同时，将合作经济组织也看作自己的研究对象。而新制度学派对合作经济组织的态度主要表现在两个方面：一是他们承认合作经济组织的产生和存在有其根据，因而对其采取了一种现实的态度。他们认为，合作经济组织存在的主要原因是它既利用了其成员固有的当地的信息资源和信任资本，利用了自我雇佣优势因而可以降低信息、监督和执行等交易费用，给社员带来了更多的利益。二是同资本主义企业相比，合作经济组织的安排会造成更大的"慵懒"、"低效率"，同时，要消费更多的交易费用。因此，新制度学派提出，合作经济组织只能停留在小企业的规模上，或者归于破产，或者转化为资本主义企业。

二、农民组织化理论

农民组织化是指农民根据一定的原则，采取不同方式，将具有生产规模小、经营分散、经济实力较弱、科技水平低下等传统农民转变为有组织进入市场与社会，继而更好地实现、保护和促进自身经济利益，提高社会地位的过程。农民组织化的内涵包括了两方面内容：一方面，从经济意义上，农民参加生产经营中形成各类合作经济组织，帮助农民进入市场，参与和提高市场竞争能力，维护农民权益，促进农业和农村经济发展；另一方面，从政治意义上，农民作为劳动者集团的社会组织化水平，反映了农民的社会政治地位、利益和权利①。

农民组织化理论的研究在我国经历了三个阶段的学术变迁。20 世纪 20～30 年代，在西方合作思想和模式及马克思主义的影响下，出现两种理论流派的传播。20 世纪 50～60 年代，基于马列合作理论，结合斯大林集体经济的合作理论和集体农庄模式，形成了一套比较系统、完整的合作理论。在这套理论支持下建立的人民公社，因缺乏经济效率和持续发展能力，最后以失败告终。20 世纪 80 年代，在经济体制改革和对外开放的背景下，我国的农民组织化理论向要不要发展、发展什么样的合作组织等问题展开研究。

我国农民专业合作组织在 20 世纪 80 年代进入起步阶段。十一届三中全会揭开中国经济改革的序幕，大会上通过了《关于加快农业发展若干问题的决定（草案）》和《农村人民公社工作条例（试行草案）》，确定以公有制和按劳分配为主体，其他经济成分和分配方式补充的多种经济形势。这种以家庭承包为主的各种生产责任制极大地冲击着人民公社体制。1981 年中共中央颁发《关于进一步加强和完善农业生产责任制的几个问题》，正式在我国推行以家庭联产承包经营与集体统一经营相结合的双层经营体制。这种体制打破了计划经济时期形成的农业生产组织结构和分配制度，极大地调动了农民的劳动积极性和生产效率。同时，为了逐步走向专业化和联合经营的道路，由农民组织兴办的各类农村专业合作经济组织，包括专业协会和合作社应运而生。

20 世纪 90 年代，随着农业市场化程度的提高，专业技术协会、研究会、专业合作社、联合体等成为出现的农民专业合作组织的数量越来越多，我国农民专业合作组织也进入了初始发展阶段。这一阶段国家各部门制定了一系列政策和示范章程推进农民专业合作组织的发展。1991 年，国务院颁布《关于加强农业社会化服务体系建设的通知》，将农村专业技术协会、专业合作社作为农业社会化服务的形式之一，并要求各级政府对其给予支持。1994 年，农业部联合原国家科委下发了《关于加强对农民专业协会指导和扶持工作的通知》，要求各地为农民专业协会发展创建一个良好的外部环境。1996 年《国民经济和社会发展"九五"计划和 2010 年远景目标》提出农业产业化经营的概念，并迅速在全国开展起来。这一时期，农民专业合作组织随着产业化的发展逐步完善，并发挥着越来越大的作用。但也存在许多问题，例如组织规模较小、制度安排缺失、官办色彩浓厚、市场风险承受力差等。

随着 2003 年 3 月 1 日《农业法》的施行，农民专业合作组织进入规范发展阶段。《农业法》强调"农民专业合作组织应当坚持服务的宗旨，按照加入自

① 赵昌文. 农业宏观调控论[M]. 成都：西南财经大学出版社，1996：144－145.

愿、退出自由、民主管理、盈余返还的原则，依法在其章程规定的范围内开展农业生产经营和服务活动"。2003～2005 年，财政部拨款 1.5 亿元专项资金支持试点建设。在农业部制定的 2004～2010 年的《农业社会化服务与管理体系建设规划》中，扶持了 1000 个农民专业合作组织产销网点。在党中央的号召下，地方各级政府高度重视和支持农民专业合作组织的发展，出台了相应的政策措施。

2006 年 10 月 31 日，第十届全国人民代表大会常务委员会第二十四次会议通过《中华人民共和国农民专业合作社法》。《农民专业合作社法》从法律制度上实现了三点：一是明确农民专业合作社的市场主体地位，有利于农民依法设立属于自己的法人企业；二是明确登记机关是各级工商机关，解决了长期以来农民在发展合作经济组织时无法可依，解决了难以依法设立的困扰；三是明确了国家对农民专业合作社实行的优惠扶持政策。可以说，《农民专业合作社法》从法律制度上为农民专业合作社制定了框架设计和基本原则规定，标志着我国农民专业合作社建设进入了新的发展时期。

三、组织学习理论

组织学习理论兴起于 20 世纪 50 年代，March 和 Simon（1958）最早提出组织学习理论（Organizational Learning），他们认为可以把组织视为一种机械模型，也可以把它看成有生命的有机体[1]。如果组织是一个有生命的有机体，而不是像机器一样的功能性组织，那么它就可以像个人和团队一样进行学习。

60 年代不同学者基于不同的观点阐述了组织学习理论。Kolb（1961）从认知的观点出发理解组织学习，认为组织学习是组织通过认知，发现矛盾、错误和异常，所做的修正和更改[2]。Cyert 和 March（1963）从工具论的角度出发构建了适应性模型，主要包括个体行为、组织行为、环境响应和个体信念四个过程，它们构成一个循环[3]，如图 2－2 所示，进一步丰富了组织学习理论。该理论认为把组织学习视为一个循环的过程，循环过程包括组织察觉环境的不确定性，组织改变信息处理方式。管理学大师彼特·圣吉从系统科学和一般动力学出发提出"学习型组织"管理理念，使组织学习理论研究很快进入高潮，从而把组织作为一个有机系统，使得企业组织更具有自身特质。

———————————

①　March J. G. , Simon H. A. Organizations [J]. Social Science Electronic Publishing, 1958, 2 (1): 105 – 132.

②　Kolb D. A. Management and the learning process [J]. California Management Review, 1976, 18 (3): 21 – 31.

③　Cyert R. M. , March J. G. Organizational factors in the theory of oligopoly [J]. Quarterly Journal of Economics, 1956, 70 (1): 44 – 64.

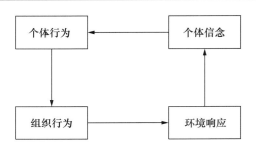

图 2 - 2 Cyert 和 March 的适应性模型

20 世纪 70 ~ 80 年代，随着对组织学习理论深入、系统、全面、统一的研究，随之出现的基础性成果让组织学习理论又达到了一种新的水平。首先，Argyris 在 1977 年提出了组织学习双环模型，组织学习可分为单环学习和双环学习。其中，单环学习是为了监测组织行动结果，修改对于组织策略和假设的认知，使组织表现更符合组织规范。其次，1978 年 Argyris 和 Schon 的《组织学习》一书出版以来，提出了较为权威的"组织学习"概念，并提出了组织学习四阶段模型，组织学习要经历四个阶段过程："发现"组织内部问题或外界机遇；然后"发明"解决问题的方法；"执行"解决方法，从而产生新的组织机构、操作程序或报酬系统；学习应从个人学习水平提高到组织学习水平，同时应该"推广"到组织各部门或组织边界去① （见图 2 - 3）。这四个阶段实际上遵循了发现问题，解决问题到形成组织经验的持续循环过程，该模型为进一步研究组织学习奠定了相关基础，学术界对组织学习的研究也产生了越来越浓厚的兴趣。Kolb 在 1984 年提出经验学习模型，组织从经验中学习是一个四阶段循环的过程：从具体经验出发，经过观察和反思，然后进行抽象和泛化，最后进行应用和试验，如此循环②。Daft 和 Weick （1984） 提出一个包括扫描、解释和学习三环节的组织学习流程模型。即根据以往理解，对事件进行解释、形成概念是解释；采取具体和实际行动是学习③。Mroczkowski 和 Wermus （1988） 将组织学习与企业持续竞争优势联系到一起，认为在组织持续竞争优势来源于组织不断的学习④。

---

① Argyris C. , Schon D. Organizational learning: A theory of action research [M]. General Inequalities 2. Birkhäuser Basel, 1978: 419 – 427.

② Kolb D. A. Organizational psychology: An experiential approach to organizational behavior [M]. Englewood Cliffs, NJ: Prentice Hall, 1984.

③ Daft R. L. , Weick K. E. Toward a model of organizations as interpretation systems [J]. Academy of management review, 1984, 9 (2): 284 – 295.

④ Mroczkowski T. , Wermus M. Managerial assumptions, organizational learning, and competitive adjustment in US companies [J]. The International Trade Journal, 1988, 3 (1): 81 – 109.

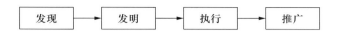

图 2 - 3　Argyris 和 Schon（1978）四阶段模型

20 世纪 90 年代，组织学习理论逐渐走向成熟。Senge（1990）基于知识经济时代背景，提出以"五项修炼"为核心的学习型组织理论，这五项修炼分别是自我超越（Personal Master）、改善心智模式（Improving Mental Models）、系统思考（System Thinking）、建立共同愿景（Building Shared Vision）、团队学习（Team Learning），他认为，组织竞争优势的基础来源于其学习能力[①]。学习是组织维持竞争优势的重要方式，而组织学习的关键在于提高学习能力，即组织对其内外新知识的吸收、传播、运用等。Kim（1993）在之前研究的基础上，从认知论视角提出了组织学习的心智模式转换（Shared Mental Models，SMM）模型[②]，如图 2 - 4 所示。若组织学习过程中能够构建出个体共同的认知模式，会对组织学习效果起到至关重要的作用。而在一些环节上出现问题，会对组织学习带来一定的困难。在个体学习过程中，其通过一定的转换机制转化为组织学习。可以说，该模型主要是基于个体学习与认知模式来刻画与描述组织的学习过程，而这种方式受到一些学者的质疑，认为由个体学习并不能简单地推断出组织学习情况。

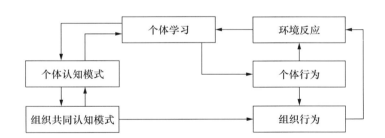

图 2 - 4　Kim 心智模式转换模型

1996 年，组织学习经典理论提出了三种组织学习观，行为学习观（Behavioral Learning Perspective）、认知学习观（Cognitive Learning Perspective）、行动学习观（Action Learning Perspective）。行为主义思想被应用到对组织学习的分析中，

---

① Senge P. M. 第五项修炼——学习型组织的艺术与实践[M]. 张成林译. 北京：紫光阁，2010.

② Kim D. H. The link between individual and organizational learning [J]. Sloan Management Review，1993，35（1）：37 - 50.

认为组织是目标导向、基于规则的系统。组织系统可以在各种行为经历中不断提升和完善，重复那些以往取得成功业绩的行为，避免那些以往获得失败体验的行为。认知学习观最初用来分析个体学习活动，主要涉及个体在学习过程中的逻辑推理和语言理解的问题。相对来说，更关注当存在知识结构差异时，可能会出现对事物、概念认知的差异。行动学习观则认为在组织学习中，不仅要能解释环境，还应学会使用从环境中获得的信息和知识，并且利用这些知识来指导行动（Agryris，1996）①。1999 年，有学者认为，行为科学可以是组织学习理论的奠基学说，其主要针对人类行为的经验、知识展开，使人们根据自身属性和外部环境做出与之相适应性的决策，并且加强他们行为的能力（Putnam，1999）②。1999 年，Crossan 和 White 提出了组织学习的 4I 模型，这个模型被提出后，在组织学习研究领域被多次引用，具有较大的影响力。该理论从以下四个方面对组织学习进行补充：组织学习必定是吸收新知识和利用已有知识两种学习的一种；组织学习在个体、群体和组织水平上都会产生学习活动；个体、群体和组织水平上的学习通过心理过程相联系；组织学习既包括组织认知，又包括组织行动③。

Cannon 和 Edmondson（2005）在"双环学习"基础上提出三阶段模型的组织学习理论模型，即由问题识别到问题分析再到进行实验④。Garvin 等⑤（2008）在前人研究成果基础上，对组织学习模型进行了更进一步的研究，提出了五要素模型，其中五要素环环相扣依次循环进行，进行实验、信息收集、信息分析、教育培训、信息传递。

国内学者陈国权则认为，Argyris 和 Schon（1978）的四阶段模型具有一定的缺陷，主要集中于两个方面：第一，四阶段模型并不能完整涵盖组织学习的全过程，主要是没有考虑反馈，在现实情况下，如果没有反馈环节，会使组织学习的目标不清晰，造成盲目学习的现象。第二，不能较好地刻画与描述组织知识积累的全过程，实际情况下，组织知识积累的过程应该遵循知识的螺旋上升过程，而四阶段模型则必须建立在组织之前所具有的知识存量基础上。基于上述对四阶段模型分析出的不足，陈国权和马萌（2000）从直线型组织学习的经典四阶段模型

① Agryris C., Shcon D. Ogrnaiaztionalleamnig11: htoe mehtod, and Praetice. Reading, MA: Addiosn Velsle, 1996.

② Putnam R. W. Transforming social practice: An action science perspective [J]. Management Learning, 1999, 30 (2): 177 – 187.

③ Crossan M. M., White R. E. An organizational learning framework: from intuition to institution [J]. Academy of Management Review, 1999, 24 (3): 522 – 537.

④ Cannon M. D., Edmondson A. C. Failing to learn and learning to fail (intelligently): How great organizations put failure to work to innovate and improve [J]. Long Range Planning, 2004, 38 (3): 299 – 319.

⑤ Garvin D. A., Edmondson A. C., Francesca G. Is yours a learning organization? [J]. Harvard Business Review, 2008, 33 (3): 118 – 130.

出发，加入反馈环节，使组织学习模型形成一个闭环回路，通过不断修正、明确组织学习的目标，来促进组织学习有效性①。而后，于 2002 年发表《学习型组织的过程模型、本质特征和设计原则》一文中加入选择环节，并提出，拥有选拔机制能够帮助组织在问题解决方案中选取最优质的方案，同时，在模型中添加"知识库"概念，即组织在每个阶段都能与知识库产生互动，以此刻画知识积累和组织学习得以螺旋上升的过程②，得到 6P－1B 模型。如图 2－5 所示，双向箭头连接知识库和组织学习各个阶段，表示两两之间存在交互作用，即组织在每一阶段学习到的新知识都可以存入知识库，且每一个阶段都可以综合运用不断更新的知识库中的知识，并了解本阶段的学习。

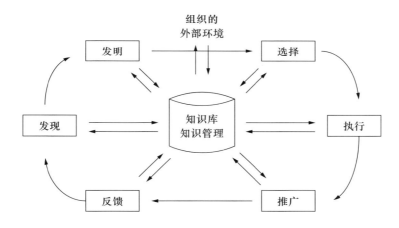

图 2－5 陈国权（2002）改进的 Argyris 和 Schon 的模型

胡旺盛（2006）运用组织学习与动态能力相联系构建了组织发展框架模型③，如图 2－6 所示，他认为，知识和信息是组织学习的源泉，学习过程包括知识的获得、整合、传播和应用四个阶段，组织将已经拥有的知识储存于组织惯例中，形成现有能力，在不断地知识更新中进行整合，形成新的组织惯例，进而形成新的组织能力，两种能力的整合形成动态能力。这种动态能力可以使组织更好地适应外部环境变化，促进组织发展。

---

① 陈国权，马萌. 组织学习的过程模型研究［J］. 管理科学学报，2000，3（3）：15－23.

② 陈国权. 学习型组织的过程模型、本质特征和设计原则［J］. 中国管理科学，2002，10（4）：86－94.

③ 胡旺盛. 基于组织学习的动态能力研究［J］. 财贸研究，2006，17（2）：118－122.

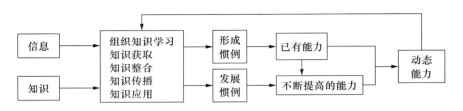

图 2 - 6 组织学习与动态能力的演化模型

组织学应用于管理学研究时，其内涵偏重于组织竞争优势的保持，组织学习的主体囊括了个体、团体、组织整体和组织间多个层次，客体围绕知识和信息，目标不是单纯的为了学习，而是以改善组织绩效为目标，包括提高组织效率、提高环境适应性等。组织学习的过程涉及知识的获取和传播、记忆和运用，组织学习理论既存在过程，也涵盖了结果。本书中农民合作社的组织学习也存在不同层次，是一个复杂的循环过程，例如政府、农民合作社举办的培训活动、技术专家对成员的技术指导等，成员学习是农民合作社学习能力提高的基础，而农民合作社的学习也可以主动影响成员的学习，交替作用。

四、知识管理理论

（一）知识管理理论发展及内涵

20 世纪 50 年代开始，知识管理作为当代管理学科的一种全新管理方式，是人类管理理论和管理实践的产物，在管理学、计算机科学和图书情报学等学科融合的基础上形成的新研究领域。20 世纪 80 年代中期，人们开始对企业内知识的作用感兴趣，尽管缺乏管理知识的战略和方法，但知识作为竞争性资产的重要性已经明确化，1986 年国际劳工组织的会议报告明确出现"知识管理"，描述企业组织内部知识的活动过程。进入 20 世纪 90 年代，知识管理开始在多个方面推广应用：知识化环境升温，知识社会的认识形成；知识管理研究开始并产生重要成果；许多管理咨询公司开始实施企业内部的知识管理项目。1995 年，野中郁次郎（Ikujiro Nonaka）和竹内广孝（Hirotaka Takeuchi）出版了一部影响世界的著作《创造知识的公司：日本企业如何建立创新动力学》，该书被认为是知识管理理论产生的标志。1995 年欧盟通过 ESPRIT 计划首次资助知识管理类研究项目。与此同时，哈佛大学已经出现了研究知识管理问题的案例。企业界和学术界都对知识管理表现出了空前的热情，知识管理进入了一个理论与应用迅速发展的阶段。

关于知识管理的内涵定义，并没有一个标准说法，许多研究者给出了不同概念，本书中列举两个较具影响力且与本书研究相关的知识管理定义。第一，美国生产力和质量中心（American Productivity 和 Quality Center，APCQ）将知识管理认作一种组织有意识采取的战略，保证在正确的时间将所需知识传送给需要的个体，以此进行人员信息、知识共享，继而将这些知识通过不同方式付诸实践，达到提高组织绩效的目的。知识管理是一个复杂过程，需要以领导支持、文化因素、技术和知识因素等作为基础，综合起来进行设计和管理。第二，KMworld 对知识管理的定义是，通过向组织人员提供可能得到的所有各种来源的最好的信息，从而他们在任何时候都能够做出最优决策，实现最佳实践。综合来说，知识管理的外延包括个人、群体和组织等关于知识的交流、转化、共享、利用和创造的各个领域，它以知识为管理对象，通过合理配置知识资源，以提高组织绩效为目标来运营组织知识，促进知识转化。

（二）知识管理过程

组织对知识的管理过程，涉及最重要的原理是知识转化。Nonaka（1991）提出一个显性知识与隐性知识相互转化的 SECI 模型①，如图 2 - 7 所示，根据这一模型，知识转化共 4 个过程：实际接触实现隐性知识在个人之间的共享，为社会化（Socialization）过程；从隐性知识转化为公开、易于理解的显性知识，为外化（Externalization）过程；从显性知识到更复杂显性知识体系的转化，为组合化（Combination）过程；已外化的显性知识在个人、组织范围内向隐性知识转化，为内化（Internalization）过程。社会化是指一个共同分享人的经历、经验，转而创造新的隐性知识。外化是指通过讨论和文件编辑将知识转化为具体可理解的符号形式，是知识转化过程中极其重要的一环。组合化是指把外化产生的概念转变为一个知识系统，组合的过程是对获得的信息和知识进行排序、增减、分类、综合，这个过程能够产生新的、更加系统化的知识。内化实质上是一个学习的过程，当通过社会化、外化、组合化获得的知识被内化为个人的隐性知识，形成一种共享的心智模式和技术诀窍时，它们才会变成有价值的资产。1998 年，Nonaka 和 Konno 在此基础上引入了"场"（日语"ba"）的概念，即基础、脉络。一个"ba"就是动态知识转化和产生相互影响的场所。

组织管理理论的另一过程——知识共享，是通过知识单向、双方或多向传递，个体、群体以及组织各种形式的交流，实现知识所有者与他人分享知识，以及知识被共知和共用的过程。知识共享是知识管理的核心。知识共享的主体可以划分为个体、群体以及组织，客体主要是显性知识和隐性知识，途径主要有共享网络（信息系统、会议、学习）等。知识共享的目的是减少由于知识缺乏造成的损失，实现知识增值。知识共享的环境包括硬环境（技术、结构）和软环境

---

① 野中郁次郎，迈诺尔夫·迪尔克斯．组织学习与知识创新［M］．张新华等译．上海：上海人民出版社，2001．

（制度、文化、人际关系）。知识在共享的状态下能够给组织和个人带来更大的益处，打破知识垄断、促进个人知识和组织知识的增长，同时知识共享架起知识和生产力的桥梁，实现知识增值。

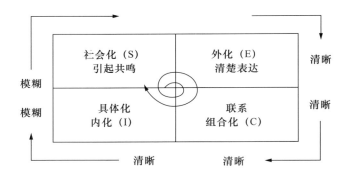

图 2-7　Nonaka（野中郁次郎）的 SECI 模型

　　知识创新具体指，通过科学研究获取新的基础科学、技术科学知识的过程，在探索规律、累积知识、创新体系等方面均具有重要意义，而后，将产生的知识应用于产品和服务中，使得组织获得核心竞争力，不断发展。由此可见，知识管理的首要目标应是知识创新，具体包括在技术、知识、管理等方面的创新，其重要性不言而喻。知识创新是保证组织获得市场竞争优势的关键要素之一。而企业知识创新是对企业原有的知识资产进行重新组合、升华并形成新的知识资产的过程，产生的直接成果是企业的独一无二的知识。

　　组织最终从知识的应用中获益。通常，组织只利用了它们实际拥有知识的一小部分，如果人们可以方便地获取知识，那么知识就能得到更充分的利用。为有效推动知识管理流程运作，就要对组织、个人和团队以及更为广泛的企业文化提出要求。对企业来说，最重要的是建立支持知识管理流程的基础设施，如人力资源管理以及信息技术工具的应用。对于个人和团队来说，最重要的是学习以及变革、共享、接收和应用知识的能力。

　　知识流程是管理工作和业务流程的一个重要方面，主要的过程是知识转化、创新和共享。美国生产力和质量研究中心认为，对于知识的管理是一个动态持续的过程，一般可以分为三个主要阶段：首先是识别、收集与创造企业内部的知识；其次是通过对收集到的知识进行共享与学习来对其加以利用；最后是基于环境的变化，不断修正与完善已有的知识。总的来说，知识流程有 5 个环节：个人知识创造与整合、知识的加工与编码、知识的转移与扩散、知识的共享与交流、组织知识创新。

（三）知识管理模型

Wiig 作为知识管理理论的先驱者之一，于 1993 年提出知识管理三大支柱的理论框架（见图 2 - 8）①。该模型为 1 个基础 3 个支柱，知识管理的基础是知识的创造、表达、使用和传递。在此基础上建立起知识管理的 3 个支柱：第一支柱主要是探索知识和整理知识，包括知识的分类、分析、编码及组织等；第二支柱主要是描述知识价值的衡量与评价及知识相关活动；第三支柱主要是知识管理的相关活动，包括知识集成、处理、控制等方面功能。该模型的优点在于，首次把知识管理的抽象对象要素具体化为支柱模式，揭示了知识管理的基础及一些关键活动；不足之处在于，基于知识活动的流程、分类来建构知识管理内容框架，缺乏对知识管理中的人、知识管理营销因素、知识管理战略等相关要素的关注。

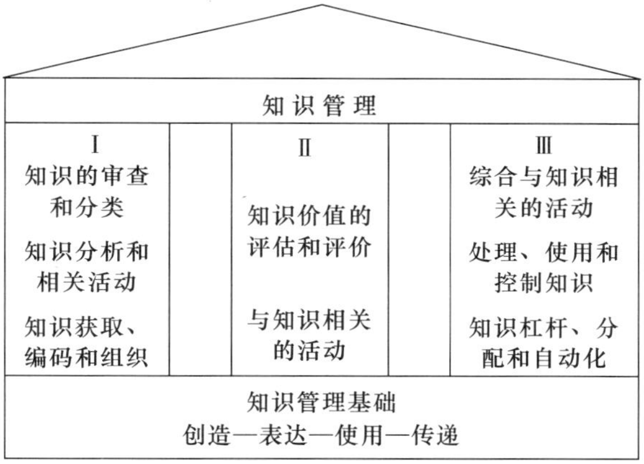

知识管理		
I 知识的审查 和分类 知识分析和 相关活动 知识获取、 编码和组织	II 知识价值的 评估和评价 与知识相关 的活动	III 综合与知识相 关的活动 处理、使用和 控制知识 知识杠杆、分 配和自动化
知识管理基础 创造—表达—使用—传递		

图 2 - 8 知识三支柱模型

Nonaka 在 1994 年提出了基于"知识转化"的知识螺旋创造理论（见图 2 - 9）②，认为知识的转化贯穿于个体、群体、组织以及组织之间等各类主体中，知识创新是基于知识社会化、外化、组织化以及内化四种形式完成的。而 Nonaka 的知识创新理论则基于其对知识的分类，例如将知识大体分为显性知识和隐性知识两类，由此可知，知识转化即是基于上述四种方式在这两类知识间的相互作用，进而实现其创新目标。

① Wiig K. Knowledge management foundations ［M］. Arlington：Schema Press，1993.

② Nonaka I. A dynamic theory of organitional knowledge creation ［J］. Organization Science，1994，5（1）：14 - 37.

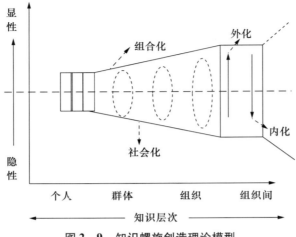

图 2 - 9　知识螺旋创造理论模型

客户知识管理是将客户与知识作为企业的核心资产，从而创造和维持企业的核心竞争力。客户知识管理这一概念首先由 Wayland 和 Cole 于 1997 年提出，交互客户知识管理是指对企业员工与客户交互活动的管理。交互客户知识管理是有效地获取、使用、存储和共享企业员工与客户交互过程中的客户知识，从而提高企业的产品和服务、提高客户满意度、取得销售增长和促进客户保持等。樊治平等还给出了交互客户知识管理的模型，该模型重点围绕知识获取、知识利用、知识调整和知识评价四个阶段分析了企业员工和客户的知识交互过程。

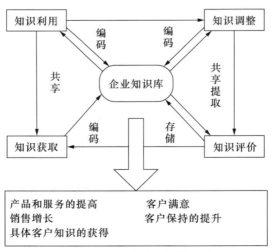

图 2 - 10　交互客户知识管理模型

Petrash 在 1996 年提出组织智力资本模型，将智力资本分为人力资本、组织资本和客户资本①。人力资本是指组织中每个人已经拥有和产生的知识；组织资本是指已经被组织捕获到的，并且已经蕴含在组织机构、运作过程和组织文化中的知识；客户资本是指客户在与供应商进行的业务活动过程中所获得的价值观念。该模型指出了能够为组织创造财富价值的 3 种智力资本之间的关系，借助智力资本的管理为组织创造出价值。

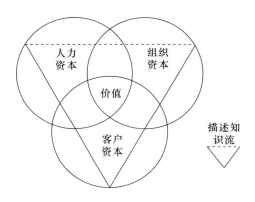

图 2 - 11 智力资本管理模型

平衡计分卡（BSC）是全面衡量企业绩效的财务和非财务指标，是一种战略管理工具。建立平衡计分卡的目的是将企业的愿景和战略落实到具体的行动中，为了达到这个目的，企业需要从 4 个方面衡量获得成功的一些关键要素，这 4 个方面分别是财务、顾客、内部流程、学习与成长。刘松博和王凤彬（2005）将平衡计分卡与知识管理相结合，首先，把知识管理的目标作了大致分类，即知识管理的目标可分为技能熟练、知识传递、创新 3 个方面的改善②。其次，把这 3 个方面目标与上述 4 个要素结合，考察每个目标在每个要素层面的绩效水平（见图 2 - 12）。因此，这一知识平衡计分卡综合了知识管理的目标、战略、方法以及知识的门类。

知识管理理论促使组织广泛地关注知识实体和知识存量形成过程，扩大知识管理活动在组织中的实行范围，提高知识整合效率，减少或避免学习成本，推动组织绩效。知识吸收能力与知识管理理论具有高度相关性，因此，对这一系列理

---

① Petrash G. Dow's journey to a knowledge value management culture [J]. European Management Journal, 1996, 14 (4)：365 - 373.

② 刘松博，王凤彬. 基于知识平衡计分卡的知识管理模型[J]. 科学学研究，2005（2）：123 - 129.

论的深入探析能够在研究知识吸收能力与农民合作社绩效关系时带来重要启示。

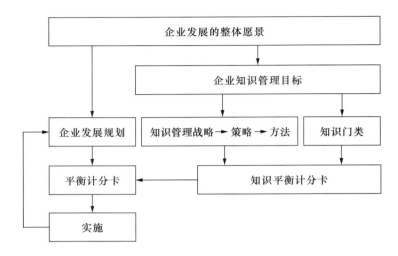

图 2 - 12　平衡计分卡与知识管理的整合框架模型

本章小结

　　本章主要阐述了相关理论基础与国内外研究现状。本书的研究核心是"知识吸收能力及其影响因素与农民合作社绩效的关系研究",相关理论包括合作经济组织理论、农民组织化理论、组织学习理论和知识管理理论。与本书相关的研究领域主要有农民合作社研究、知识吸收能力研究、组织绩效研究、农民合作社知识吸收能力研究、农民合作社绩效研究。

第三章 农民合作社知识吸收能力影响因素的质性研究

扎根理论适用于基于现象提出理论概念并进行明晰化，通过搜集和分析质性数据，从实践中挖掘概念的内涵和外延，进而建构理论模型。与量化研究不同，扎根理论擅长分析那些没有得到清晰界定或者无法用既有理论推导的现象，因此十分符合本书研究需要。此外，与更加严格和形式上结构化了的量化研究方法相比，质性取向研究的流动的、演进中的及动态的本质，更能在探索性研究中得到意外收获。在质性研究中，通常采用的抽样方法是典型抽样，典型抽样的逻辑在于选择能提供最丰富信息的人或事件进行深度研究，抽样建立在资料收集和样本分析齐头并进的基础上，研究者可以从中获得很多对研究目的至关重要的信息，直至饱和状态（饱和，指"不再会有新的资料出现"）。

第一节 扎根理论研究设计

扎根理论是由两位美国社会学家 Glaser 和 Strauss 在研究医院中的死亡过程时，通过与垂死的病人长期的交谈，分析性地观察交谈笔记，最终构建了关于死亡过程的分析，形成了系统的方法论。扎根理论基于持续搜集的现实资料和数据，通过分析数据资料，在不断地比较中概括出经验，进而提炼反映社会现象的概念，推进理论的产生。Glaser 和 Strauss（1967）在《扎根理论的发现》中传达了冷静的经验主义，严格的编码方法包括初始编码（Initial Coding）、轴心编码（Axial Coding）提炼概念类属等一系列过程[①]。不同于实证研究的理论假设—数据论证过程，该方法自下而上建立理论，将理论与研究分离。研究者们在研究初

---

① Glaser B., Strauss A. The discovery of grounded theory [M]. Chicago：Aldine，1967.

期并未形成理论，而是通过在待研究领域中有针对性地搜集和分析数据，将数据中的描述提升为抽象类属和理论解释，进而构建出相应的理论体系。值得注意的是，扎根理论方法主张理论导向（Hall et al.，2012）[1]，也就是在数据收集前设定一个指导性的模糊定位，目的是促进问题意识的形成，而不是大海捞针似地收集碎片化数据。扎根理论方法论所要坚持的立场是在资料分析过程中，进行明晰化、聚焦、校正，同时，代码的剔除又或是重设均基于对资料的持续比较和修正聚焦。

扎根理论的核心是资料、数据的搜集和分析过程。资料搜集方面，一般采用访谈、文本分析、民族志等方法，旨在追求可信度高的原始资料，有经验事实作为依据。资料分析方面主要指的是对数据进行编码，简单地说，就是用一个简短的名称对数据片段进行归类。事实上，编码是将数据和资料生成理论的关键环节，编码所生成的代码是形成理论体系的要素。编码类型通常有三类，分别是初级编码、中级编码和高级编码，而目前国内对此三级编码的名称翻译不一致，因此使用的名称不同，如表 3-1 所示。

表 3-1　三类编码的不同翻译整理

编码类型	初级编码	中级编码		高级编码
陈向明 （2000）[2]	开放式登录	关联式登录 轴心登录		核心式登录 选择式登录
卡麦兹 （2009）[3]	初始编码 （Initial Coding）	聚焦编码 （Focused Coding）	轴心编码 （Axial Coding）	理论编码 （Substantive Coding）

卡麦兹（2009）的方法中，编码类型包括：

（1）初始编码，具有最强的开放性，是对数据内容进行定义的过程，往往通过逐词、逐行、逐个事件编码完成。需要研究者将访谈、备忘录等方式获得的数据整理成较为规范的原始描述语句，并将其范畴化。形成的初始代码要求保持足够的开放性和可修正性，由研究小组中的不同成员完成，并使用简短精确的原生代码使其契合数据。其中，本书使用原生代码，是为了保留受访对象的观点和行动的意义，能够真实反映每个人的新鲜视角，但编码过程中仍需要服从不断地比较和整合。

① Hall H. G.，McKenna L. G.，Griffiths D. L. Applaying grounded theory to midwifery research problems [J]. International Journal of Childbirth，2012，2（2）：136-141.
② 陈向明. 从一个到全体——质的研究结果的推论问题[J]. 教育研究与实验，2000（2）：1-7.
③ 凯西·卡麦兹. 建构扎根理论：质性研究实践指南[M]. 重庆：重庆大学出版社，2009.

（2）聚焦编码（Focused Coding）或轴心编码（Axial Coding），两者同属于中级编码，更具有指向性、概念性和选择性。聚焦编码通过比较和观察通过第一阶段形成的代码，不断地进行拆解、重组，并加以聚焦、精练和区分。相比初始编码，聚焦编码筛选了大量的数据，获得更具有指向性和选择性的代码。除了明晰一些模糊的描述和事件，聚焦编码进一步挖掘出某些被忽略的未能识别的问题。同时，还能检验研究者在研究问题时是否抱着现有之见。轴心编码，将初始编码后的数据资料分类和组合，完善概念类属，寻找代码之间的关联性，将概念类属归纳出一个核心范畴。在轴心编码阶段，研究者可以应用 Strauss 和 Corbin 提出的分析框架处理数据，包括条件、行动或互动以及结果，形成关系结构模型。

（3）理论编码（Substantive Coding）是一种整合性的编码过程，明确指向理论维度，形成分析性和解释性路径，让类属之间可能的关系变得具体化。这一阶段旨在增加数据和分析的精确度及清晰度，将聚焦编码中得到的类属之间的关系加以选择和整合，使数据分析的过程更加连贯。

在实际运用扎根理论方法时，研究者往往根据研究需要选择相应的译码程序，译码的顺序和流程也并非一成不变。本书通过初始编码、轴心编码、理论编码三个阶段得到最终的理论模型。扎根理论分析的流程如图 3-1 所示。

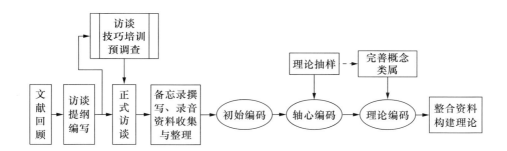

图 3-1　扎根理论分析流程图

扎根理论能够识别和解释未知领域里还没有得到清晰界定，难以通过既有理论推导的社会现象①。大多数学者认为，扎根理论适用于现有理论体系不完善，或是实证研究不足的复杂现象研究，因此十分符合本书的需要。现有农民合作社的研究多集中于对制度安排、运行机制、组织变革等方面，主要基于农民合作社

①　王璐，高鹏. 扎根理论及其在管理学研究中的应用问题探讨［J］. 外国经济与管理，2010（12）：10-18.

的个案分析和比较，从组织本质上分析农民合作社的生存与发展问题。然而在知识经济时代，对农民合作社知识吸收能力的过程、产出、影响因素缺少系统的研究。基于我国特有的新农村建设的社会环境，国外相关理论和研究成果难以适用。因此，在进行大规模实证研究之前，应建立符合中国农村本土化的理论框架。本书从农村基层深入挖掘、收集相关数据和一手资料，采用扎根理论挖掘知识吸收能力模型中的未知变量，寻找变量之间的关系，真正置身于时代背景中进行质性研究，提炼农民合作社知识吸收能力的影响因素，构建其对绩效作用的理论模型。

第二节　资料收集

一、资料收集方法

在质性研究中，通常采用的抽样方法是典型抽样。典型抽样的逻辑在于选择能够提供最丰富信息的人或事件进行深度研究，研究者可以从中获得很多对研究目的至关重要的事件。为了确保资料的信度和效度，本书遵循了 Miles 和 Huberman（1984）所描述的三角测量法[①]，从多来源搜集信息。主要包括：对合作社带头人的行为事件访谈，对合作社核心成员（2～3 名理事）和普通成员（3～4 名社员）的半结构化深度访谈，此外，还搜集相关二手数据如合作社内部文本资料、公众媒体资料等。行为事件访谈和深度访谈常用于各类质性研究，互动过程有助于研究者深入挖掘其所关注的问题。此外，深度访谈与扎根理论一样，均具有开放性和方向性的特点，十分适用于扎根理论方法。

访谈是非常基本的具有指向性的谈话。行为事件访谈是一种行为回顾式的对话过程，需要被访谈者通过回忆关键事例，完整描述当时的情景、采取的行为和事后的感觉。由于严格的行为事件访谈对访谈者的要求极高，需要在访谈过程中不断地有效追问。本书的被采访者多为文化水平不高的普通农户，因此，采用了简化模式，保留行为事件访谈的信息收集方法，获取一个个的独立事件。深度访谈的本质是引发研究对象努力描述和反思其经验，由访谈者以鼓励和积极回应的方式促使研究对象吐露尽可能准确和细致的描述。对于扎根理论研究，需要研究者设计一些开放性的问题，而且随着访谈的深入，对问题进行引导性的聚焦，当

---

① Miles M. B., Huberman A. M. Qualitative Data Analysis: A Sourcebook of New Methods [M]. Sage Publications, 1984.

然，要平衡访谈的开放性和问题的聚焦，才能取得意想不到的收获。

在收集资料的准备环节，为了更好地运用访谈技巧获取样本，本书邀请了课题组一位具有较多访谈实践经验的心理学老师对所有参与行为事件访谈和深度访谈工作的老师及研究生进行培训，培训内容包括访谈的基本流程、语速、提问技巧、控制访谈速度等。为了探究到所描述经验的深层内容，辅导老师还教授了如何引导被访谈者陈述对经验更多的细节和解释，使用观察技巧和制造轻松的谈话氛围推动讨论的深入。这里，要对研究对象接受访谈表示感谢。在一个周期的培训之后，为了增加访谈工作者的实战经验，本书采用初步拟定的针对农民合作社社长和合作社成员的访谈提纲，于2014年5月前往江苏省连云港市赣榆县进行了一次访谈的预调查工作。访谈结束后，课题研究小组召开讨论会，就访谈过程中出现的问题和访谈心得进行充分的交流及总结。考虑到被访谈的农户文化水平有限，制定了本土化访谈提纲，在用词和语言方面做到尽可能的简单直接，促进双方的有效交流。值得一提的是，由于多数被访谈者使用当地方言进行陈述，因此，在正式实施访谈工作时，除了进行备忘录的撰写以方便切中访谈要点，访谈工作者还对整段内容进行录音，对一些难听懂的方言进行重译。最后，在访谈的预调查工作之后，结合调研的实际情况，本书邀请相关专家、学者和农民合作社核心成员对两份访谈提纲进行修缮。正式确定的访谈提纲见附录1、附录2。

二、资料收集过程

江苏省作为农业大省，受益于制度保障和政策支持，多年的探索实践基础，使江苏省农民合作社的发展位于全国前列，有诸多急需总结和可供借鉴的经验，故本书锁定江苏省为样本省份。截至2013年底，经工商登记的农民合作社总数为71085家，工商登记的出资总额达1722.60亿元，成员总数共1936.09万户[①]。从区域分布看，苏南地区工商登记农民合作社总数为14908家，占全省总数的20.96%；合作社出资总额442.55亿元，占全省总数的25.69%；合作社成员总数470.76万户，占全省总数的24.31%。苏中工商登记农民合作社总数16090家，占全省总数的22.64%；合作社出资总额520.01亿元，占全省总数的30.19%；合作社成员总数706.87万户，占全省总数的36.51%。苏北工商登记的农民合作社总数40087家，占全省总数的56.40%；合作社出资总额760.04亿元，占全省总数的44.12%；合作社成员总数758.46万户，占全省总数的39.17%。根据三个地区工商登记农民合作社的数量分布比例，访谈小组最初选取了扬州、常州、镇江、泰州、徐州、连云港、淮安、盐城、宿迁9个市作为各

---

① 应瑞瑶.江苏农民专业合作组织发展总报告[M].北京：科学出版社，2015.

个区域的样本城市。

2014 年 4 月起，访谈小组在选取的 9 个城市 26 个镇和村开展了为期 9 个月的实地调查和访谈，调研对象是农民合作社这一重要的农村地区经济实体。调研过程中发现，由于合作社注册门槛低，注册程序和要求比较简单，部分农民合作社设法满足国家规定条件以获得政府补贴，也就是常提到的"挂牌"农民合作社，还有一些合作社从乡镇企业发展而来，模糊了企业和农民合作社之间的界限，没有真正起到合作社在推动农村经济发展中的地位。因此，搜集样本时，剔除了这类"挂牌"合作社、"空壳"合作社，共收集到 100 余家合作社基本信息，并对 49 家合作社进行访谈，得到 39 份合作社理事长录音材料以及 88 份合作社成员录音材料，共计时长 182 小时。质性研究中，常常通过目的性抽样选择出信息丰富的原始资料进行深度研究，从而获得有助于完成研究目的的重要数据。此外，样本数的确定通常基于理论饱和原则，样本数越多，越趋于理论饱和[①]，但研究者们根据经验，通常选择 20～30 份数据为宜[②]。在本书的实际分析中，当样本数在 28 份时，已经收集到十分丰富的信息，达到"饱和"状态，且之后反复再抽取剩余样本时，都无法再获取新的有价值的信息。

初步筛选后的访谈样本情况如表 3－2 所示。

表 3－2　样本对象信息汇总

抽象对象	合作社名称	年龄	性别	受访者
A01	惠民泥鳅养殖合作社	45	男	苏主任
B03	绿园苏合农产品销售专业合作联社	47	男	王统扬理事长
W04	界首镇水稻生产合作社	55	男	郭登华社员
H05	润明禽蛋合作社	44	男	姜启迪理事
H06	犇牛农机合作社	51	男	祁洪峰会计
I08	戴庄有机农业合作社	28	男	汪厚俊村官
J10	民宇生猪养殖专业合作社	29	女	李技术员
K12	风车头水产品产销合作社	50	男	王启海会计
K14	芳芳平菇合作社	55	男	戴安东社员
L15	吉瑞荸荠种植专业合作社	39	女	赵社员
F16	满堂香庄院特色农业合作社	51	男	陈玉满理事长

①　朱荣. 基于扎根理论的产业集群风险问题研究[J]. 会计研究，2010（3）：44－50.

②　Fassinger R. E. Paradigms, Praxis, Problems, and Promise: Grounded theory in counseling psychology Research [J]. Journal of Counseling Psychology, 2005, 52 (2): 156－166.

续表

抽象对象	合作社名称	年龄	性别	受访者
A17	三邦养蜂专业合作社	47	女	吴理事
M18	莲馨园荷藕产销合作社	53	男	费伯华理事
H19	万匹银杏专业合作社	41	男	汤江理事长
L20	壮志义利苗木合作社	36	女	周树红社员
A21	中宝德园有机稻米专业合作社	56	男	伏贤怀理事长
L22	新北区三新食用菌合作社	52	男	祁志平理事长
K24	永乐牛蛙合作社	49	男	谢社员
Y26	新业农机合作社	48	女	相月平社员
Y27	下杖农机专业合作社	52	女	卞国珍理事
X28	民星蚕业合作社	46	男	李技术专家
D29	獭兔养殖专业合作社	53	男	徐理事长
Z30	红薯粉加工合作社	49	女	王会计
M32	诚信农民葡萄合作社	50	男	常守成理事长
S34	旬阳富民蚕桑合作社	54	女	孙维仓理事
W36	润民禽蛋专业合作社理事	49	男	姜启迪
X37	刘老庄春茂高效合作社	55	男	刘理事
Z39	梅庄粮食植物合作社	51	男	史理事长

样本涵盖了不同产业的农民合作社，包括粮食种植业、经济作物种植业、苗木业、禽类养殖业、水产养殖业、农机产业、农产品销售产业等。此外，受访者涵盖农民合作社的理事长、高层管理者，包括理事、会计和技术专家，以及普通合作社社员。理事长和农民合作社的高层管理者一般是农民合作社的创立者和管理者，了解合作社成立和发展的情况，保证了访谈中信息的收集量和可靠性。普通农户都会参与农民合作社生产和技术发展的过程，是知识的直接接触者和应用者，能够带来最真实的反馈。行为事件访谈主要针对理事长和高层，因此地点在各个农民合作社的分会议室或是理事办公室，有3个小组同时进行，每组由一名博士生或老师与一名研究生组成，力求尽可能多地挖掘到资料。深度访谈的对象特殊，多为当地农民，一般会由一名懂当地方言的成员对其进行深度访谈，减少因为语言不通带来的信息获取不流畅。集体访谈时间控制在40分钟左右，访谈之前会在征求受访者意愿后对整个对话过程进行录音。访谈过程由老师或博士生主导，基本按照访谈提纲的思路进行，收集信息和资料，另一名成员进行补充提问，并详细记录对话内容。结束访谈时，会留下每一位被访者的联系方式，以便

在后期整理资料遇到问题时提供补充和核对工作。

第三节　资料分析

采用数据编码将资料进行分解、概念化，并重新组合，通过编码分析，理论模型能够在搜集的资料中建立起来。本书借助 Nvivo10.0 软件对资料进行分析，通过扎根理论方法探索和研究农民合作社吸收知识的复杂现象，并建构理论。本书使用 28 份资料中的 23 份用于编码分析，剩余 5 份资料用于理论饱和度检验。

一、初始编码

初始编码是数据译码的第一步，是对原始访谈资料任意可以编码的片段或是事件赋予概念标签，并形成范畴。前文已提到编码的具体手段包括逐词、逐行、逐个事件编码，而采用何种编码手段取决于研究工作需要。逐词编码适用于对关键文本、核心内容的深入分析，此时研究者唯恐丢失文本中的任何信息，较少有学者针对全部文本进行逐词编码。逐行编码在质性研究早期应用最广，能够帮助研究者选择最生动的代码，并在事件之间进行比较。然而逐行编码产生了对事件进行过度概念化的狼狈，产生了太多的类属和属性，事实上并不是每一行都包含了一个完整的句子，并不是每一个句子都很重要。因此，本书采取逐个事件编码方法，力图保持事件和情境的整体性。为了确保编码的信度和效度，先将文本按照时间划分编码段落，由三名编码人员分别针对同一份文本进行编码。三名编码人员为管理科学与工程的博士、博士生和本人，之前均参与了前期的调研访谈，并查阅了大量文献，对农民合作社的相关问题有一定了解。编码结束之后，对结果进行比较分析，结果一致的通过，不一致的则需要课题组通过文献回顾等方式同意讨论确定最终编码。具体如表 3 - 3 所示。

二、轴心编码

轴心编码的分析对象主要是在第一阶段（初始编码、范畴化）所形成的原生代码，即众多略显无序的初始概念。研究者需要努力审视这些概念，并寻找能将其归结在一起的维度，而这一过程称为"维度分析"（Bowers 和 Schatzman，2009）[1]。轴心编码使用的概念特性，是指与一个范畴（现象）相关的各种特有

---

① Bowers B. J., Schatzman L. Dimensional analysis. In developing grounded theory: The second generation (Developing Qualitative Inquiry) [M]. Left Coast Press, 2009.

表 3-3 初始编码示例

访谈摘录	原生代码
B03-4：赣榆县苏合农产品合作联社理事长 专业型合作社我认为不能一条路走到黑，也要以市场为导向，应该懂得适当调整，比如今年的花生很亏本，合作社的任务是怎样让农产品卖个好价钱？我就想如何培养市场竞争力呢？深加工是解决市场行情不好的一大途径，但是难度相当大；我通过关系找江南大学的食品学院深加工合作，能够起到一定效果，市场反响还不错。之前学过电脑，这两年也会用像阿里巴巴、天猫、淘宝、微信等，用来宣传我们的品牌，对销售量起到了帮助，但整个大环境还是不行；今年这个泥鳅的问题我准备引进南北白对虾，给合作社里的人培训养虾的技术，估计利润有2万~3万元，可以帮助泥鳅脱离困境，慢慢地百姓都会觉得不能一条路走到黑，将泥鳅塘加深加大就可以养殖对虾	以市场为导向 学会调整 市场竞争力 深加工解决行情不好的问题 与大学合作 学过电脑 会使用网络平台 宣传品牌 引进产品 培训技术 帮助大家渡难关 ……
X28-1：东台市民星蚕业专业合作社技术专家 合作社的资金基本上由合作社的核心领头人垫付，他在技术、资金上起主导作用，在管理上有一定的基础。合作社带头人对农民合作社的发展很重要，不是谁都能胜任的，本身需要有技术能力，会帮合作社引进品种、技术、饲料药品，带领大家创新产品，怎么搞好品牌建设宣传和销售以及与大超市、农贸市场对接等。像我们技术员非常需要常态化培训和管理，才能不断地帮合作社里的社员解决问题。我们理事长找到一些学校，如淮海工学院、四川农业大学帮我们培训，但我们自己文化水平不高，一部分自己消化，也有很多东西听不懂，就互相之间交流。县里面也会有培训，一般一年一次，市里培训比较多，经常培训。内容包括：知识技术、发展方向、养殖种植、国家政策等……	领头人垫付资金 主导技术、资金 领导者很重要 引进产品、技术 创新产品，品牌建设 对超市、农贸市场对接 培训和管理 理事长找学校 受到文化水平限制 部分消化，部分听不懂 培训 知识

续表

访谈摘录	原生代码
W36 - 2：润民禽蛋专业合作社理事 合作社其实是在管理上统一，技术上互相协助，在我们合作社，我和几个理事主要负责合作社的运作运转，技术方面由镇农技中心指导，农户之间相互帮助、学习，下面有专门的人员负责销售等，定期开工资，由合作社聘请做核心成员，或者根据能力聘请为销售经理、职业经理等，根据合作社的具体情况而定。他们可以养殖，也可以只承担一部分合作社的工作。……我们这边合作社的农民，主要靠自己来捕捉市场信息，在网上、刊物上分析信息。不过，虽然很多农民不识字，但是捕捉信息的能力很强。资金方面，政府会给予补助，或者从银行贷款，特别是新发展的合作社很需要政府这方面的扶持……	管理统一、技术协助 运作运转 政府部门指导技术 专门的销售人员 销售经理、职业经理 承担一部分工作 靠自己捕捉信息 分析信息 捕捉信息能力强 政府扶持
K14 - 6：芳芳平菇合作社社员 合作社成立的第二年，社员商量扩大养殖规模，由于天气突变等外界自然因素的原因导致收成不好。我凭借以往养殖经验建议大家大棚搭建材料选择钢架而不是竹子，尽管相比而言成本价格会很高，当时有不少人怀疑，但那年突然发生龙卷风其他合作社采用竹架，被封风摧毁，损失惨重，只有我和几个社员采用的钢架结构大棚完好无损，损失最小。事故发生后，通过开合作社内部会议合作社成员讨论吸取教训总结经验，还有上网搜寻查找解决方案。求助过县农技局，但结果还是有不小的损失，原因是时间过晚，已经无法挽回。为了避免这样的失败再次发生，要加强平菇种植技术的积累，多看相关专业书籍，多和社员沟通学习，交流经验，多关注天气预报，加强预防……	扩大规模 养殖经验 大棚搭建 成本提高 自然灾害摧毁竹架 损失小 讨论吸取教训、总结经验 上网搜解决方案 时间过晚 加强技术积累 多看书、多沟通 多关注、加强预防……

的属性，将各个特性概念围绕维度进行编排布局，能够确定与各个"主轴"有关的因果条件、行动策略、脉络、现象、中介条件和结果，进而形成主轴范畴（董金秋，2011）①。轴心编码是围绕各个维度，对那些原生代码的分类概念进行

---

① 董金秋. 主轴编码方法及其应用中存在的问题[J]. 社会学，2011（2）：29 - 35.

深度分析，寻找初始概念之间相关关系，使形成的主范畴具有较高的概括力和完备性。具体做法是发展范畴的性质和层面，并将各个独立范畴连接在一起，寻找范畴之间的潜在逻辑联系。通过不断地比较和挖掘，发现不同范畴具有相关性，可以将对应范畴进一步归纳，凝练出的主范畴能够阐释范畴的属性和纬度。最后重新审视原始资料，再也不能发现任何新的概念和范畴的内涵时，对应范畴的编码就达到了"饱和"。通过这样的典型范式，经过不断比对和挖掘，本书概括出个4主范畴，分别为个体层主范畴（见表3-4）、组织层主范畴（见表3-5）、外部层主范畴（见表3-6）和知识吸收能力主范畴（见表3-7）。

表3-4 主范畴"个体层"的典范模型

因果条件	自我学习、上网搜索、外出学习	现象	技术娴熟、承担责任
脉络	务农经历、领办合作社、养殖经验	中介条件	追随、管理统一
行动策略	扩大规模、制定方案	结果	自我积累、学会调整和适应

表3-5 主范畴"组织层"的典范模型

因果条件	学习氛围、组织声誉	现象	氛围活跃、观摩会、质量管理
脉络	市场机遇、农产品加工	中介条件	关系融洽、引导策略
行动策略	技能培训、增加沟通、技术协助	结果	共同学习、总结经验和教训

表3-6 主范畴"外部层"的典范模型

因果条件	产品的特殊性、行业竞争	现象	社会活动、成本降低
脉络	竞争关系、村官实习	中介条件	网络平台、关系错综复杂
行动策略	全方位配合、搭建桥梁	结果	与科研机构合作、品牌宣传

表3-7 主范畴"知识吸收能力"的典范模型

因果条件	捕捉信息能力强、知识需求、发展	现象	积极合作、定期引进新技术
脉络	缺乏渠道、利用率低	中介条件	政府支持、社会资本、信任
行动策略	政策支持、疏通渠道、搭建平台	结果	知识共享、创新应用

通过典范模型分析，发现不同范畴之间的相关性，对范畴的归纳，形成的主范畴和对应范畴的发展模式如表3-8所示。

表 3 - 8 对应范畴和主范畴发展

主范畴	对应范畴	范畴的内涵	原生代码
个体层	个体知识存量	文化水平、知识经验	成员个人的生产经验丰富、捕捉信息能力强、教育背景
	个体经验异质性	累积异质性经验	在过去生产工作中积累了各类经验
	带头人领导力	创新性、激励学习、角色榜样	具有技术专长、有创新精神、好学并且带领合作社成员共同学习
组织层	合作社先前的知识和经验	总结经验吸取教训	合作社讨论失败案例的原因，从中吸取经验教训，从成功经验中积累原因，模仿同行合作社的技术、资料搜集的程度
	业务培训	各类培训的内容、频率	合作社鼓励成员参加政府、学校、农业部门开展的技术培训、观摩会，由技术专家或邀请外来专家给合作社成员进行定期培训使得成员不断学习到先进知识和技术、改变陈旧方法、开放创新思维
	吸收意愿	合作社成员学习意愿、学习态度	成员的学习意愿强，愿意通过各种方式获取和学习各种知识和技术
	信任程度	相处氛围、沟通和合作	合作社成员之间经常交流经验和学到的新知识、新技术，开展社内小型交流会，成员之间互助合作满意度高、沟通频繁
外部层	社会资本	合作社拥有的社会关系网络	从外部渠道积极引进核心生产技术和知识，知识来源渠道种类丰富，合作的科研机构和学校数量多、合作满意度高、合作意愿强
	政府支持	政府扶持和帮助	政府部门指导技术、政策鼓励学习
知识吸收能力	潜在知识吸收能力、实现知识吸收能力	合作社对外部知识的识别、获取、消化和创新应用	沟通学习以获取外部的新知识、新技术，多看书，消化、转换成自己的知识，应用并进行技术创新、产品创新

三、理论编码

通过轴心编码提取主范畴之后，需要进一步挖掘主范畴之间的关系，将主范畴联系起来，将研究结果囊括在一个比较宽泛的理论范围之内，思考一个可以扼要说明全部现象的核心（见表 3 - 9）。同时，深入分析主范畴及其对应范畴与知识吸收能力之间的作用关系。

表3－9 理论编码

典型关系结构	关系结构的内涵
个体层→ 知识吸收能力	个体经验异质性能更有效地识别各类有价值的信息和技术，同时具备消化、转换和应用知识的能力 带头人领导力作用于农民合作社内的追随者，推动知识吸收能力的提高
组织层→ 知识吸收能力	先验知识的积累有利于知识的识别和吸收 高效的培训能够创建良好的组织学习氛围，实现知识共享，提高知识吸收能力 知识接受方的态度、动机一定程度影响知识吸收能力的大小 互动程度和内部成员间的关系将影响组织内部的知识共享和学习
外部层→ 知识吸收能力	丰富的社会资本，以及来自政府的支持和引导能够创造良好的外部环境，有力地推动知识吸收能力的提高

通过对轴心编码中得到的4个主范畴以及对应的范畴进行深入分析和挖掘，结合原始资料去不断比较，本书获悉个体主范畴、组织主范畴、外部主范畴与知识吸收能力之间的关系，并得到"农民合作社知识吸收能力影响因素模型"的核心范畴，形成了个体层因素、组织层因素和外部层因素对知识吸收能力的作用路径，如图3－2所示。

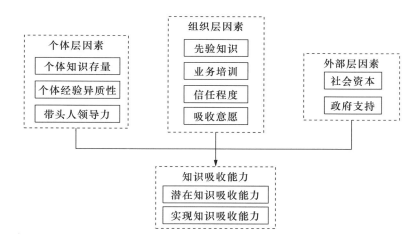

图3－2 农民合作社知识吸收能力影响因素模型

第四节　质性研究结果

基于扎根理论而构建的模型可以清晰表明农民合作社知识吸收能力受到三个层面因素的影响：个体层面、组织层面和外部层面。知识吸收能力的影响因素存在多层次性的特征，能促进内部和外部独特资源的获取。知识在组织外部和内部的流动包括知识传递和吸收两个过程，受到多方因素的影响。农民合作社是成员——惠顾者拥有和控制的市场经济组织，存在所有者与使用者同一性的本质属性（苑鹏，2013）①。因此，研究农民合作社的知识吸收能力不可忽略其组织主体——成员所起到的作用影响。此外，众多国内外知识吸收能力的研究中认为组织的吸收能力并非个体吸收能力的简单叠加。知识在组织内部的相互作用，使得农民合作社的吸收能力形成"1 + 1 > 2"的作用，组织层面的影响因素可以看作为作用的催化剂。任何一个市场经济组织生存于社会大环境中，不可否认外部的因素对市场经济组织行为的影响。多层次的研究有助于对组织现象的整体把握。

一、个体层主范畴内涵阐释

不同于其他市场经济组织形式，合作社的原则是以人为本，在研究农民合作社相关问题时，个体人员因素是不可忽视的重要变量。有学者提出，农民合作社是小人物在大世界中的机会，成员是农民合作社的直接使用者和支持者，是组织行为和发展的主要影响因素。因此，本书通过扎根理论提取出成员的个体知识存量、知识异质性以及农民合作社带头人或核心领导者的领导力影响农民合作社的知识吸收能力。组织现象是个体和集体要素的有机整合，组织的吸收能力建立在个体成员吸收能力的基础上，依赖于个体间的行为和有效互动。知识吸收能力是基于个体认知基础的组织能力，因而吸收能力的认知、消化或转换能力都可以体现在个体层面，因此个体因素是影响吸收能力的重要因素。

（一）个体知识存量

个体的知识存量决定了个体农户对于外来知识和技术的认知及接受程度。当来自不同渠道的知识首先传播到个体层面时，其经验积累和知识存量影响了知识接受者对新知识、新技术的反应速度、判别能力和吸收能力。换句话说，积累的知识存量提高了农户对新知识的获取能力和使用能力。知识存量的覆盖种类越

---

① 苑鹏. 中国特色的农民合作社制度的变异现象研究[J]. 中国农村观察，2013（3）：40 – 46.

广、差别越大，个体能解释的信息越多，越容易识别和消化新的知识（Bower 和 Hilgard，1981）①。知识是农民合作社最重要的生产要素之一，合作社知识能力的基础是能够整合成员个体所拥有的知识，以最大限度地利用成员个人的知识。当个体成员知识存量不足时，合作社将难以进行有效的整合和运用，从而成为合作社发展局限因素之一。实际调研中发现，个体成员是合作社吸收知识的基点，个体的知识存量影响着合作社知识吸收能力。

（二）个体经验异质性

异质性是指个体所能感知到的他人与自己是不同的、存在与个体间的任何属性特征方面的差异。农民合作社成员个体知识的互补性是指农户在农业生产过程中，遇到技术困难时，其他成员能够帮助其解决难题。成员之间知识的相似性越高，农民合作社的知识面越狭窄，因而识别和获取外部知识的机会将减少；而当知识互补性越高时，意味着合作社内成员拥有的知识广度较大，能够更好地获取知识。组织中的个体在处理外部复杂、差异化的信息的能力是有限的，随着个体知识互补性的增加，随之提高了对信息的处理能力。成员知识的这种异质性并不利于知识在组织内部的转移，而知识的广度对组织转换和应用能力具有一定影响作用。

（三）带头人领导力

农民合作社的领导是凝聚整个合作社力量的纽带，领导行为对合作社成员的态度和行为均产生积极作用。领导身上所具备的领导特质有助于提升合作社成员的意识观念。合作社领导的合作精神、号召力以及利用社会资源的能力等对提高合作社各方面的行动效率有至关重要的作用（黄祖辉，2011）②。句容戴庄有机农业合作社技术专家赵亚夫，将毕业知识奉献给农业发展，一直不断学习新知识，并带领合作社成员共同参加培训学习，鼓励成员尝试新品种、新技术，为戴庄有机农业合作社营造了良好的学习氛围。

二、组织层主范畴内涵阐释

农民合作社优于单个农户的知识吸收与应用创新的能力得到国内诸多学者的普遍共识。换言之，组织对知识的吸收虽源于个体，但"高于"个体层面的知识吸收，因此影响农民合作社的知识吸收能力的要素涉及更多组织层面的要素，包括业务培训、吸收意愿等。

---

①　Bower G. H. , Hilgard E. R. Theories of learning［M］. Englewood Cliffs，NJ：Prentice – Hall，1981.
②　黄祖辉，扶玉枝，徐旭初. 农民专业合作社的效率及其影响因素分析［J］. 中国农村经济，2011 （7）：4 – 13.

（一）先验知识

吸收能力具有路径依赖性，农民合作社在对外部新知识获取、消化、转换和应用的过程受到既有知识及经验的惯性影响，合作社先前的知识和经验会影响对新知识及新技术的判断或接受，进而影响其潜在知识吸收能力。合作社对新知识的应用创新大多建立在以往生产过程中积累的技术经验之上，进而实现不断的技术革新和产品改良。

知识吸收能力的本质是组织基于先前只是利用外部新知识的动态过程（林春培和张振刚，2014）。常州市新北区三新食用菌合作社培育的塑料大棚食用菌的技术演化是建立在合作社培育食用菌10多年的生产经验基础上，是为了适应快速膨胀的食用菌消费市场。这些长年累积的技术发展正是农民合作社的先验知识，引进各类相关的新技术在合作社的实践过程中消化吸收，得以应用，体现了专业性知识的转移应用、惯性影响和路径依赖。而原先存在的先验知识也影响了合作社对新技术流入时的认知、消化和应用。

（二）业务培训

农民合作社大多由留守在农村的农民组成，年龄偏大，文化教育水平普遍不高，对于层出不穷的新技术的学习能力不强，这需要农民合作社营造良好的学习氛围，制定合理的业务培训计划，创建学习、知识共享等机制帮助合作社成员对外部新知识的消化和吸收。农民合作社地处信息相对闭塞的农村，需要合作社组织各类培训活动，定期邀请社内、社外的各类技术专家教授专业的知识技术，促进组织的知识吸收能力。

与企业不同，农民合作社一般获取的是应用性更强的知识源，吸收能力越强，消化速度越快，将外来知识与合作社既有知识融合的速度越快，合作社内部的知识存量才能够得到不断提升，进而能够更好地运用新知识、新技术开展创新行为。农民合作社建立日常化、体系化、规范化的多元化培训服务能够促进合作社成员思想道德素质和科学文化素养的提高，激发社员常年凝聚在自身的知识和技能，直接影响着潜在知识吸收能力和实现知识吸收能力。

（三）信任程度

吸收能力是一种边缘性能力，以组织内成员关系为基础，立足于组织内部门之间成员的关系和交流情景，可以看作是一种情景嵌入性能力（王雎，2007）[1]，往往随着成员关系的变化而变化。农民合作社成员生活的中国农村社会带有"圈子主义精神"的"熟人信任"。知识在组织内流动和交流受人际关系的圈层结构的限制。农民合作社在进行知识消化和转换时，一个重要的前提是组织内部基于

---

[1]　王雎. 吸收能力的研究现状与重新定位[J]. 外国经济与管理，2007，7（29）：1-8.

信任关系的频繁交流。在访谈中发现，普通的农户在遇到技术难题和困难时，多数倾向于求助合作社中熟悉、信任的朋友和亲戚等。基于信任关系的知识互动具有伙伴专属性，能够提高吸收和利用知识的效率，影响实现知识吸收能力。Daghfous（2004）指出，不同部门间的有效交流促进了组织内部的知识整合机制，减少了知识吸收过程的障碍①。合作社内部的信任程度能够促进知识的分享和交流，进而提高潜在知识吸收能力。

（四）吸收意愿

吸收意愿是指农民合作社对于吸收外部新技术、新知识的积极性意愿的强弱。成员的吸收意愿和动机很大程度决定了知识吸收行为的发生及效率。缺乏吸收和学习知识的动机不利于合作社引进及获取新知识，进而无法完成吸收知识的一系列动态过程。有研究发现，在组织先验知识水平较低的同时，较高的吸收意愿仍然能够提高知识吸收能力（Kim，1998）②。事实上，要开放有效的知识吸收能力，成员对知识的接触是远远不够的，还取决于他们吸收知识的意愿。

三、外部层主范畴内涵阐释

（一）社会资本

基于不同的研究背景和研究目的，社会资本的定义有很多，表达方式也不统一。Baker（1990）认为，社会资本是行为主体从社会结构中可以获取的资源，用以追求各自的利益。社会资本通过行为主体间的关系变化而产生。还有学者提出，社会互动连接（Social Interaction）、信任与依赖性（Trustworthiness）以及共同愿景（Shared – vision）共同构成了社会资本（Tsai 和 Ghoshal，1998）③。Fountain（2000）将社会资本看作一种组织网络、共同准则与信任所具有的可以降低协调、合作成本，并增加生产能力的特征④。国内学者边燕杰和丘海雄（2000）在中国情境下定义社会资本是行为主体与外部社会的联系，以及通过这种联系获取稀缺资源的能力⑤。不难发现，在不同情境下，对社会资本的定义均强调了行为主体所在的社会网络，与外部社会的联系是社会资本的核心内容。

农民合作社不同于一般的市场经济组织，具有封闭性和明确的地理边界，知

---

① Daghfous A. Absorptive capacity and the implementation of knowledge – intensive best practices [J]. Sam Advanced Management Journal, 2004, 69 (2): 21 – 27.

② Kim L. Crisis construction and organizational learning: Capability building in catching – up at Hyundai Motor [J]. Organization Science, 1998, 9 (4): 506 – 521.

③ Tsai W., Ghoshal S. Social capital and value creation: The role of intrafirm networks [J]. Academy of Management Journal, 1998, 41 (4): 464 – 476.

④ Fountain J. Social capital and technological innovation [J]. Technology Management Handbook, 2000.

⑤ 边燕杰，丘海雄. 企业的社会资本及其功效[J]. 中国社会科学，2000, 2 (2): 2.

识的传播渠道相对稀少，因此，合作社拥有的社会资本成为其获取知识资源的关键因素。农民合作社与客户、科研机构、高校等外部机构保持频繁而紧密的联系，有助于合作社与外部知识源的互动，进而提高合作社的吸收能力。社会网络关系是组织发展知识吸收能力的重要途径。有学者发现，在其他条件不变的情况下，组织获取知识的能力与其所拥有的外部联系数量成正比（Burt，1992）①。

（二）政府支持

政府是农民合作社建设的直接引导者和重要支持者。农民合作社作为知识应用的有效载体，能够更好地获取技术并转化成效益，政府采取技术、财政等相关扶持政策能够有效提高农业技术的传播和利用效率。调研中发现，一些缺乏资金或是初创合作社缺乏获取新技术、知识的途径，不具备引进技术、技术专家的能力，因此政府的培训辅导、技术支持等活动是这类合作社获取市场、农业技术、新产品等方面信息的重要途径。同时，国内诸多学者肯定了农民合作社推广农业技术的重要性，政府从政策、技术、资金以及项目扶持等多方面弥补了新知识从乡镇到合作社农户的这段空白，从而提高知识的消化、转换和应用（涂琼理和钟涨宝，2012）②。

四、知识吸收能力主范畴内涵阐释

（一）潜在知识吸收能力

潜在知识吸收能力（Potential Knowledge Absorptive Capacity）包括对农民合作社外部知识、信息、技术的识别、获取和消化。与一般的市场经营实体不同，农民合作社的知识和技术的积累来源于经验及"干中学"获得，可表达性较差，环境的变化和产品的淘汰会促使农民合作社自行调整行为进而适应环境，致力于获取和消化内、外部的知识及信息。具体来说，知识获取是知识吸收过程的首要问题，是组织维持吸收知识过程的驱动力，没有知识获取，就没有接下来的种种知识活动。广义上说，知识获取涉及生理学、心理学、认知学科等一系列学科，但本书中讨论的"知识获取"仅注重从农民合作社获取知识的发展角度出发，从探讨合作社吸收能力过程看待这个问题。知识消化在于处理新知识、新信息，获悉外部知识环境的变化，进而及时改善组织内部的知识结构，提高组织识别行业现状和发展机会的能力。潜在知识吸收能力帮助农民合作社识别知识、处理和编辑知识，使其知识数据储备更加系统化、逻辑化、可靠并准确。

---

① S. Burt. Structural Hotels：The social structure of competition ［M］. Cambridge：Harvard University Press. 1992.

② 涂琼理，钟涨宝. 江西农民专业合作社政策扶持的调查分析[J]. 江西社会科学，2012（7）：236 - 240.

（二）实现知识吸收能力

实现知识吸收能力（Realized Knowledge Absorptive Capacity）是农民合作社对已有知识和新知识进行整合，并应用于农业生产、产品创新中。知识转换是知识客体的自我更新，Nonaka（1995）在《知识创造公司》一书中定义知识转换为隐性知识和显性知识的转化过程，能够增加组织知识资本的总量，且为知识管理活动中最为关键的环节。知识通过组织管理和组织激励等一定途径，转变为能够被组织中其他成员运用的知识，最终成为组织的知识财富。在整个知识吸收过程中，知识的应用是最活跃的，是直接作用于组织价值产出和创新的一个环节。获取的知识经过消化和转换之后，必须通过应用加以保持，组织吸收知识的过程最终落脚于知识应用的结果。可见，实现吸收能力侧重于新知识在组织内部的转换和深度创新，致力于将新知识与原有知识相融合，进而应用，组织最终要从知识的应用中获取收益。

第五节　信度与效度检验

（一）信度检验

为了检验译码信度，本书对理论编码获得的 3 个主范畴通过计算编码人员的译码一致性来检验。由于编码过程中的有三个编码人员，分别使用 V1、V2、V3 代表各个范畴中编码的概念，$V1 \cap V2 \cap V3$ 表示各个范畴下的概念的交集，$V1 \cup V2 \cup V3$ 表示各个范畴下的概念的并集，前者除以后者来衡量一致性程度，可以得到式（3-1）。

$$一致性系数 = \frac{V1 \cap V2 \cap V3}{V1 \cup V2 \cup V3} \tag{3-1}$$

译码一致性大于 0.8 即为可接受信度，表示三个编码人员译码所得到的结果基本一致（Bos 和 Tarnai，1999）[①]。由此得到，个体、组织和外部三个主范畴相对应的一致性系数分别为 0.80、0.85、0.88，编码结果通过信度检验。

（二）效度检验

本书使用 Lawshe（1975）提出的内容效度率（Content Validity Ratio，CVR）

---

① Bos W., Tarnai C. Content analysis in empirical social research [J]. International Journal of Educational Research，1999，31（8）：659-671.

来判断编码结果的效度①，计算公式为：

$$CVR = \frac{n_e - N/2}{N/2} \tag{3-2}$$

式中，n_e 表示概念与所测范畴相符的编码人员数量，N 表示编码人员的总人数。若认为概念与所测范畴不相符时，CVR 取值为负数；若所有编码人员均认为概念不合适时，则 CVR = -1；而当所有编码人员都认为概念很恰当时，则 CVR =1。以此来测算初始编码中得到的 123 个概念和 10 个范畴的 CVR 值。测算后得到，115 个概念和 8 个范畴的 VCR 值为 1，剩余的 8 个范畴的 CVR 值为 0.33，是正数，表明本书的编码结果具有良好的内容效度。

（三）理论饱和度检验

检验构建的理论是否完善的关键点为理论饱和点，如果未饱和，需要重新返回资料收集阶段重新循环上述分析过程（楼靖华，2006）②，最终以资料的丰富、严密及饱和来增加结论的说服力和理论性。本书用 28 份资料中剩余的 5 份资料检验理论饱和度。结果显示，对剩余的 5 份资料进行译码和分析，并没有发展出新的概念和范畴，也就是说，研究中的各级范畴已经发展得很丰富。因此，可以认为，运用扎根理论方法进行探索型研究所得到的农民合作社知识吸收能力影响因素模型是饱和的。

本章小结

本章通过对 28 位农民合作社高层管理者和普通成员进行行为事件访谈、深度访谈以及收集到的被访谈合作社相关的文本资料，利用扎根理论方法对所获资料进行编码分析，提取了农民合作社知识吸收能力的影响因素，构建了农民合作社知识吸收能力影响因素基本理论模型。运用扎根理论方法得到了知识吸收能力三个维度的影响因素，其中个体层因素包括个体知识存量、个体经验异质性和带头人领导力；组织层因素包括先验知识、业务培训、信任程度和吸收意愿；外部层因素包括社会资本和政府支持。

---

① Lawshe C. H. A quantitative approach to content validity [J]. Personnel Psychology, 1975 (28): 563 – 575.

② 楼靖华. 文献信息资源共建共享的利益平衡机制研究[J]. 图书馆杂志, 2006, 25 (5): 20 – 32.

第四章 知识吸收能力及其影响因素对农民合作社绩效作用的理论模型构建

第一节 农民合作社绩效的构成分析

一、农民合作社生命周期理论

Hansmann（1996）指出，农民合作社是一个由多人共同分享所有权的企业组织[1]。因此，合作社与企业一样，是一个以盈利为目、存在于稳定生命周期的主体。Haire（1959）从生物学"生命周期"视角分析，企业发展符合成长规律，提出企业会经历停滞、消亡等现象[2]。日本学者藤芳城一（1978）在《经营管理学》中提出了"蜕变的经营哲学"观点。美国管理学家 Adizes（2004）将企业生命周期分为孕育、婴儿、学步、青春、壮年、稳定、贵族、官僚化早期、官僚和死亡 10 个周期[3]，生动概括了企业发展经历的不同阶段的特征，是企业生命周期最有影响力的描述方式，同时标志着企业的生命周期理论正式形成。Greiner（1998）认为企业成长过程经历五个阶段，分别是创业、指导、分权、协调和合作阶段，且企业的持续成长需通过发展后期的变革完成[4]。

国内学者陈佳贵（1995）结合国内外观点，以企业规模作为变量，提出企业

---

① Hansmann H. The ownership of enterprise [M]. Boston：Harvard University Press，1996.

② Haire M. Biological models and empirical histories in the growth of organizations [M]. New York：John Wiley，1959：1 - 5.

③ Adizes C. 企业生命周期[M]. 赵睿等译. 北京：华夏出版社，2004.

④ Larry E. Greiner. Evolution and revolution as organizations grow ［J］. Harvard Business Review，1998（3）：55 - 56.

生命周期分为孕育期、求生存期、高速发展期、成熟期、衰退期和蜕变期①（见图4－1）。陈佳贵认为，企业进入衰退期后将会出现两种结果，一种即为破产衰亡，另一种是企业通过对经济形体、产品的变革实现蜕变新生。李业（2000）在陈佳贵研究的基础上提出了企业生命周期的修正模型，以销售额的增加反映企业生长的基本状况②。

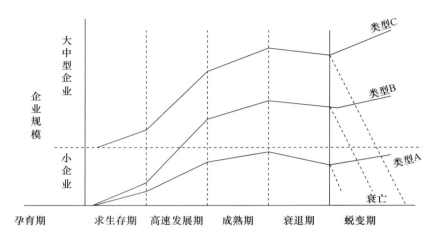

图4－1　企业的生命周期和成长类型

农民合作社是一种特殊的企业组织，对外盈利而对内不盈利，其发展轨迹同样遵循生命周期。本书鉴于国内合作社的发展历史，沿用企业生命周期理论，将农民合作社的发展分为初创阶段、成长阶段、成熟阶段和分化阶段（消亡/变革强大）。然而，与企业不尽相同的是，合作社成员多为农民，农民属于市场竞争中的"弱势群体"，往往在政策引导下尝试着发展农民合作社，面临着各种各样的困难，因此在合作社发展的每一个阶段都可能出现办不下去而消亡的局面，如图4－2所示。

农民合作社在初创阶段，可见经验不足、规模小、资金供给不足、制度不全、市场份额小、销售方式单一、管理意识薄弱等特征。2007年自《农民专业合作社法》颁布实施，农村出现大量创新者依照法律政策创建农民合作社。在这一阶段，农民合作社的经营主要依赖带头人的个人技术和魅力。但消费者的需求多样性和合作社数量激增所带来日渐激烈的市场竞争，可能造成合作社经营活动

① 陈佳贵. 关于企业生命周期与企业蜕变的探讨[J]. 中国工业经济, 1995（11）：5－13.
② 李业. 企业生命周期的修正模型及思考[J]. 南方经济, 2000（2）：47－50.

的失败，导致亏损消亡。

　　如图 4 - 2 所示，合作社在成长阶段逐渐走向管理规范化、技术专业化和组织规模化，越来越多的农户愿意加入农民合作社。这一时期，为了增加销售，合作社努力打造自己的品牌，积极生产高质量的自营产品，追求在市场中占去一定份额，同时追求更高的利润空间，为合作社成员带来更大的利益。

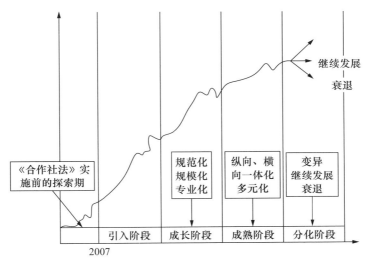

图 4 - 2　农民合作社生命周期划分与危机/变革

　　进入成熟期的农民合作社逐渐意识到产前和产后服务，寻找机会拓展业务，实现了农产品集中处理、加工储运、深加工直到与农贸市场、超市、学校对接的一体化运转。此时期的农民合作社保持了稳定的销售额和市场占有率，产品普遍被销售者接受，管理制度和业务培训逐渐完善，具有一定的市场竞争力，同时合作社的管理者逐渐寻找多元化的发展方向，开拓更高的利润增长点。

　　最后一阶段是分化期，这一阶段存活下来的是具有强大规模和实力，并找到适时变革方式的农民合作社。实地调研发现，许多江苏省的农民合作社无法承受激烈的市场竞争，销售量发生萎缩，同时缺乏创新能力，吸收不到新技术、新知识，难以推出适应市场的新产品，或是缺乏原产品深加工的意识，逐渐被市场淘汰。因此，在农民合作社发展的衰退期，应采取战略调整或创新变革，推崇新产品、新理念，促进合作社核心生产力和竞争能力的提升。

二、农民合作社绩效测量模型的构建

　　农民合作社绩效构建是一个复杂的系统工程，选取的指标必须基于其特殊的组织特性和生长特征。本书基于上文分析的农民合作社生命周期，并部分借鉴可持续发展研究的权威学者 Elkington（2013）提出的"三重盈余"理论即企业成长过程中需要满足经济繁荣、环境保护和社会福利三方面的平衡发展，对合作社绩效评价体系予以探讨①。

对农民合作社开展多维度绩效评价具有十分重要的理论意义。国际合作社联盟章程在《关于合作社特征的宣言》中指出了关于合作社的四个重要特征：第一，合作社是一个企业，通过综合运用土地、劳动力、资本等生产要素，向市场提供产品或服务而获得盈利；第二，共同拥有，合作社具有所有者和惠顾者同一的特性；第三，民主控制，合作社是"自愿联合"的"自治联合体"；第四，合作社拥有多元目标，合作社在日趋激烈的市场竞争中仍然坚持为成员服务，追求利润的最大化亦是为了实现多元化的目标，而多元化目标中，经济目标排在第一位，其他目标从属于经济目标。可见，农民合作社作为目前我国农业生产经营的重要组织载体，为成员带来最大化利益，并追求其在市场所获的价值仍然是发展的第一要务。

近年来，随着江苏省农民合作社数量的不断壮大，农业产业化经营的不断发展，对农村的生态环境产生巨大影响。2009 年中央一号文件中指出，"推动龙头企业、农民专业合作社、专业大户等率先实行标准化生产，支持建设绿色和有机产品生产基地"，社会绩效评价旨在引导在完成合作社经济效益的同时，注重其社会责任，为建设新农村做出更多的贡献。农业生产与生态环境紧密相关，自然环境一旦遭受破坏，就很难恢复，在农业发展过程中，生产方式的转型急需注重生态环境的保护。因此，对于社会绩效的测评有利于增进合作社及其社员保护环境的社会责任感，建立环境友好型农业生产体系。对于社会绩效的测评，有利于促进合作社对市场占有与环境责任的和谐统一，培养和巩固合作社成员积极的生态价值观，寻求充分利用自然资源的途径，集约使用土地、水资源等农业生产中的稀缺资源，最大限度地限制外源污染物，提高无公害（绿色和有机）农产品的销售比率，打造"绿色"、"环保"农民合作社品牌，培养其在消费者心目中的美誉度，获得好的口碑和社会的认可。进入农产品国际市场中，能够规避"绿色贸易壁垒"，高效开拓国际农产品市场，进而提高市场占有率。

进入 21 世纪以来，许多学者就技术创新对农民合作社经济增长的重要作用进行了充分的论证。Beverland（2005）发现，许多农民合作社通过产品创新来提

---

① Elkington J. Accounting for the triple bottom line [J]. Measuring Business Excellence，2013，2（2）：18 – 22.

高产品单价，促进了合作社绩效①。随后，Beverland（2007）在对新西兰农民合作社的案例研究中发现，创新产品能够促进与消费者的绑定关系，进而增强了合作社在市场的竞争力②。在我国重要的政府文件中也频频出现培养农民合作社创新能力的政策，地方政府愈加重视农民合作社的创新问题。建设现代农业中，农民合作社在促进农业科技创新中发挥着越来越重要的作用。江苏省农民合作社的发展走在全国的前列，从调研所获的一手数据看，合作社处在发展的分化阶段，往往通过技术创新、产品创新来应对激烈市场竞争环境和不断变化的消费者需求。

根据江苏省教育部公布的高校名单，江苏省普通高校共134所，数量排名第一，地区所含的文化底蕴和众多的知识资源为江苏省内农民合作社的技术创新提供了强有力的保障。Birkinshaw（2005）等认为，创新绩效的实现同时受到自身能力和外在力量推动的共同影响③。Simonen 和 Mccann（2008）研究指出，知识的不断流入是提高组织创新绩效的重要外在力量④。高校是知识传播主体，能够促进各类企业组织创新能力的提升。罗瑾琏（2014）等基于地理邻近性，构建了高校知识溢出和创新绩效之间的关系，研究得到高校的知识溢出对周边企业创新绩效的正向影响⑤。调研时，与合作社成员的半结构化访谈中可以发现创新能力是支撑合作社发展前进的重要动力之一。如常州市润土瓜蔬合作社的理事长在访谈中，描述到：

"2008 年的时候，合作社销售碰到瓶颈，西瓜销售不出去，然后我通过以前工作的关系，找到了上海留学回来的科研人员，一起探索出了一整套种甜瓜的技术。而无籽西瓜栽培技术是根据气候条件、雄花花粉发育、传播现状摸索出花鼓的培育技术。还有，我带领的技术团队实现了在长江流域以南成功栽培哈密瓜技术。甜瓜、无籽西瓜在基地实验成功后，对种子采用集约化培育，给农户技术指导，生产时我会亲自监督整个种植过程。而在销售方面我采取的是饥饿营销的方式，效果非常好。在这几个新品种成功后，我不

①　Beverland M. B. Repositioning new zealand version：From commodity to brand［J］. Australasian Markerting Journal，2005（12）：62 – 67.

②　Beverland M. B. Can cooperatives brand? Exploring the interplay between cooperative structure and sustained brand marketing success［J］. Food Policy，2007（32）：480 – 495.

③　Birkinshaw J.，Hood N.，Young S. Subsidiary entrepreneurship，internal and external competitive forces，and subsidiary performance［J］. International Business Review，2005，14（2）：227 – 248.

④　Simonen J.，Mccann P. Innovation，R&D cooperation and labor recruitment：Evidence from Finland［J］. Small Business Economics，2008，31（2）：94 – 181.

⑤　罗瑾琏，门成昊，钟竞，顾玉婷. 高校知识溢出对周边企业创新绩效的影响机制研究——基于地理邻近性的调节作用［J］. 科技进步与对策，2014，31（10）：138 – 142.

断地在市面上寻找新品种，中国台湾、日本我也去过，了解品种的产量和客户反映的满意度。"

还有一位来自三新食用菌合作社的技术专家总结了他所认为合作社应该解决的重要问题：

"……我们要关注合作社的技术是否核心，不断地学习出来的新知识，研发合作社的核心技术，边做边总结，也不能排斥与外边的科研机构合作，我们合作社的食用菌的品种和技术就是从扬大和江苏农科院那边引进的，后续的一些研发活动是在我们自己建立的科研基地。好的、新的技术和产品才能在销售环节产生好的效益……"

由此可见，江苏省农民合作社正逐渐成为创新的主体，对于创新绩效的测评亦不可忽略。依托农民合作社，发挥技术专家、科技能手的示范带头作用，积极引进和开发关键技术、核心产品，加快农业科技创新的步伐，帮扶农民合作社提高市场竞争力、占取更高的市场份额。

综上所述，本书拟构建由市场绩效、社会绩效、创新绩效组成的农民合作社绩效评价体系，如图 4 - 3 所示。

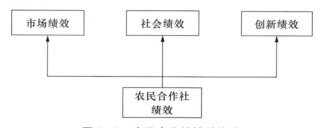

图 4 - 3　农民合作社绩效构成

第二节　知识吸收能力对农民合作社绩效的作用

知识经济时代，知识资本无疑被视为最具战略性的资源，知识的价值给予组织保持竞争优势的可能性。然而，知识并不能自发产生价值，知识的价值在于管理。管理学研究者托马斯（1999）认为，组织所拥有的知识和有效利用这些知识，以及主动识别、获取和应用新知识才能够维持竞争优势，长久生存于市场中[1]。

学者们就知识转化为价值的过程进行了许多研究。朱淑枝（2009）提出，知识创造价值需满足两个前提：第一，识别有价值的知识，不是所有的知识都对组织有用，获取与实现组织目标和组织竞争优势高度相关的知识，消化并据此改善组织的知识结构，才可能给组织带来价值，因此，知识的识别和消化是知识管理的重要环节；第二，知识价值的可开发性，将知识转化为组织绩效是一个十分复杂的动态过程，除了知识的获取和消化，还包括转化和应用，仅拥有外部的新知识是远远不够的，通过有效的开发和应用将知识转化为绩效才是更为关键的步骤[2]。

Cohen 和 Levinthal（1990）指明，知识吸收能力不仅决定了组织识别和消化外部新知识的能力，还涉及将外部新知识进行商业应用。换句话说，知识吸收能力促进组织产出，比如新产品开发（Tsai，2001）[3]、组织绩效（Lane et al.，2001）、组织的盈利能力（Nikolaos et al.，2015）[4]、探索或开发利用能力。

农民合作社是农业生产经营的重要组织方式，有利于整合农业科技资源、加快科技创新步伐，帮助实现现代化农业建设。而愈演愈烈的市场竞争中，一方面，农民合作社必须注重不断获取和消化新知识，增强应变能力，在不断变化的环境中适时做出变革；另一方面，加强对已有知识的利用和挖掘，转换和应用为可利用的资源，使合作社能够拥有相对适宜的稳定性，培养其竞争优势，才能实现农民合作社在市场中的可持续发展。

根据上文质性研究可知，农民合作社潜在知识吸收能力和实现知识吸收能力的侧重点、发展路径、内在和外在机制、最终效应均不相同。知识吸收不仅包含获取和消化外部的新知识，还需对知识进行内部处理，这一过程同时涵盖了外部指向与内部指向，可能引发新知识消化与组织内沟通效率之间的矛盾。两者均为组织学习的关键要素，任意形式的偏颇都将造成农民合作社发展的障碍。注重获取和消化外部新知识（潜在知识吸收能力）的组织能够不断增加知识资本，但缺少应用所得利润而致使知识获取成本的冲击，相反，组织专注于知识转换和应用（实现知识吸收能力）能够得到短期利润，却可能导致面对市场变化时的应

① 托马斯·H. 达文波特，劳伦斯·普鲁萨克. 营运知识[M]. 南昌：江西教育出版社，1999.

② 朱淑枝. 企业知识管理实务[M]. 北京：清华大学出版社，2009.

③ Tsai W. Knowledge transfer in intraorganizational networks：Effects of network position and absorptive capacity on business unit innovation and performance [J]. Academy of Management Journal，2001，44（5）：996 – 1004.

④ Nikolaos T.，Young Ah K.，Hammad A.，et al. Absorptive capacity and performance：The role of customer relationship and technological capacities in high – tech SMEs [J]. Industrial Marketing Management，2015，47（5）：134 – 142.

对能力不足（Ahuja 和 Lampert，2001）①。Zahra 和 George（2002）发现，这两种知识吸收能力对组织产出的价值不同，两者的协调发展能够最大化提升绩效水平。这一点满足互补性理论的观点，资源整合的附加价值大于单一资源的价值之和（Tanriverdi 和 Venkatraman，2005）②。区别两者进行研究能够为组织处于相同知识环境而运用知识的产出提供准确的理论基础，为探索农民合作社可持续发展等问题开辟新的视角。

一、潜在知识吸收能力对农民合作社绩效的作用

潜在知识吸收能力帮助农民合作社获取并消化外部新知识，及时更新合作社知识储备，使合作社保持对外部环境的敏锐嗅觉。农民合作社大多设在地理位置偏僻、信息相对闭塞的农村，对于市场变化、政策环境、知识技术等信息的获取途径往往通过电视、报纸杂志、网络平台、高校、科研院所、合作企业、市场、地区政府提供以及参加各种农产品展览会、农业企业展销会等。这种持续与外部相关机构和要素的互动活动，能够在很大程度上帮助农民合作社获取到最新的信息和知识，适时调整战略方案而不至于被市场淘汰。与信息来源机构联系的越频繁，越能够获取有效性高的信息。知识获取是吸收知识的首要过程，也是农民合作社增加知识储备的必要手段。知识消化是对获取新知识进行分析、处理和解释的过程，新知识常常在特定的情景和环境中产生，将有可能增加理解新知识的难度。但只有对新知识充分地消化理解之后，才能进一步实现对知识的转换和利用。农民合作社在生产发展的过程中会随着知识的积累而形成独特的路径，使其越来越依赖于现有的知识和经验，忽略提升效率的知识搜索行为，而潜在知识吸收能力的作用体现在帮助合作社摆脱路径依赖的束缚。

值得关注的是，对于农民合作社这样一个具有特殊性质的企业组织，许多知识和技术的获取及消化需要通过实际生产活动的"干中学"才能完成，因此，很难将知识获取和知识消化这两个过程清晰分开。

潜在知识吸收能力（获取能力和消化能力）促进农民合作社绩效的增长主要通过三个方面实现：首先，潜在知识吸收能力能够提升农民合作社知识资本的深度和广度，通过知识储备的深化来增强组织的发展能力。一段时期基于潜在知识吸收能力的积累能够促进下一时期的有效积累吸收能力的积累渐进性（Cumulativeness）和期待影响作用（Effect on Expectation Formation），说明吸收能力是

① Ahuja G., Lampert C. M. Entrepreneurship in the large corporation: A longitudinal study of how established firms create breakthrough inventions [J]. Strategic Management Journal, 2001（22）: 521 – 543.

② Tenriverdi H., Venkatraman N. Knowledge relatedness and the performance of multi – business firms [J]. Strategic Management Journal, 2005, 26（2）: 97 – 119.

路径依赖的。对相关新知识的不断掌握将提高农民合作社对外部新知识的理解。长此以往，这样的实践活动使农民合作社拥有更深度以及覆盖面更广的知识，进而获得相应的竞争优势资源。其次，潜在知识吸收能力能够提高农民合作社对新知识的反应速度和接受能力，改善合作社在组织学习过程中可能出现的组织惰性。组织惰性是一种固化于组织中依赖或维护已形成的工作活动模式。农民合作社作为一种自愿联合、民主管理的互助性组织，在其生长周期里，经常可能出现因缺乏知识资本而引起的能力陷阱，不能承担起应付的盈利责任和环境责任，又或是缺乏创新活动的能力和积极性，最终走向解散、消亡。最后，潜在知识吸收能力能够增强农民合作社快速识别有效信息和知识的能力，实现有限资源的合理分配和高效利用，制定低成本、环境友好的战略方针，同时保持市场竞争优势。在动态市场环境中，潜在知识吸收能力能够帮助农民合作社柔性地、更加合理地利用自然资源和组织能力，通过捕捉新的战略机会来获得优势和社会美誉度。此外，还能增强市场敏锐度，对客户的需求变化及时反映，根据客户需求不断完善和创新，进而完善产品和服务水平。

可以说，潜在知识吸收能力与农民合作社绩效密切相关。Conner 和 Prahalad（1996）研究发现，组织的绩效差异往往取决于各个组织拥有的知识存量、价值[1]。组织的运营经验和所在领域的知识积累能够提高其生存能力及绩效（Kim 等，2012）[2]。第一，学习关于顾客、竞争者和政府知识的企业/组织有更好的机会作用于市场中的事件，掌握市场趋势（Tippins 和 Sohi，2003）[3]，此外，利用组织成员自身的直接经验和他人的间接经验作为桥梁，针对所获取的顾客和市场需求信息，组织可以提供更具有目标性的产品和服务，促进销售收入的增长（Slater 和 Narver，1995）[4]。相关市场知识和经验的积累能够消除农民合作社所在的国内外市场环境的不确定性，减少经营的成本和失败的风险，完成盈利责任和满足合作社成员的利益需求，进而提高其市场绩效。第二，农民合作社对于国家生态政策、环境保护等相关信息、知识的获取和消化能够培养合作社环境保护的意识，积极实行标准化生产，响应国家倡导，建设绿色和有机产品生产基地，提高合作社的社会绩效。第三，许多学者都肯定了知识获取和消化能力对于创新

① Conner K. R., Prahalad C. K. A resource – based theory of the firm: Knowledge Versusu opportunism [J]. Organization Science, 1996, 7（5）: 477 – 501.

② Kim Y. C., Lu J. W., Rhee M. Learning from age difference: Interorganizational learning and survival in Japanede foreign subsidiaries [J]. Journal of Internaitonal Business Studies, 2012, 43（8）: 719 – 745.

③ Tippings M. J., Sohi R. S. IT competency and firm performance: Is organizational leraning a missing link? [J]. Strategic Management Journal, 2003, 24（8）: 745 – 761.

④ Slater S. F., Narver J. C. Market orientation and the learning organization [J]. Journal of Marketing, 1995, 59（3）: 63 – 74.

活动的重要性（Von Hippel，1988）①。也就是说，若能有效获取新知识，并能够以不同形式进行组合新知识，那么就能出现产品创新和流程创新。潜在知识吸收能力获取和消化外部新知识、新信息能够帮助农民合作社在知识转换及应用过程中，除了注重以往的开发性活动，还能进行深入的探索性活动。创新活动的开展需要农民合作社对现有的知识结构进行不断改善，淘汰落后的知识，注入新的知识流，避免原有知识储备的制约。

由此，本书提出如下假设：

H1（a）：潜在知识吸收能力对农民合作社绩效存在显著的正向影响。

二、实现知识吸收能力对农民合作社绩效的作用

实现知识吸收能力（转换和利用）体现在新知识价值内化的过程，整合现有的和已经消化的新知识，改善和发展路径，促进组织绩效增长。Lane（2006）研究认为，获取的新知识需要通过内部转换的程序才能够与原有的知识储备进行有机融合，内部转换的过程包括理解、分析新知识，转换成与组织知识资本相匹配的形式、能够被组织成员理解和应用，进而才能在创新活动中发挥作用②。知识转换能够促进知识的整合和新认知模式的发展，在组织内被有效利用，对组织的竞争力产生直接的影响。也正是在知识转换的过程中，外部的新知识发生了变化，将存在内部关联的新知识和新信息与组织现有的知识联系起来，促进产生新的知识，又或对原有的知识提供了全新的解释方案。Kim（1997）提出，解决组织生存发展问题，需要通过修正的知识来完成，知识的增删和既有知识的新解释推动了组织产生新想法和创新性行为的可能。知识应用是对现有知识和能力的改善和拓展，或是通过新、旧知识的结合创造出新的知识（Zahra 和 George，2002）。Cohen 和 Levinthal（1990）指出，应用能力可以视为吸收知识过程实现价值的环节，对创新绩效有正向影响。Lane（2006）等研究认为，实现知识吸收能力通过影响组织的知识宽度而促进彻底性创新的实现，通过影响知识的深度促进渐进性创新的实现。张德茗和李艳（2011）基于多元线性回归方法探索得到，实现知识吸收能力对企业创新绩效有显著的促进作用。企业的实现知识吸收能力越强，越能够有效地利用外部知识流，进而提高创新绩效。Deed（2001）在美国生物工艺企业中证实了实现吸收能力与价值创造之间的正相关关系③。

① Von Hippel E. The sources of innovation [M]. New York：Oxford University Press，1988.

② Lane P.，Koka B.，Pathak S. The reification of absorptive capacity：A critical review and rejuvenation of the construct [J]. Academy of Management Review，2006，31（4）：833－863.

③ Deed D. L. The role of R&D intensity，technical development and absorptive capacity in creating entrepreneurial wealth in high technology start－ups [J]. Journal of Engineering and Technology Management，2001（18）：29－47.

实现知识吸收能力对农民合作社绩效的作用主要体现在：第一，知识的转换和应用能够在现有路径基础上对当前组织能力进行改善，获取市场竞争优势。第二，对获取和消化的新知识进行整合和利用，实现知识创造和技术创新。将多元化的知识经过重新组合，能够降低组织成本，提升效率，完善现有的组织过程，施益于组织成员。第三，实现吸收能力能够增加合作社的柔性和适应力，促进知识的应用和融合。换言之，若将转换过的知识应用到组织的运营改善中，能够拓展现有能力，推动组织发展。

对于农民合作社而言，由于地理环境和组织成员的特殊性，文化和知识基础等方面的差异，从外部获得的知识常常不能完全与合作社的需求相匹配，这些知识需要根据合作社所在特定的社会、政策以及竞争环境进行整合和转换，才能够加以利用和商业化。实现知识的转换和应用，有利于消除知识冗余，提高组织对环境的适应能力，促使合作社随着环境的变化而提出相应的战略方案，切实提高农民合作社的效率，实现市场绩效的提高。

由此，本书提出如下假设：

H1（b）：实现知识吸收能力对农民合作社绩效存在显著的正向影响。

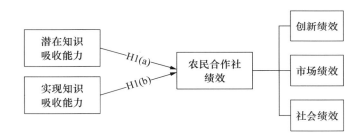

图4-4　知识吸收能力对农民合作社绩效的作用机理

第三节　知识吸收能力影响因素对知识吸收能力的作用

通过第三章扎根理论的分析，提取出三类影响知识吸收能力的影响因素，包括个体因素、组织因素和外部因素。其中，个体因素又包含个体知识存量、个体经验异质性和带头人领导力；组织因素包含组织的先验知识、业务培训、信任程度和吸收意愿；外部因素包含社会资本和政策环境。本书基于扎根理论的结果，通过现有文献研究，进一步剖析这些影响因素分别对潜在和实现知识吸收能力的作用机理。

一、个体层因素对知识吸收能力的作用

个体是组织的基本构成要素，也是组织形成知识吸收能力的主体角色。前人的研究中也肯定个体因素是影响知识吸收能力的重要因素。Cohen 和 Levinthal（1990）在早期研究中便提出，知识吸收能力依赖于组织成员的个体吸收能力；Lane 和 Pathak（2006）认为，个体认知是影响知识吸收能力的关键因素，进而影响到知识的消化、转换和应用①。Nooteboom 等（2007）论证了个体的知识背景、对知识的看法差异、个体之间知识的差异性与知识吸收能力之间的关系②。在前文的扎根理论中，本书得到个体层面知识吸收能力的影响因素包括个体知识存量、个体知识互补性和领导特质。

（一）个体知识存量与知识吸收能力

从个体层面说，个人的知识积累、正式或非正式渠道获取的知识储备、受到的教育文化，以及在生产销售过程中积累的经验均为个体的知识存量。有学者认为，个体在生活环境中，会不断地产生"认知模式"，即个体获取和消化环境中的知识，积累在人脑中，形成一种新的知识、新的经验，进而形成新"认知模式"。这些新"认知模式"是先前在大脑中沉淀的知识、经验与从外部环境输入的新信息相互作用后形成的。因此，新知识的创新与产生都与个体原有头脑中的"认知模式"相关。也就是说，在原有知识的基础上，新知识的产生、经验的转化与沉淀，不断形成每个个体的新"认知模式"，而这种新"认知模式"又进一步促进新知识的产生和转化，使得个人的知识储备处于一个动态的变化过程。

同样，对农民合作社成员而言，新知识获取和消化的能力大小与其之前的知识结构及知识内容密切相关，若新知识与当前个体的认知结构不兼容，那么将会影响个体消化新知识的过程，反之则能顺利将知识获取和消化，继续接下来的吸收过程。知识的应用创新必定基于良好的认知结构和"识知模式"，一个人知识、经验越多，知识质量越高，越有利于接受和消化来自环境新信息，从而使个人知识得到充实、成长。

Todorova 和 Durisin（2007）指出，知识的转换和应用过程应依据现存的知识

① Lane P. J., Pathak S. The reification of absorptive capacity: A critical review and rejuvenation of the construct [J]. Academy of Management Review, 2006, 31 (31): 833–863.

② Nooteboom B., Van Haverbeke W., Duysters G., et al. Optimal cognitive distance and absorptive capacity [J]. Research Policy, 2007 (36): 673–695.

结构①。个体作为知识的载体，知识的转换和应用过程需基于个体的知识存量。当农民合作社个体成员的知识储备越丰富，那么他们能解释的外部新信息就会越多，便更能将新知识应用于解决技术难题。

基于此，本书提出如下假设：

H2-1（a）：个体知识存量对潜在知识吸收能力存在显著的正向影响。

H2-1（b）：个体知识存量对实现知识吸收能力存在显著的正向影响。

（二）个体经验异质性与知识吸收能力

精细化的社会分工促使个体在不同行业、不同岗位学习和积累不同的经验，这些积累的经验不仅对即时工作产生影响，也会对将来解决问题的方式造成影响。经验异质性指的是组织成员先前在组织中的活动差异性（Huckman et al.，2009）②。经验异质性高意味着个体有过多种工作经历，能够在新工作中利用的潜在经验十分充足；经验异质性低则意味着个体具有单一的工作背景，但可能在某一领域内是专家水平。目前学术界对于经验异质性的研究比较零散，多分散于高管团队、创业团队等，并未涉猎农村经济实体。事实上，任何市场组织的可持续发展都离不开经验的积累和凝练，个体经验异质性具有难以模仿和不可取代的稀缺属性能够为组织带来更高价值的新知识和新技术（郭群成和郑少锋，2010）③。

农民合作社成员个体的经验异质性可以理解为其固有的思维方式、一种惯例，包括个体在各个时间点上积累的经验和知识的专有性，对自身经验的保护，拥有不同经验的丰富程度。简单地说，当合作社成员先前经历过生产、销售、管理多种过程，或是从事过不同行业的工作经历，其经验异质性水平相对较高。由个体经验异质性较高组成的农民合作社，作为一个整体占有比较大广度的经验值，更能够把握获取资源的机会（Barringer et al.，2005）④。此外，经验的异质性带来开阔的思维方式，会影响组织的信息处理能力。合作社内个体拥有不同的经验，在交流和讨论时，促进不同经验和知识的共享，长此以往，组织中多样化的知识、经验和技能能够为信息的转换和应用提供全面的视角。

基于此，本书提出如下假设：

① Todorova G.，Durisin B. Absorptive capacity：Valuing a reconceptualization [J]. Academy of management review，2007，32（3）：774 – 786.

② Huckman R. S.，Staats B. R.，Upton D. M. Team familiarity，role experience，and performance：Evidence from indian software services [J]. Engineering Management Review IEEE，2009，55（1）：85 – 100.

③ 郑少锋，郭群成. 返乡农民工创业决策的影响因素——基于重庆市 6 个镇 204 个调查样本数据的分析[J]. 华南农业大学学报（社会科学版），2010，9（3）：9 – 15.

④ Barringer B. R.，Jones F. F.，Neubaum D. O. A quantitative content analysis of the characteristics of rapid – growth firms and their founders [J]. Journal of Business Venturing，2005，20（5）：663 – 687.

H2 - 2（a）：个体经验异质性对潜在知识吸收能力存在显著的正向影响。

H2 - 2（b）：个体经验异质性对实现知识吸收能力存在显著的正向影响。

（三）带头人领导力与知识吸收能力

农民合作社带头人在新技术引进、资源获取、产品创新等合作社生产活动中均发挥着关键作用。可以说，合作社的领导者扮演了组织"看门人"的角色，对外，作为合作社与外部知识源的"接口"，识别对组织有用的知识，利用个人社会资源积极获取和引进对合作社有助的新知识、新技术；对内，向合作社成员输入获取的新知识，帮助知识在组织内部消化和转换。此外，通过领导者自身的影响力、号召力，向合作社成员传播不断学习的积极性，鼓励合作社成员吸收和应用外部新知识，创造良好的学习氛围，积极倡导与外部机构的合作交流，鼓励成员突破创新。

基于此，本书提出如下假设：

H2 - 3（a）：带头人领导力对潜在知识吸收能力存在显著的正向影响。

H2 - 3（b）：带头人领导力对实现知识吸收能力存在显著的正向影响。

得到个体层因素对知识吸收能力的作用模型，如图 4 - 5 所示。

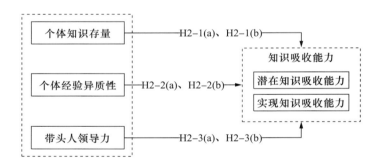

图 4 - 5　个体层因素对知识吸收能力的作用模型

二、组织层因素对知识吸收能力的作用

通过文献综述发现，吸收能力影响因素的研究多针对企业组织以及学习型组织进行研究，但当中不乏诸多结论和观点对农民合作社知识吸收能力的研究存在重要的参考价值。此外，吸收能力具有多层次性的特征，组织的知识吸收能力不能仅仅看成个体吸收能力的简单叠加，知识在组织内部相互作用，能够使得农民合作社的知识吸收能力形成"1 + 1 > 2"的效用。因此，本书基于前文扎根理论的研究结果，对知识吸收能力组织层的影响因素展开进一步机理分析。

（一）先验知识与知识吸收能力

先验知识水平是影响知识吸收能力最重要的因素之一，拥有的先验知识是企业和组织获得新知识的前提。若组织缺乏先前的知识的基础，便会很快失去消化和应用相关知识领域新技术、新信息的能力[1]。学术界几乎都赞同 Cohen 和 Levinthal 所提出的组织先验知识对知识吸收能力的重要性，知识吸收能力具有路径依赖的特质，而原有的知识结构决定了组织对外部新知识和新技术的认知，获取方式和消化程度。早期亦有学者比较学生学习一种新计算机程序语言的过程，发现相比初学者，学过其他计算机程序语言的同学明显能够更快地理解程序概念，学习效率也更高。Bower 和 Hilgard（1981）研究证明，积累的先验知识能够在一定程度上提高对新知识的获取能力和使用能力[2]。

事实上，先验知识决定了知识接收方获取新知识时的理解能力和消化程度。如果接收方对外部新知识有大致的了解，便能够增强其消化新知识的能力。知识接收方有时只是简单地获取到知识，却不能有效地将其消化和使用，正是因为接收方缺乏充分理解和转换知识的知识背景。换言之，先验知识的广度决定了新知识范围的评价和识别能力，而先验知识的深度则影响了知识转换和应用能力。

农民合作社作为具有企业性质的特殊市场经济组织，在长期的生产活动和发展过程中，会累积大量的知识、技术和经验，这些成为其自身拥有的知识水平和知识内涵，即农民合作社的先验知识。农民合作社对在"干中学"和实际生产活动中所获得的先验知识，成为其提高转换和利用外部新知识、新技术的重要因素之一。因此，农民合作社本身拥有的知识水平和积累的经验对于合作社认知和吸收外部新知识具有重要的作用。

基于此，本书提出如下假设：

H2 – 4（a）：先验知识对潜在知识吸收能力存在显著的正向影响。

H2 – 4（b）：先验知识对实现知识吸收能力存在显著的正向影响。

（二）业务培训与知识吸收能力

业务培训主要指的是农民合作社为了提高社内劳动力科技文化素质，推动农业生产标准化所开展的培训体系，培训内容包括种养新技术、农业机械、管理知识和市场信息等。由于农民合作社多处于信息相对闭塞的农村，缺乏知识获取渠道，成员的教育文化背景导致自我学习能力也不强。因此，各类业务培训成为他们获取和吸收外部新知识、新信息的重要手段之一。

① Van Wijk R., Van Den Bosh F. A. J., Volberda H. W. The impact of the depth and breadth of knowledge absorbed on levels of exploration and exploitation [A]. Academy of Management Meetingm BPS Division, Insights into Knowledge Transfer, Washington DC, USA, 2001 (8): 3 – 8.

② Bower G. H., Hilgard E. R. Theories of learning [M]. Englewood Cliffs, NJ: Prentice – Hall, 1981.

陈华宁（2007）研究认为，培训的直接目的是传播新技术、推广新产品，因而成为影响农户接受和采纳新知识的重要因素①。在深度访谈中发现，农民合作社通过各类培训可以使农户认识到科学知识对促进生产效率的重要性，进而提升农户对新知识的应用意愿。可以说，教育培训能够促进农民合作社对科技文化知识的获取和消化，以及对新技术的转换和应用。

基于此，本书提出如下假设：

H2 - 5（a）：业务培训对潜在知识吸收能力存在显著的正向影响。

H2 - 5（b）：业务培训对实现知识吸收能力存在显著的正向影响。

（三）信任程度与知识吸收能力

根据第三章分析结果，本书研究的组织信任程度主要指农民合作社部门之间、成员之间，以及成员与农民合作社的信任关系。借鉴 Hansen（2002）② 的研究，信任对知识吸收的好处主要有两点：一是提高知识共享的意愿，二是降低知识吸收的难度。合作社信任程度可以说是成员分享知识的启动机制，是知识交换的基本要素（Rolland 和 Chauvel，2000）③，确切地说是知识吸收成功的先决条件之一。信任是农民合作社实行内部管理重要的战略资源，信任程度越高，新知识交流的及时性和准确性越高。中国农村特有的"圈子主义精神"，是乡土特有的生产、生活方式和关系形态造成的结果（黄家亮，2012）④，成为影响农民合作社内部活动的因素。可以说，若在不信任的条件下，合作社内部会出现的怀疑、警惕、关系冷漠等状况，会导致知识吸收的一系列过程受到阻碍而失败。建立农民合作社的信任关系，首先，能够促进知识在合作社内的共享和交流，知识接收方会因为信任而更加愿意接受新知识，努力学习这些知识，提高了潜在知识吸收能力；其次，较高的信任水平能够减少知识输入方和接收方之间的信息曲解和失真，提高知识消化效率；最后，合作社内信任能够促进知识整合，产生更多的知识运用，提高实现知识吸收能力。信任程度不高的组织，所应获取的知识的准确性、及时性都会受到影响。因此，只有社员之间、部门之间存在高度信任，才能建立起知识在合作社内部转移和有效应用的良性循环，朝着知识共享、获取、消化、转换、应用创新的方向螺旋式上升。

① 陈华宁. 我国农民科技培训分析[J]. 农业经济问题，2007（2）：19 - 22.

② Hansen M. H.，Morrow J. L.，Batista J C. The impact of trust on cooperative membership retention，performance，and satisfaction：An exploratory study [J]. The International Food and Agribusiness Management Review，2002，5（1）：41 - 59.

③ Rolland N.，Chauvel D. Knowledge transfer in strategic alliances [J]. Knowledge horizons：The present and the promise of knowledge management，2000（33）：225 - 236.

④ 黄家亮. 乡土场域的信任逻辑与合作困境：定县翟城村个案研究[J]. 中国农业大学学报（社会科学版），2012，29（1）：81 - 92.

基于此，本书提出如下假设：

H2－6（a）：信任程度对潜在知识吸收能力存在显著的正向影响。

H2－6（b）：信任程度对实现知识吸收能力存在显著的正向影响。

（四）吸收意愿与知识吸收能力

组织意愿是组织行为的前提，农民合作社对外部新知识的吸收意愿可以看作是激发吸收知识的动机，是影响吸收能力的直接因素。有学者认为，知识接收方拥有较强的吸收意愿时能够促使其积极主动地克服知识获取、消化、转换和应用时遇到的难题。相反地，缺乏吸收意愿，接收方会因缺乏耐力而轻易放弃吸收知识（Cummings，2003）[1]。虽然，合作社原有的种养殖方式、销售管理观念会影响其对新知识的接受程度，但在对农民合作社高层管理者的深度访谈中发现，当合作社表现出强烈的学习和引用新知识的欲望时，依然能更好地促使外部知识源向合作社内部输入，进而提高消化、转换和应用新知识。Kim（1998）研究发现，当组织先验知识水平较低时，若存在较高的知识吸收意愿，仍然能够拥有较高的吸收能力。

根据 Katz 和 Allen（1982）所提出的，知识接收者的意愿往往会受到"非我知识"（NIH：Not Invented Here 的哲学原理是不使用第三方解决方案的方案）的影响[2]，具体来说，指的是组织不愿意接收外部知识源，怀疑和抵制外部来源的知识。"非我知识"综合征引发的排斥情绪会降低知识吸收能力。可以说，知识接受方的主观吸收意愿决定了吸收知识的质量、效果（周晓东，2003）[3] 和完整程度。缺乏吸收和学习知识的意愿不利于合作社引进和获取新知识，进而无法完成吸收知识的一系列动态过程。

基于此，本书提出如下假设：

H2－7（a）：吸收意愿对潜在知识吸收能力存在显著的正向影响。

H2－7（b）：吸收意愿对实现知识吸收能力存在显著的正向影响。

得到组织层因素对知识吸收能力的作用模型，如图4－6所示。

三、外部层因素对知识吸收能力的作用

（一）社会资本与知识吸收能力

社会资本是知识吸收能力的重要助推器，它作为组织获取知识的通道，对组

①　Cummings J. L.，Teng B. S. Transferring R&D knowledge：the key factors affecting knowledge transfer success［J］. Journal of Engineering and Technology Management，2003，20（2）：39－68.

②　Katz R.，Allen T. J. Investigating the Not－Invented－Here（NIH）syndrome：A look at the performance，tenure and communication patterns of 50 R&D project groups［J］. R&D Management，1982（12）：7－19.

③　周晓东. 企业知识内部转移：模式、影响因素与机制分析［J］. 南开管理评论，2003（5）：7－15.

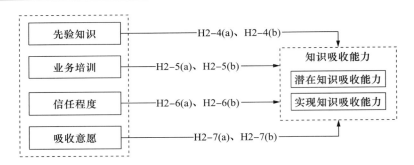

图 4 - 6　组织层因素对知识吸收能力的作用模型

织消化知识、转换和应用知识具有重要意义。不过文献发现，研究者们关于社会资本和吸收能力的研究多以企业为对象。Cabrita 和 Vaz（2006）认为，社会资本对组织的获取能力、知识共享能力、知识创造能力等变量存在显著的正向关系①。Yli 和 Autio（2001）认为，所建立的社会关系网络质量越好，越有利于企业对知识的获取，尤其是隐性知识的获取和吸收，并肯定了社会资本对知识吸收能力的正向影响作用②。曾德明等（2011）实证发现，联盟企业所构建的社会关系资本，能促进企业间的合作与联系，提高企业对外部知识资源吸收的效率和深度③。唐丽艳（2014）提出，企业的网络密度、联系强度与其获取知识的能力成正比，外部关系网络成员越多，获取知识的可能性就越大④。同时，一些核心技术和隐性知识依赖于强联系，联系紧密程度越高，越能促进企业对外部异质性知识的理解和转换。

　　基于资源基础观，将社会资本视为农民合作社的一种外部资源，是根植于合作社与外部组织构建的关系网络，并可通过这种关系网络利用的资产。社会资本是需要长期累积的资产，组织可以增加其社会资本以更好地接近信息、获取信任来提高收益。农民合作社不同于一般的企业组织，具有封闭性和明确的地理边界，消息来源闭塞。合作社所拥有的社会资本成为传递资源的重要渠道，使其与农业科技部门、科研机构、高校等外部机构保持频繁而紧密的联系，有助于合作

　　①　Cabrita M.，Vaz J. L. Relationship capital and value creation evidence from the Portuguese banking industry [J]. The Electronic Journal of Knowledge Management，2006，4（1）：11 - 20.

　　②　Yli - Renko H.，Autio E.，Sapienza H. J. Social capital，knowledge acquisition，and knowledge exploitation in young technology - based firms [J]. Strategic Management Journal，2001，22（6 - 7）：587 - 613.

　　③　曾德明，黄玉勇，禹献云. 产业技术创新战略联盟知识转移障碍及对策研究[J]. 情报理论与实践，2012，35（2）：64 - 67.

　　④　唐丽艳，周建林，王国红. 社会资本、在孵企业吸收能力和创新孵化绩效的关系研究[J]. 科研管理，2014，35（7）：51 - 59.

社与外部知识源亲近持久的互动，最终使得双方相互认同而易于知识转移过程的进行，进而提高合作社的吸收能力。

基于此，本书提出如下假设：

H2－8（a）：社会资本对潜在知识吸收能力存在显著的正向影响。

H2－8（b）：社会资本对实现知识吸收能力存在显著的正向影响。

（二）政府支持与知识吸收能力

政府是农民合作社建设的引导者、支持者，政府的引导和支持能够推动农民合作社多方面的发展。《农民专业合作社法》曾明确提出，政府要对农民合作社资金、技术等发展予以支持。政府根据农民合作社的发展要求制定相关政策能够增强政府对扶持农民合作社的发展，具有更高的实效性和针对性（涂琼理和钟涨宝，2012）。此外，政府的支持能够扩大合作社的认知度，提高合作社获取技术和知识的意识，了解到在知识经济时代如何利用知识增强合作社的竞争能力。

基于此，本书提出如下假设：

H2－9（a）：政府支持对潜在知识吸收能力存在显著的正向影响。

H2－9（b）：政府支持对实现知识吸收能力存在显著的正向影响。

得到外部层因素对知识吸收能力的作用模型如图4－7所示。

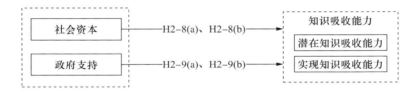

图4－7　外部层因素对知识吸收能力的作用模型

第四节　知识吸收能力影响因素对农民合作社绩效的作用

一、个体层因素对农民合作社绩效的作用

资源基础论认为，竞争优势来自于异质性资源和个体能力的独特组合，这种组合能够增强组织行为的复杂性和因果模糊性。组织的创造张力来自于知识和经

验的异质性，个体通过长时间积累的异质性知识结构能够为组织发展带来更多的可能。在不同情境下，组织产业经验的丰富程度越高，其选择低成本战略的可能性越大。国内学者郭群成和郑少锋（2010）研究返乡农民工的经验异质性与团队创业之间的关系发现，农民工在外打工的经验积累和演进趋向异质，在互补作用的促进下，分散降低了市场风险[1]。Bantel 和 Jackson（1989）发现职业背景差异致使的经验异质性对银行行政绩效产生积极的作用[2]。Wiersema 和 Bantel（1992）研究发现，不同教育背景造成的高层管理团队成员之间的知识差异对战略决策变更有积极影响，进而增加公司的适应性[3]。

信息加工理论经验作为一种已经获得的知识积累，一方面显示了个体过去活动的积累成果，另一方面对今后的活动能力有一定推动作用，有利于组织发现更好的机会。也就是说，随着个体知识的积累，提高了应对环境变化的能力，对组织的持续发展起到了积极作用。而经验异质性能促使个体寻找旧知识的新用途，并能在学习新知识时建立与旧知识的联系（Gavetti，2005）[4]，调整个体的知识结构，促使组织获得多样化的选择。在动态变化的环境中，个体的异质性经验提升了组织内部知识共享的效果和效率，有利于促进组织绩效的提高。Rodan 和 Galunic（2004）认为，知识的积累和经验异质性与团队绩效呈现正相关关系[5]。个体拥有的知识和经验相互补充与合作，能够提高组织协作的效能，提高组织知识的多样性，进而对组织绩效产生重大影响（Martin Kilduff et al.，2000）[6]。

基于此，本书提出如下假设：

H3-1：个体知识存量对农民合作社绩效存在显著的正向影响。

H3-2：个体经验异质性对农民合作社绩效存在显著的正向影响。

资源学派在探索组织绩效差异来源时，提出个人领导力对资源整合的作用。Day（1989）研究表明，领导者的个性、行为对组织的关系绩效有显著影响。国内学者在研究合作社带头人个性特征和行为特质时，验证了带头人的魅力领导影

① 郭群成，郑少锋. 返乡农民工经验异质性与团队化创业实证研究[J]. 软科学，2010（12）：91－97.

② Bantel K. A.，Jackson S. E. Top management and innovations in banking：Does the composition of the top team make a difference？[J]. Strategic Management Journal，1989，10（1）：107－124.

③ Wiersema M. F.，Bantel K. A. Top management team demography and corporate strategic change[J]. Academy of Management Journal，1992，35（1）：91－121.

④ Gavetti G. Cognition and Hierarchy：Rethinking the microfoundations of capabilities' development[J]. Organization Science，2005，16（6）：599－617.

⑤ Rodan S.，Galunic C. More than network structure：How knowledge heterogeneity influences managerial performance and innovativeness[J]. Strategic Management Journal，2004，25（6）：541－562.

⑥ Kilduff M.，Angelmar R.，Mehra A. Top management－team diversity and firm performance：Examining the role of cognitions[J]. Organization Science，2000，11（1）：21－34.

响合作社成员的态度和行为，进而促进了合作社这一特殊经济实体绩效提升的假设①。Gregoire（2014）指出，领导对于市场机会的指引，能够有效组织内外部资源进行整合，进而带来组织的高绩效②。领导力是影响组织绩效的重要变量之一，领导的行为能够对企业、组织或团队的工作氛围产生直接影响，并最终影响企业或组织绩效。

农民合作社与企业均为市场经营主体，但不同于企业的是，其本质特征是所有者与惠顾者同一，这决定了合作社带头人作为"服务者"角色胜过"管理者"角色。目前由于《农民专业合作社法》尚存在诸多需要完善之处，合作社内部治理中人治和法治共存，带头人的领导力成为农民合作社持续发展的关键力量。可以说，领导力是凝聚整个农民合作社力量的纽带，无形中提高了组织的执行力和管理效率。

基于此，本书提出如下假设：

H3-3：带头人领导力对农民合作社绩效存在显著的正向影响。

作用模型如图4-8所示。

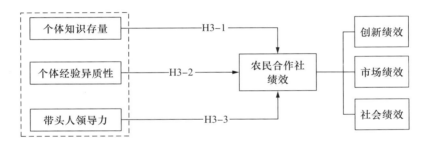

图4-8　个体层因素对农民合作社绩效的作用模型

二、组织层因素对农民合作社绩效的作用

知识资源是组织所能控制的，并能帮助其形成和实施提高绩效的战略要素，具有能给组织带来市场利益潜力的要素。Grant（1996）认为，无论组织资源存在多少属性和类别，组织的绩效和发展前景都取决于资源障碍和复制资源障碍的

①　戈锦文，肖璐，范明. 魅力型领导特质及其对农民合作社发展的作用研究[J]. 农业经济问题，2015（6）：67-74.

②　Gregoire M. B. , Arendt S. W. Leadership：Reflections over the past 100 years [J]. Journal of the Academy of Nutrition and Dietetics，2014，114（5）：S10-S19.

程度①。换言之，当组织资源轻易在市场上被获得或被模仿时，这类资源将不能成为带来市场价值的根源，也不再是影响组织长期发展的因素。然而，知识是组成无形资产的重要部分，尤其是某些农民合作社特别投入开发以适应其自身独特战略的技术资源和累积经验，是难以被复制的。这类先验知识成为了影响农民合作社绩效的一个重要因素。

因此，本书提出：

H3 - 4：先验知识对农民合作社绩效存在显著的正向影响。

培训是人力资本投资的重要形式。国外学者 Schultz 早在 1968 年就考察证实了农民的教育和培训对美国农业经济增长的促进作用②。人力资源理论认为，凝聚在农户自身的知识、技术、信息及其所表现出来的综合能力，能够对生产起到重大的促进作用，是农村经济快速增长的主要因素之一。

对合作社成员的有效培训，调动农户的主观能动性，可极大程度地推动农民合作社健康可持续发展。黄祖辉等（2011）提出，农民合作社成员人力资本状况是提高合作社效率的关键因素，而培训则是提高成员人力资本的重要手段③。苑鹏（2001）研究发现，对农民合作社成员进行培训，不仅能加强成员的生产、管理、销售等方面的知识水平，而且还能增强成员与成员间的合作意识，进而有利于提高农民合作社的效率④。

鉴于此，本书提出：

H3 - 5：业务培训对农民合作社绩效存在显著的正向影响。

信任作为一种社会和心理现象，是农民合作社持续稳定发展的基础和保障。合作经济组织理论认为，合作行为的产生和存在的必要条件就是信任，若成员与农民合作社之间、成员与成员之间的信任程度不高，将会导致农民合作社内在动力不足，合作效率下降（Hakelius，1999）⑤；而较高的信任程度能够给农民合作社营造公开、诚实的氛围，促使更多的成员加入讨论决策相关问题，通过成员之间交换和共享信息，形成多样化和创新性的决策观点。此外，农民合作社内部的信任程度越高，越能够为农民带来成员角色的安全感，建立与合作社相统一的目标方向，致力于农民合作社的长远发展。

鉴于此，本书提出：

① Grant R. M. Toward a knowledge - based theory of the firm [J]. Strategic Management Journal, 1996, 17 (2): 109 - 122.

② Schultz T. W. Economic growth and agriculture [J]. American Journal of Agricultural Economics, 1968.

③ 黄祖辉，扶玉枝，徐旭初. 农民专业合作社的效率及其影响因素[J]. 中国农村经济，2011（7）: 4 - 13.

④ 苑鹏. 中国农村市场化进程中的农民合作组织研究[J]. 中国社会科学，2001（6）: 63 - 75.

⑤ Hakelius K. Farmer cooperatives and trust [D]. Swedish University of Agricultural Sciences, 1999.

H3 – 6：信任程度对农民合作社绩效存在显著的正向影响。

吸收意愿涉及获得知识和内在动机，进而影响合作社成员获得并使用反馈的意愿来提高技能和工作效率。吸收意愿倾向聚焦于农民合作社对内外知识的获取，有利于实现突破性的目标任务。与吸收意愿相关的技能开发能够提高理解和掌握组织目标的内在兴趣，对目标兴趣的提升增强了农民合作社内在动机，使其更加努力地投入生产、发展等工作，会提高工作效率。在激烈的市场竞争中，高效地完成合作社的目标绩效基于各类农业知识、技能和其他相关的管理知识，而对各类所需知识的获取、消化和应用，得益于对这些知识的吸收意愿。对新知识、新技能的吸收意愿高的组织会努力学习和掌握新知识，努力应对组织发展中的困难，并提出解决问题的方案，完成组织的目标任务（Vandewalle 和 Cron，2001）[1]。在调研过程中发现，农民合作社作为知识吸收方，当吸收各类知识和技术的意愿强烈时，种养殖的效果相对会好，会降低合作社的成本，带来更多的收益。

鉴于此，本书提出：

H3 – 7：吸收意愿对农民合作社绩效存在显著的正向影响。

得到作用模型如图 4 – 9 所示。

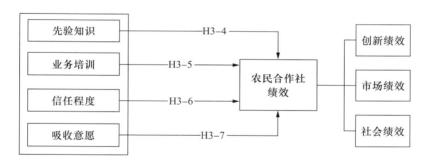

图 4 – 9　组织层因素对农民合作社绩效的作用模型

三、外部层因素对农民合作社绩效的作用

社会网络理论认为，网络互动可以有效地促进知识和经验的共享，从而获取最新的市场信息和知识。边燕杰和丘海雄（2000）对广州市 188 家企业进行实证分析，得出了社会资本对经营能力和经营绩效的提升作用。此外，社会资本可以降低交易成本和市场风险，累计企业的声誉资本，增强企业对市场机遇的获取能

① Vandewalle D., Cron W. L., Slocum J. W. The role of goal orientation following performance feedback [J]. Journal of Applied Psychology, 2001, 86 (4): 629 – 640.

力。社会网络规模越大，网络中嵌入的资源和信息越多，扩大了行动者获取资源的范围，使其有更多的机会获得有价值的信息、核心农业技术、管理经验、金融资本等众多社会资源（朱秀梅和费宇鹏，2010）[①]。Hansen 等（2011）认为，企业所拥有的社会网络规模、密度和互动频率与企业的增长绩效之间呈现正相关关系[②]。

农民合作社通过与外部知识源建立丰富的社会关系，并开展紧密互动，将为农民合作社开辟丰富的知识获取和技术交流渠道，增加合作社的资源储备，满足其成长和可持续发展需求。当前，农民合作社在面临激烈的市场竞争时，可以利用外部社会网络关系的力量，一方面，及时获取最新的技术资讯、市场信息等外部环境的变化趋势以制定应对战略；另一方面，可借助社会资本获取所需资源来稳定农民合作社日常生产经营，缓解外部环境的变迁所造成的利润冲击和经济损失。

基于此，本书提出如下假设：

H3－8：社会资本对农民合作社绩效存在显著的正向影响。

自《农民专业合作社法》正式颁布以来，政府支持在这一市场经济组织的发展过程中的作用定位一直是学术界关注的焦点。农民合作社在市场中仍处弱势地位，其发展离不开来自政府的支持和帮助。赵国杰和郭春丽（2009）将农民合作社定位于初创阶段，政府则成为农民合作社发展的引导者和扶持者，而政策的引导和推动是农民合作社获得长久发展的重要条件[③]。

句容天王镇戴庄有机农业合作社，在政府农业部门的支持下，采用"村社合一"的形式，充分利用当地的农业资源条件发展高效有机农业，以生产标准化、经营实体化及运作规范化、专业化为发展目标，解决了以往散户农民面临的技术、销售等方面的难题，增强了市场的竞争能力和自我保护能力。戴庄有机农业合作社以合作社的形式管制房屋整洁、秸秆禁烧等任务，同时引领全村农民发展集体经济，脱贫致富。目前，戴庄有机农业合作社已经成为江苏省范围内规模最大的有机农业生产基地。

研究表明，农民合作社不仅受到自身能力和知识、人力等资源的影响，还受

① 朱秀梅，费宇鹏. 关系特征，资源获取与初创企业绩效关系实证研究[J]. 南开管理评论，2010（3）：125－135.

② Hansen S. D., Dunford B. B., Boss A. D., et al. Corporate social responsibility and the benefits of employee trust: A cross－disciplinary perspective. [J]. Journal of Business Ethics, 2011, 102（1）：29－45.

③ 赵国杰，郭春丽. 农民专业合作社生命周期分析与政府角色转换初探[J]. 农业经济问题，2009，30（1）：76－80.

到外部环境诸如政府、政策支持的影响（刘云芬和陈砺，2015）[①]。政府的支持有助于农民合作社实现组织变革，增强农民合作社应对市场环境变化的能力，促进技术的引进使用和新产品的推广，提高市场占有率。此外，政府支持农民合作社走向可持续发展的道路，实现盈利职责和社会责任。

基于此，本书提出如下假设：

H3 - 9：政府支持对农民合作社绩效存在显著的正向影响。

得到外部层因素对农民合作社绩效的作用模型如图 4 - 10 所示。

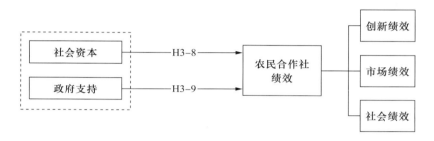

图 4 - 10 外部层因素对农民合作社绩效的作用模型

通过上文的讨论，论述了个体层因素、组织层因素、外部层因素对潜在知识吸收能力和实现知识吸收能力的促进作用，潜在知识吸收能力和实现知识吸收能力对农民合作社绩效的积极影响。通过如下假设尝试探索可能存在的中介效应：

H4 - 1：潜在知识吸收能力在个体层因素与农民合作社绩效间起中介作用；

H4 - 2：实现知识吸收能力在个体层因素与农民合作社绩效间起中介作用；

H4 - 3：潜在知识吸收能力在组织层因素与农民合作社绩效间起中介作用；

H4 - 4：实现知识吸收能力在组织层因素与农民合作社绩效间起中介作用；

H4 - 5：潜在知识吸收能力在外部层因素与农民合作社绩效间起中介作用；

H4 - 6：实现知识吸收能力在外部层因素与农民合作社绩效间起中介作用。

第五节 整体理论模型的构建

在质性研究的基础上，根据本章对知识吸收能力的影响因素、知识吸收能力

---

① 刘云芬，陈砺. 多元化、政府支持与公司绩效——基于中国农业上市公司的实证研究[J]. 农业技术经济，2015（2）：118 - 128.

和农民合作社绩效三者之间关系的理论演绎，提出了如图 4 - 11 所示的总体理论模型，明确了研究变量之间的关系。该模型包含多个潜变量，其中，知识吸收能力的个体层因素有个体知识存量、个体经验异质性、带头人领导力 3 个潜变量；组织层因素有先验知识、业务培训、信任程度和吸收意愿 4 个潜变量，外部层因素有社会资本和政府支持 2 个潜变量，这九个均为外生潜变量。潜在知识吸收能力、实现知识吸收能力、创新绩效、市场绩效和社会绩效均为内生潜变量。

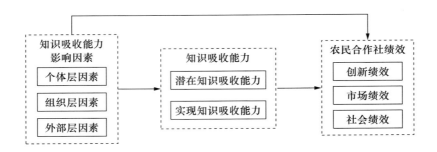

图 4 - 11　整体理论模型

本章小结

本章提出的知识吸收能力及其影响因素对农民合作社绩效作用的假设一共 4 组，其中，知识吸收能力与农民合作社绩效的关系假设有 2 条，知识吸收能力影响因素的假设研究有 18 条，三个层面影响因素与农民合作社绩效的关系假设有 9 条，知识吸收能力的中介效应模型为 6 条，总体情况汇总如表 4 - 1 所示。

表 4 - 1　假设汇总表

编号	假设内容
H1（a）	潜在知识吸收能力对农民合作社绩效存在显著的正向影响
H1（b）	实现知识吸收能力对农民合作社绩效存在显著的正向影响
H2 - 1（a）	个体知识存量对潜在知识吸收能力存在显著的正向影响
H2 - 1（b）	个体知识存量对实现知识吸收能力存在显著的正向影响
H2 - 2（a）	个体经验异质性对潜在知识吸收能力存在显著的正向影响
H2 - 2（b）	个体经验异质性对实现知识吸收能力存在显著的正向影响

续表

编号	假设内容
H2 – 3 （a）	带头人领导力对潜在知识吸收能力存在显著的正向影响
H2 – 3 （b）	带头人领导力对实现知识吸收能力存在显著的正向影响
H2 – 4 （a）	先验知识对潜在知识吸收能力存在显著的正向影响
H2 – 4 （b）	先验知识对实现知识吸收能力存在显著的正向影响
H2 – 5 （a）	业务培训对潜在知识吸收能力存在显著的正向影响
H2 – 5 （b）	业务培训对实现知识吸收能力存在显著的正向影响
H2 – 6 （a）	信任程度对潜在知识吸收能力存在显著的正向影响
H2 – 6 （b）	信任程度对实现知识吸收能力存在显著的正向影响
H2 – 7 （a）	吸收意愿对潜在知识吸收能力存在显著的正向影响
H2 – 7 （b）	吸收意愿对实现知识吸收能力存在显著的正向影响
H2 – 8 （a）	社会资本对潜在知识吸收能力存在显著的正向影响
H2 – 8 （b）	社会资本对实现知识吸收能力存在显著的正向影响
H2 – 9 （a）	政府支持对潜在知识吸收能力存在显著的正向影响
H2 – 9 （b）	政府支持对实现知识吸收能力存在显著的正向影响
H3 – 1	个体知识存量对农民合作社绩效存在显著的正向影响
H3 – 2	个体经验异质性对农民合作社绩效存在显著的正向影响
H3 – 3	带头人领导力对农民合作社绩效存在显著的正向影响
H3 – 4	先验知识对农民合作社绩效存在显著的正向影响
H3 – 5	业务培训对农民合作社绩效存在显著的正向影响
H3 – 6	信任程度对农民合作社绩效存在显著的正向影响
H3 – 7	吸收意愿对农民合作社绩效存在显著的正向影响
H3 – 8	社会资本对农民合作社绩效存在显著的正向影响
H3 – 9	政府支持对农民合作社绩效存在显著的正向影响
H4 – 1	潜在知识吸收能力在个体层因素与农民合作社绩效的关系间起中介作用
H4 – 2	实现知识吸收能力在个体层因素与农民合作社绩效的关系间起中介作用
H4 – 3	潜在知识吸收能力在组织层因素与农民合作社绩效的关系中起中介作用
H4 – 4	实现知识吸收能力在组织层因素与农民合作社绩效的关系中起中介作用
H4 – 5	潜在知识吸收能力在外部层因素与农民合作社绩效的关系中起中介作用
H4 – 6	实现知识吸收能力在外部层因素与农民合作社绩效的关系中起中介作用

第五章 知识吸收能力及其影响因素对农民合作社绩效作用的实证研究设计

根据第三章和第四章分别从现实层面和理论层面对知识吸收能力及其影响因素与农民合作社绩效关系的分析，本章对概念模型中各个变量的测度、调查问卷的设计以及数据收集的过程加以详细阐述。实证检验的数据均来自问卷调查，因此，问卷中量表的设计与数据的收集是否科学、严谨，将可能对最终结果产生极大的影响。本书严格按照量表开发程序，首先构建了涉及变量的测度指标，形成初始量表，然后通过预调研和小规模访谈对试测量表进行调整和修正，最终形成正式问卷。

第一节 问卷设计

一、问卷调查方法

本书涉及的知识吸收能力、农民合作社绩效、吸收能力影响因素等假设构念都是无法直接进行测量或观测的潜变量，农民合作社相关的二手数据的获取也存在困难，因此本书主要采用问卷调查的方式进行数据收集。调查问卷由一系列问题组成，这些问题基于收集到的文本资料以及深入过农民合作社人员的交谈。好的问题可以得到受访者可靠、有效的答案，保证测量题项的信度和效度。

问卷调查法（简称"问卷法"）费时少、成本低，能够快速有效地收集到研究数据，且如果实施得当，便能够收集到高质量的研究数据。本书采用的是结构化自填式问卷，通过实地考察时发放、邮寄等方式将问卷给到受访者，受访者自己独自填写并完成调查问卷，遇到不识字或识字不多的受访者，会由调查员帮助读写，协助完成问卷填写。自填式问卷收集数据的方法相对容易，但由于本书研究对象——农民合作社的主体成员多为教育背景不高的农民，理解能力不强，还有一些受访农户不能配合完成调研工作，因此，问卷收集尽可能多通过调查员亲自到现场发放和收集。这样做的好处是：①可以提高有效问卷的回收率；②可以在现场解释和解答问卷的相关问题；③激励受访者现场参与问卷填写，减少一人填多卷的情况；④最大程度上确保答卷者身份的真实性。

问卷中统一采用 Likert5 级量表，从"1"到"5"，表示题项从"非常不符合"到"非常符合"的过程。相比 7 级量表，5 级量表更为清晰、简单，更易于受访者判断出自己所在的位置。Berdiel（1994）的研究经验是，多数情况下，5 级量表最为可靠，过多的级别选择会扰乱受访者的辨别能力，导致信度降低，抽样误差也较大①。此外，Likert5 级量表的 Cronbach'α 值最大（Lissitz 和 Green，1975）②。因此，本书的问卷中采用 Likert5 级量表进行测量。

二、问卷设计过程

设计问卷应遵循其操作程序，而构建问卷之前首先要阐明问题。明确问卷的主题即所要研究的问题和待验证的假设，以便受访者能够根据个人意见无误解地给出答案。问卷通常包括卷首语、指导语、问题及答案、编码等，其中问卷的内容可以归结为特征、行为和态度三方面的问题。问卷设计的总原则是尽可能简明扼要，避免使用双重意思的语句和问题，便于回答，填写问卷的时间控制在一小时以内。此外，设计问卷需避免使用诱导性问题，用词上应保持中性的原则。而问卷的设计步骤遵循 Dunn 等（1994）③ 的研究，主要从以下四个步骤完成：

（一）明确变量的概念及维度

通过前期对江苏省农民合作社带头人、技术专家、普通成员等进行深度访谈的基础上，确定了知识吸收能力影响因素的相关变量。基于此，阅读大量相关书籍和文献，梳理了影响因素、知识吸收能力、农民合作社绩效等相关研究的成果，进而明确本书相关的变量的概念和维度。

（二）确定变量测量题项

文献中反复使用的量表多具有较高的信度和效度，且认可度高。在明确变量和维度之后，笔者通过阅读国内外大量关于各个变量测量量表的文献，尽量多使

① Berdiel M. T. R. Mécanismes d'intrusion des granites supracrustaux：Modèles analogiques et exemples naturels [J]. Annales De Chirurgie De La Main，1994，2（4）：355.

② Lissitz R. W.，Green S. B. Effect of the number of scale points on reliability：A Monte Carlo approach [J]. Journal of Applied Psychology，1975，60（1）：10–13.

③ Dunn P. O.，Robertson R. J.，Michaud–Freeman D.，et al. Extra–pair paternity in tree swallows：Why do females mate with more than one male？[J]. Behavioral Ecology and Sociobiology，1994，35（4）：273–281.

用已有的成熟量表形成本书的问卷测量题项。由于与本书主题相关的国内外相关农民合作社的实证研究并不多见，许多变量并没有可直接供参考的成熟量表，因此，本书根据研究目的和需要，基于已有可供参考的成熟研究，听取专家学者、相关人员的意见，对参考的测量题项进行修改，并加入与本书主题相关的关键词，形成适用于本书研究的初始量表。

（三）小规模访谈修正问卷

2014 年 4 ~ 6 月，组织了四次小规模访谈检验问卷内容的合理性、可靠性和表述的准确性，以发现问卷可能存在的潜在问题，修正并完善问卷。第一次为 2014 年 4 月，采用小规模访谈对初始问卷的测量题项进行讨论，对问卷的整体结构安排和语句的通顺度、准确性进行商讨。第二次，邀请了 5 名深入过农民合作社的大学生村官，他们比较了解农民合作社的实际情况，与研究小组也能沟通顺畅，在 5 名大学生村官填写问卷之后，剔除了部分相对次要的题项，以免合作社成员在填写过程中因题项过多而失去耐心。第三次访谈前往了江苏省句容市戴庄有机农业合作社，邀请合作社成员填写修正后的问卷，在填写时圈出难以理解、有歧义和用词不当的地方，并根据受邀成员的意见加以修正。例如，问卷里调查对象职业的选项中，将"合作社带头人"修正为"合作社理事长"，显得更为书面贴切，诸如此类。第四次访谈采用小规模专家访谈，就调查问卷是否能达到研究的最终目的进行讨论，并微调了测量题项中的措辞。经过四次问卷修正，改进和完善了初始问卷。

（四）问卷预调研

初始问卷形成后，2014 年 6 月，对江苏省连云港市赣榆县、镇江句容天王镇在工商总局注册过的农民合作社进行问卷预测，问卷填写的对象包括农民合作社理事长、理事、技术专家和普通成员。在预调研过程中，发放了 250 份问卷，有效回收 133 份，有效回收率为 53.2%。现场调研亦根据受访者在问卷语言上和内容上的意见和建议，作为最终确定正式问卷的参考。预调研问卷回收后，对各个变量及其测量题项进行项目分析和探索性因子分析，删除项目分析和探索中因子分析未达到信度和效度要求的测量题项，形成本书的最终调查问卷（见附录 3）。

第二节 变量的测量

本书首先通过扎根理论提取知识吸收能力的影响因素，然后在理论推导下构建了知识吸收能力的影响因素、知识吸收能力与农民合作社绩效的理论模型，同时将知识吸收能力作为中介变量。因此，本书涉及的变量包括知识吸收能力个体层面影响因素（个体知识存量、个体经验异质性、带头人领导力）、组织层面影响因素（先验知识、业务培训、信任程度、吸收意愿）、外部层面影响因素（社会资本、政府支持）、知识吸收能力（潜在知识吸收能力和实现知识吸收能力）、农民合作社绩效（创新绩效、市场绩效、社会绩效）。问卷采用Likert5级量表对相关潜变量题项进行测量，受访社员将根据所在农民合作社的实际情况进行打分。

一、知识吸收能力影响因素的测量

知识吸收能力影响因素是本书的解释变量，根据扎根理论以及机理分析的结果，本书从个体层面、组织层面和外部层面三个方面测量知识吸收能力影响因素。根据中国农村经济实体的特征以及深度访谈的分析结果，个体层面影响因素从个体知识存量、个体经验异质性和领导特质三个维度予以测量。参考宋燕平（2010）①、邹波等（2011）② 的研究，个体知识存量包含3个题项。参考 Harrsion 和 Klein（2007）③、倪旭东（2010）④ 的研究，个体经验异质性包含2个题项。参考罗彪和张哲宇（2012）⑤、Yukl（2012）⑥ 的研究，带头人领导力包含4个题项。

组织层面影响因素则从先验知识、业务培训、信任程度和吸收意愿四个维度予以测量。参考了 Jantunen（2005）⑦、Ghauri 和 Park（2012）⑧、Jansen 等

① 宋燕平. 我国新型农民合作组织技术吸收能力的历史演化、理论框架和评价 [D]. 中国科学技术大学博士学位论文，2010.

② 邹波，于渤，卜琳华. 校企知识转移网络中企业员工吸收能力研究 [J]. 科学学研究，2011，29（1）：106 – 111.

③ Harrison D. A., Klein K. J. What's the difference? Diversity constructs as separation, variety, or disparity in organizations [J]. Academy of Management Review，2007，32（4）：1199 – 1228.

④ 倪旭东. 知识异质性对团队创新的作用机制研究 [J]. 企业经济，2010（8）：57 – 63.

⑤ 罗彪，张哲宇. 领导力与动态能力对企业绩效影响的实证研究 [J]. 科学学与科学技术管理，2012，33（10）：137 – 146.

⑥ Yukl G. Leadership in organizations（8th ed.）[M]. Eaglewood Cliffs, NJ：Prentice Hall，2012.

⑦ Jantunen A. Knowledge – processing capabilities and innovative performance：An empirical study [J]. European Journal of Innovation Management，2005，8（3）：336 – 349.

⑧ Ghauri P. N., Park B. I. The impact of turbulent events on knowledge acquisition [J]. Management International Review，2012，52（2）：293 – 315.

（2005）①、崔志等（2008）② 等的研究，先验知识包含 4 个题项。参考 Park 等（2009）③、宋燕平（2010）④、张德茗（2011）⑤、徐金海等（2011）⑥ 的研究，业务培训包含 4 个题项。参考 Grewal 等（1994）、魏江和王铜安（2006）、Ismail（2013）⑦ 的研究，信任程度包含 4 个题项。参考徐笑君（2010）⑧、Ghauri 和 Park（2012）⑨ 的研究，吸收意愿包含 4 个题项。

　　外部层面影响因素从社会资本和政策导向两个维度予以测量。社会资本界定为与农民合作社发生联系的上下游链条单位和机构建立的关系，参考了 Nahapiet 和 Ghoshal（1998）⑩、侍文庚和蒋天颖（2012）⑪、唐丽艳等（2014）⑫ 的研究，从相互信任、合作满意度、联系频率、关系密度和共同语言 5 个题项测量。借鉴 Li 和 Atuahene – Gima（2001）⑬、董晓波（2010）⑭ 等的研究，政府支持包含 4 个题项。

　　参考具体各个维度的测量题项如表 5 - 1 所示。

① Jansen J. J. P. , Van Den Bosch F. A. J. , Volberda H. W. Managing potential and realized absorptive capacity：How do organizational antecedents matter［J］? Academy of Management Journal, 2005, 48（6）：999 - 1015.

② 崔志, 于渤, 崔崑. 企业知识吸收能力影响因素的实证研究［J］. 哈尔滨工业大学学报（社会科学版）2008, 10（1）：127 - 132.

③ Park B. I. , Giroud A. , Glaister K. W. Acquisition of managerial knowledge from foreign parents：ebidence from Korean joint ventures［J］. Asia Pacific Business Review, 2009, 15（4）：527 - 545.

④ 宋燕平. 我国新型农民合作组织技术吸收能力的历史演化、理论框架和评价［D］. 中国科学技术大学博士学位论文, 2010.

⑤ 张德茗. 企业隐性知识沟通的动力机制研究［J］. 中国软科学, 2011（10）：176 - 184.

⑥ 徐金海, 蒋乃华, 秦伟伟. 农民农业科技培训服务需求意愿及绩效的实证研究：以江苏省为例［J］. 农业经济问题, 2011（12）：66 - 72.

⑦ Ismail M. D. . Learning orientation and trust in small and medium enterprises（SMEs）export competitive advantage［J］. Asian Academy of Management Journal, 2013, 18（2）：153 - 179.

⑧ 徐笑君. 跨国公司总部向在华子公司转移知识的影响因素模型构建［J］. 管理学报, 2010（6）：896 - 902.

⑨ Ghauri P. N. , Park B. I. The impact of turbulent events on knowledge acquisition［J］. Management International Review, 2012, 52（2）：293 - 315.

⑩ Nahapiet J. , Ghoshal S. Social capital, intellectual capital and the organizational advantage［J］. Academy of Management Review, 1998, 23（2）：242 - 266.

⑪ 侍文庚, 蒋天颖. 社会资本、知识管理和核心能力关系研究［J］. 科研管理, 2012, 33（4）：62 - 72.

⑫ 唐丽艳, 周建林, 王国红. 社会资本、在孵企业吸收能力和创新孵化绩效的关系研究［J］. 科研管理, 2014, 35（7）：51 - 59.

⑬ Li H. , Atuahene – Gima K. Product innovation strategy and the performance of new technology ventures in China［J］. Academy of Management Journal, 2001（44）：1123 - 1134.

⑭ 董晓波. 政府支持与农民专业合作社经营绩效关系的实证研究——基于高管团队集体创新的中介作用［J］. 统计教育, 2010（6）：33 - 37.

表 5 – 1　知识吸收能力影响因素的测量

维度		测量题项	来源或依据
个体知识存量 （GC）	GC1	我具有丰富的农业生产经验	宋燕平（2010）；邹波等（2011）；访谈修正
	GC2	我具有丰富的农产销售经验	
	GC3	我具备所在工作岗位所需的技能	
个体经验异质性 （YZ）	YZ1	我会从合作社内不同成员身上寻找经验和知识来解决遇到的问题	Harrison 和 Klein（2007）；倪旭东（2010）
	YZ2	我会与其他成员有知识和经验的沟通	
带头人 领导力 （LD）	LD1	我们领导是务实、高效且变通的	Yukl（2012）；罗彪和张哲宇（2012）；刘璐和杨慧馨（2008）
	LD2	我们领导在组织中具有广泛影响力	
	LD3	我们领导鼓励和支持农业合作交流	
	LD4	我们领导积极学习和引进外部先进技术和知识	
先验知识（XY）	XY1	合作社拥有相关农业知识和技术较多	Jantunen（2005）；Jansen 等（2005）；Ghauri 和 Park（2012）；崔志等（2008）
	XY2	合作社了解与其相关农业产业的最新发展消息	
	XY3	合作社定期对内部各类知识资料和经验进行总结	
	XY4	合作社拥有的农业技术和管理知识具有多样性	
业务培训（PX）	PX1	合作社成员拥有很多的培训机会	Park 等（2009）；宋燕平（2010）；张德茗（2011）；徐金海等（2011）；访谈修正
	PX2	合作社的学习培训体系健全	
	PX3	引进新技术/新品种时，合作社会对成员进行培训	
	PX4	培训内容具体、实用、丰富	
信任程度（XR）	XR1	合作社成员愿意将自己的知识、经验告知其他成员	Grewal 等（1994）；魏江、王铜安（2006）；Ismail（2013）
	XR2	合作社内部经常交流不同的观点和看法	
	XR3	合作社成员与管理者、领导之间互动交流频繁	
	XR4	合作社鼓励成员交流，沟通渠道通畅	
吸收 意愿 （XS）	XS1	合作社鼓励成员学习和创新	徐笑君（2010）；Park 等（2009）；Ghauri 和 Park（2012）；访谈修正
	XS2	合作社愿意接受外来新知识	
	XS3	合作社有通过获取和吸收知识来提高效率的意愿	
	XS4	合作社有相应的政策鼓励成员知识学习和技术创新	

续表

维度		测量题项	来源或依据
社会 资本 （ZB）	ZB1	合作社合作的外部机构数量很多	Nahapiet（1998）；侍文庚和 蒋天颖（2012）；唐丽艳 （2014）； 访谈修正
	ZB2	合作社与高校、科研院所联系频繁	
	ZB3	合作社与外部各方能够真诚合作	
	ZB4	合作社与外部各方合作满意度高	
	ZB5	合作社与外部各方沟通比较顺畅	
政府 支持 （ZC）	ZC1	政府部门能依法保障农民合作社的权益	Gem（2005）； 董晓波（2010）； 访谈修正
	ZC2	政府政策重视合作社各方面的发展	
	ZC3	支持农民合作社发展的政府政策具有推动作用	
	ZC4	政府定期组织培训或提供技术指导	

二、知识吸收能力的测量

本书基于 Zahra 和 Goerge（2002）的划分方式，从潜在知识吸收能力和实现知识吸收能力两个维度刻画农民合作社的知识吸收能力。借鉴了 Zahra 和 George（2002）、Jansen 等（2005）、Szulanski（1996）[①]、Nieto 和 Quevedo（2005）[②] 等研究中使用的成熟量表，潜在知识吸收能力和实现知识吸收能力各包含 5 个测量题项，如表 5 - 2 所示。

表 5 - 2　农民合作社知识吸收能力的测量

维度		测量题项	来源或依据
潜在知识 吸收能力（PCA）	PCA1	我们经常与外界进行交流，获取新知识	Nieto 和 Queve- do（2005）； Zahra 和 George （2002）；Jansen 等（2005）；宋 燕平（2010）
	PCA2	我们定期从客户、代理商处获取产品的反馈信息	
	PCA3	我们能快速分析和理解变化的市场需求	
	PCA4	我们擅长把外部新技术/经验吸纳到组织内部	
	PCA5	我们能够快速理解外部技术/市场机遇	
实现知识 吸收能力（RCA）	RCA1	我们能够密切跟踪新品种的市场需求变化	
	RCA2	我们能够快速识别外部新知识对组织是否有用	
	RCA3	我们很容易向市面推行新品种	
	RCA4	合作社成员间对合作社产品和服务有共同的话题	
	RCA5	我们清楚合作社运营（养殖/种植/销售等）的方式和过程	

---

① Szulanski G. Exploring internal stickiness：Impediments to the transfer of best practice within the firm［J］. Strategic Management Journal，1996，17（2）：27 - 43.

② Nieto M. ，Quevedo P. Absorptive capacity，technological opportunity，knowledge spillovers，and innovative effort［J］. Technovation，2005，25（10）：1141 - 1157.

三、农民合作社绩效的测量

农民合作社的绩效主要从市场绩效、创新绩效和社会绩效 3 个维度测量。农民合作社同时具有"互助性社团组织"和"市场经济组织"的性质，既要为成员提供服务，实现其社会型组织的价值，也要考虑组织的市场利益。因此，指标的选取应当综合多方面的考虑：包括农民合作社已经获得的绩效，以及其发展潜力和社会影响；既要注重市场绩效，也要注重社会绩效；既要考虑合作社自身的评价，也要考虑成员的满意程度（刘滨等，2009）[①]。

市场绩效从社员收益、组织收益和市场份额测量。

首先，农户参与合作社的根本动机是为了获得更高的收益，因此，满足社员收益对保障合作社稳定运行极为重要，而考量组织收益是农民合作社市场经济组织性质的体现，市场份额展现了农民合作社在市场中的地位。

其次，创新绩效关注农民合作社的发展潜力。农民合作社创新绩效的测量不同于企业，难以通过专利数、先进设备的数量和材料等作为衡量指标。多数合作社资金不足，不具备购买昂贵器材和申请专利的能力。事实上，农民合作社的创新主要围绕产品、服务的推陈出新。因此，本书借鉴了 Bell 等（2005）[②]、范远江和杨贵中（2011）[③] 的研究，创新绩效包括推出新产品或新品种的频率、采用新技术的频率、品种改良的市场反应、产品包含的先进技术含量 4 个题项。

最后，农民合作社的社会责任与生俱来，其内部互相帮助的职能能够促进所在地区的发展。换句话说，若农民合作社的产品具有较好的口碑，在当地造成一定影响力，那么就能够带动更多的非社员农民，进而对合作社的长期发展起到积极作用（刘滨等，2009）。此外，发展环境友好型组织亦是农民合作社当前的社会责任，因此，借鉴范远江和杨贵中（2011）的研究结果，结合访谈修正，社会绩效还包含使用产品绿色/无公害程度和对环境的破坏程度两个测量题项，如表 5 - 3 所示。

---

① 刘滨，陈池波，杜辉. 农民专业合作社绩效度量的实证分析——来自江西省 22 个样本合作社的数据[J]. 农业经济问题，2009（2）：90 - 95.

② Bell G. G. Clusters, networks and firm innovativeness [J]. Strategic Management Journal, 2005（26）: 287 - 297.

③ 范远江，杨贵中. 农民专业合作社绩效评价研究范式解析[J]. 经济纵横，2011（10）：58 - 61.

表5－3　农民合作社绩效的测量

维度	测量题项		来源或依据
创新绩效（CP）	CP1	与同行相比，我们常常推出新品种/新产品	Bell（2005）；范远江和杨贵中（2011）
	CP2	与同行相比，我们常常应用新技术	
	CP3	与同行相比，我们的品种改良有比较好的市场反应	
	CP4	与同行相比，我们的产品包含较高的技术含量	
市场绩效（MP）	MP1	与同行相比，我们的销售收益较高	刘滨等（2009）；范远江和杨贵中（2011）
	MP2	与同行相比，我们对成本的控制比较令人满意	
	MP3	参与合作社的农户对自己的收益比较满意	
	MP4	与同行相比，我们的市场份额较高	
社会绩效（SP）	SP1	与同行相比，我们的产品口碑较好	刘滨等（2009）；范远江和杨贵中（2011）
	SP2	与同行相比，顾客对我们评价较高	
	SP3	与同行相比，我们的产品绿色（无公害）程度较高	
	SP4	与同行相比，我们的产品对环境的污染（破坏）很小	

四、其他变量的测量

对于农民合作社而言，其知识吸收就是结合自身对知识的需求，不断挖掘内部经验知识和不断从外部识别及获取知识，并将知识重新整合消化，再通过组织内部的组织学习和激励转化为组织知识的能力的提升，最终表现为农民合作社经济效益的提升、创新能力的提高和社会绩效的增加。因此，了解农民的吸收能力和知识需求现状是问卷调查的部分内容。

笔者选择农民合作社发展位于全国前列的江苏省作为调研省份，其中苏南、苏中、苏北的农民合作社发展水平可分别代表处于不同发展阶段的农民合作社情况。通过填空、单选题、多项式选择问卷形式了解目前江苏省农民合作社受访者的人员基本信息和知识需求的相关现状，包括：

（1）农民合作社人员要素的情况，如成员年龄、职务、过往职务和受教育程度。

（2）农民合作社成员获取知识的途径和通常关注的知识类型，通过聚类分析得到农民合作社获取知识的主要来源、最关注的知识类型和遇到困难时的求助渠道。

第三节　问卷修正

一、小规模访谈

近年来，学术界越来越关注从认知和互动的视角评估调查问题。基本观点是，在初始问卷形成后，应在相同研究领域专家人群和问卷的目标人群中开展访谈，确保题项的合理性和适合性，对问题中存在歧义的措辞和内容修正，避免引起受访者的误解，完善问卷。

2014 年 4~6 月，邀请了 3 位管理科学与工程专业的教授、2 位长期从事"三农"问题研究的教授、3 位管理学博士、5 位大学生村官以及 3 名合作社成员进行了针对问卷问题评估的小规模访谈。访谈主要涉及三个主题内容：第一，问题是否恰当地涵盖了受访者应该描述的内容？第二，受访者是否愿意并能够完成问卷所交代的回答任务？第三，问题的用词和描述是否传达了一致的含义，是否让人们对所要回答的问题有一致的理解？

小规模访谈主要讨论了问卷中题项的内容和表达，修正了个体经验异质性（删除了"我和其他成员掌握的经验和知识是互补的"题项，因为与该维度下的其他两个题项测量的内容有一定重复，此外，"互补"一词显得过于学术，受访农户可能不能理解该词的意思）、先验知识（将"合作社了解与其相关农业产业的发展消息"修改为"合作社了解与其相关农业产业的最新发展消息"）、业务培训（将"合作社定期接受培训"题项修改为"合作社的学习培训体系健全"）。与大学生村官和合作社成员的小规模访谈主要了解他们是否能完全理解测量题项的含义，以及他们对问题的理解是否与问题本身一致，对不易理解以及可能存在歧义的题项进行修正。

二、　预调研

在大规模调研之前，在江苏省连云港市赣榆县、镇江句容天王镇进行了预调研活动，在当地新农村服务中心负责人的协助下，调研小组通过座谈会和实地走访的方式对农民合作社管理人员及普通成员进行了问卷调查，参与预调研的农民合作社包括连云港赣榆县润民禽蛋专业合作社、赣榆县犇牛农机专业合作社、赣榆县苏合农产品销售专业合作联社、赣榆县惠民泥鳅专业合作联社、戴庄有机农业专业合作社等。预调研受访农民合作社按从事行业划分，包括种植业、林业、畜牧业、渔业、农机服务几大种类；按牵头人身份划分，包括农民牵头（其中也包括村干部）、企业牵头、农技服务组织牵头，其中农民牵头的合作社占大多数。发放形式为现场发放并当场回收，共发放 250 份问卷，回收 224 份，剔除无效问卷 91 份，获得有效问卷 133 份，有效回收率为 53.2%。无效问卷剔除原则包括：①未填写完整的、大量信息空缺；②从填写内容可以看出明显敷衍的。然后，就问卷的语言和内容对受访者进行访谈，根据受访者的意见进行了修正。

预调研对象基本情况如表 5－4 所示。

表 5－4　预调研对象基本情况（N＝133）

受访对象基本特征	类别	样本数	百分比（%）	受访对象基本特征	类别	样本数	百分比（%）
性别	男	102	76.7	职务担任时间	0～2 年	25	18.8
	女	31	23.3		3～4 年	47	35.3
					5 年以上	61	45.9
文化程度	初中及以下	26	19.5	担任职务	理事长	37	27.8
	高中/职高/中专/技校	52	39.1		理事	14	10.5
					技术专家	14	10.5
	大专	41	30.8		大学生村官	4	3.0
	本科	11	8.3		合作社成员	48	36.1
	研究生	3	2.3		其他	16	12.0

项目分析。为了找出量表中未达到显著水平的题项并剔除，将对量表进行项目分析。

首先，本书采用皮尔逊（Pearson）积差相关求出各题与总分的相关值，即题项与总分进行积差相关分析来检测每题与总分相关系数是否显著，如达不到显著水平，则考虑删除该题项。题项与总分相关系数过低，表示题项与构念所在的其他题项的相关性不高。考虑到预测样本数量不多，借鉴 Kumar 和 Anderson（1993）[①] 的建议，若题项—总分相关系数小于 0.3 且不显著，就考虑删除题项。此外，检验量表内部一致性系数 α，一般来说，Cronbach' α 值高于 0.6 为接受，大于 0.7 则可信度很高。在项目分析中检验一致性系数 α 旨在观测删除一个题

① Kumar N., Anderson J. C. Conducting interorganizational research using key informants [J]. Academy of Management Journal, 1993, 36 (6): 1633 - 1651.

项，若整体信度显著提高，那么可以考虑删除此题项（吴明隆，2010）[①]。

采用 SPSS21.0 对知识吸收能力影响因素量表进行的 Pearson 及信度检验，结果如表 5 - 5 所示。

表 5 - 5　知识吸收能力影响因素量表的 Pearson 及信度检验结果

变量		未删除题项之前的 Cronbach' α 系数	测量题项	题项—总分相关系数	删除题项之后的 Cronbach' α 系数	备注
个体因素	个体知识存量	0.644	GC1	0.782 **	0.505	保留
			GC2	0.784 **	0.595	保留
			GC3	0.733 **	0.544	保留
	个体经验异质性	0.679	YZ1	0.877 **	—	
			YZ2	0.863 **	—	
	领导力	0.877	LD1	0.870 **	0.832	保留
			LD2	0.848 **	0.846	保留
			LD3	0.841 **	0.854	保留
			LD4	0.863 **	0.840	保留
组织因素	先验知识	0.840	XY1	0.795 **	0.813	保留
			XY2	0.842 **	0.791	保留
			XY3	0.838 **	0.790	保留
			XY4	0.817 **	0.796	保留
	业务培训	0.862	PX1	0.796 **	0.852	保留
			PX2	0.893 **	0.795	保留
			PX3	0.845 **	0.719	保留
			PX4	0.833 **	0.828	保留
	信任程度	0.836	XR1	0.809 **	0.815	保留
			XR2	0.822 **	0.788	保留
			XR3	0.844 **	0.776	保留
			XR4	0.810 **	0.793	保留
	吸收意愿	0.814	XS1	0.811 **	0.853	保留
			XS2	0.860 **	0.717	保留
			XS3	0.821 **	0.753	保留
			XS4	0.739 **	0.840	待定

续表

变量		未删除题项之前的 Cronbach' α 系数	测量题项	题项—总分 相关系数	删除题项之后的 Cronbach' α 系数	备注
外部因素	社会资本	0.868	ZB1	0.843 **	0.829	保留
			ZB2	0.813 **	0.853	保留
			ZB3	0.758 **	0.853	保留
			ZB4	0.827 **	0.832	保留
			ZB5	0.824 **	0.834	保留
	政策支持	0.862	ZC1	0.865 **	0.814	保留
			ZC2	0.839 **	0.821	保留
			ZC3	0.833 **	0.824	保留
			ZC4	0.839 **	0.838	保留

根据分析结果，知识吸收能力三个层面的各影响因素的测量题项的 Cronbach' α 系数均大于 0.6，表明内部一致性良好，其中，吸收意愿的测量题项 XS4 删除该项之后的 Cronbach' α 系数为 0.840，略大于吸收意愿的整体 Cronbach' α 系数 0.814，因此，在进一步对测量题项进行探索性因素分析之后再进行删除与否。各因素的皮尔逊积差的检验结果，题项—总分相关系数均大于 0.7，且均显著，可以予以保留。

采用 SPSS21.0 对知识吸收能力影响因素量表进行的 Pearson 及信度检验，结果如表 5－6 所示。

表 5－6　知识吸收能力量表的 Pearson 及信度检验结果

变量	未删除题项之前的 Cronbach' α 系数	测量题项	题项—总分 相关系数	删除题项之后的 Cronbach' α 系数	备注
潜在知识吸收能力	0.839	PCA1	0.685 **	0.840	待定
		PCA2	0.783 **	0.806	保留
		PCA3	0.818 **	0.793	保留
		PCA4	0.810 **	0.793	保留
		PCA5	0.804 **	0.798	保留
实现知识吸收能力	0.707	RCA1	0.744 **	0.616	保留
		RCA2	0.692 **	0.649	保留
		RCA3	0.595 **	0.764	保留
		RCA4	0.701 **	0.636	保留
		RCA5	0.726 **	0.624	保留

根据分析结果，知识吸收能力的测量题项的 Cronbach' α 系数均大于 0.6，表明内部一致性可以接受，其中，吸收意愿的测量题项 PCA1 的删除该项之后的 Cronbach' α 系数为 0.840，略大于吸收意愿的整体 Cronbach' α 系数 0.839，再根据探索性因素分析的结果决定删除与否。而对潜在和实现知识吸收能力的皮尔逊积差检验得到，题项—总分相关系数均大于 0.5，可以接受，且 P 在 0.01 的水平上显著。

表 5-7　农民合作社绩效量表的 Pearson 及信度检验结果

变量	未删除题项之前的 Cronbach' α 系数	测量题项	题项—总分相关系数	删除题项之后的 Cronbach' α 系数	备注
创新绩效	0.788	CP1	0.785 **	0.749	保留
		CP2	0.833 **	0.690	保留
		CP3	0.763 **	0.744	保留
		CP4	0.754 **	0.761	保留
市场绩效	0.811	MP1	0.841 **	0.730	保留
		MP2	0.801 **	0.761	保留
		MP3	0.773 **	0.778	保留
		MP4	0.782 **	0.782	保留
社会绩效	0.796	SP1	0.808 **	0.722	保留
		SP2	0.822 **	0.713	保留
		SP3	0.774 **	0.759	保留
		SP4	0.761 **	0.787	保留

如表 5-7 所示，根据分析结果，创新绩效、市场绩效和社会绩效的测量题项的 Cronbach' α 系数基本在 0.7 以上，表明内部一致性良好。此外，各个维度的皮尔逊积差结果中，题项—总分相关系数均大于 0.7，且在 0.01 的水平上显著，可以全部予以保留。

其次，对量表进行探索性因素分析检验量表的建构效度，进而对量表中因素关系做出判断。采用"主成分分析法"（Pincipal Components）进行降维处理，用构念代表原复杂的数据结构。通常在多变量关系中，变量间线性组合对表现或解释每个层面变异数非常有用，主成分分析主要目的即在此。变量的第一个线性组合可以解释最大的变异量，排除前述层次，第二个线性组合可以解释次大的变异量，最后一个成分所能解释总变异量的部分会较少。

因素分析中的重要指针为共同性和特征值。共同性指的是每个变量在每个共同因素之负荷量的平方总和，也就是个别变量可以被共同因素解释的变异量百分比，这个值是个别变量与共同因素间多元相关的平方。特征值，是每个变量在某一共同因素之因素负荷量的平方总和。

KMO 是 Kaiser – Meyer – Olkin 的取样适当性量数，当 KMO 值愈大时，表示变量间的共同因素愈多，愈适合进行因素分析，如果 KMO 的值小于 0.5，较不宜进行因素分析（Sarstedt 和 Mooi，2014）[①]。

如表 5 – 8 所示，根据 SPSS19.0 对个体层面影响因素的分析结果，量表的 KMO 值为 0.895，Bartlett 的球形度检验 495.078，P 值为 0.000，达到显著水平，表明适合进行因素分析。选取特征值大于 1.0 的因素，共有 3 个，因素 1 为题项 GC1、GC2、GC3，因素 2 为 YZ1、YZ2，因素 3 为 LD1、LD2、LD3、LD4，各个题项相对应的因素负荷量均大于 0.5，C. R. 值分别为 0.749、0.800、0.877，均大于 0.5，表明建构效度合格。同时，抽取的解释变异量达到 70%，表示抽取后的保留因素非常理想，即保留 3 个因素是合理的。对个体层面影响因素的探索性分析结果得到"个体知识存量"、"个体经验异质性"和"带头人领导力" 3 个影响因素。

表 5 – 8　个体层面影响因素量表的探索性因素分析结果

题项	解释变异量	累积解释变异量	C. R.	抽取的因素（Component）			
				因素 1	因素 2	因素 3	共同性
GC1				0.676			0.603
GC2	34.909	34.909	0.749	0.874			0.793
GC3				0.549			0.580
YZ1	18.908	53.817	0.800		0.861		0.791
YZ2					0.771		0.711
LD1						0.831	0.740
LD2	17.108	70.925	0.877			0.816	0.740
LD3						0.781	0.690
LD4						0.773	0.735
特征值				3.142	1.702	1.540	

如表 5 – 9 所示，根据 SPSS19.0 对组织层面影响因素的分析结果，量表的 KMO 值为 0.915，Bartlett 的球形度检验 1304.375，自由度为 120，并达到显著水平，表明适合进行因素分析。选取特征值大于 1.0 的因素，共有 4 个，因素 1 为题项 XY1、XY2、XY3，XY4，因素 2 为 PX1、PX2、PX3、PX4，因素 3 为 XR1、

[①]　Sarstedt M.，Mooi E. Factor analysis [M]. A Concise Guide to Market Research. Springer Berlin Heidelberg，2014：235 – 272.

表 5 - 9 组织层面影响因素量表的探索性因素分析结果

题项	解释变异量	累积解释变异量	C. R.	抽取的因素（Component）				
				因素 1	因素 2	因素 3	因素 4	共同性
XY1				0.673				0.621
XY2				0.636				0.777
XY3	22.207	22.207	0.795	0.775				0.786
XY4				0.717				0.695
PX1					0.782			0.750
PX2					0.760			0.799
PX3	17.161	39.368	0.802		0.681			0.713
PX4					0.607			0.706
XR1						0.783		0.738
XR2						0.542		0.629
XR3	16.585	55.954	0.772			0.727		0.730
XR4						0.643		0.695
XS1							0.770	0.705
XS2							0.630	0.662
XS3	15.336	71.290	0.778				0.742	0.690
XS4							0.582	0.711
特征值				3.553	2.746	2.654	2.454	

XR2、XR3、XR4，因素 4 为 XS1、XS2、XS3、XS4，各个题项相对应的因素负荷量均大于 0.5，C. R. 值分别为 0.795、0.802、0.772、0.778，均大于 0.5，表明建构效度合格。同时，抽取的累积解释变异量达到 71.290%，表示抽取后的保留因素非常理想，即保留 4 个因素是合理的。对组织层面影响因素的探索性分析结果得到 "先验知识"、"业务培训"、"信任程度"、"吸收意愿" 4 个影响因素。

SPSS19.0 对外部层面影响因素的分析结果如表 5 - 10 所示，量表的 KMO 值为 0.860，Bartlett 的球形度检验 601.085，P 值为 0.000，达到显著水平，适合进行因素分析。选取特征值大于 1.0 的因素，共有两个，因素 1 为题项 WB1、WB2、WB3、WB4、WB5，因素 2 为 YZ1、YZ2，因素 3 为 ZC1、ZC2、ZC3、ZC4，各个题项相对应的因素负荷量均大于 0.5，表明建构效度合格。同时，抽取的累积解释变异量达到 68.964%，高于 60%，表示抽取后的保留因素理想，即保留两个因素是合理的。对外部层面影响因素的探索性分析结果得到 "社会资本"、"政府支持" 两个影响因素。

表 5-10　外部层面影响因素量表的探索性因素分析结果

题项	解释变异量	累积解释变异量	C. R.	抽取的因素（Component）		
				因素1	因素2	共同性
WB1				0.820		0.702
WB2				0.811		0.633
WB3	36.861	36.861	0.894	0.789		0.597
WB4				0.784		0.708
WB5				0.760		0.687
ZC1					0.858	0.731
ZC2	32.102	68.964	0.893		0.851	0.746
ZC3					0.799	0.740
ZC4					0.780	0.662
特征值				3.318	2.889	

如表 5-11 所示，知识吸收能力的 KMO 值为 0.846，Bartlett's 球形检验的值为 526.722，自由度为 45，达到显著，代表母群体的相关矩阵间有共同因素存在，适合进行因素分析。因素 1 包括 PCA1、PCA2、PCA3、PCA4、PCA5，构念名为"潜在知识吸收能力"，因素 2 包括 RCA1、RCA2、RCA3、RCA4、RCA5，构念名为"实现知识吸收能力"，各题项对应的因素负荷量均大于 0.5，C. R. 值均大于 0.8，两个因素转轴后的特征值分别为 3.916、1.889，解释变异量分别为 39.161%

表 5-11　知识吸收能力量表的探索性因素分析结果

题项	解释变异量	累积解释变异量	C. R.	抽取的因素（Component）		
				因素1	因素2	共同性
PCA1				0.745		0.574
PCA2				0.753		0.587
PCA3	22.512	22.512	0.860	0.730		0.619
PCA4				0.755		0.602
PCA5				0.729		0.611
RCA1					0.651	0.575
RCA2					0.657	0.491
RCA3	18.886	58.047	0.809		0.777	0.612
RCA4					0.645	0.537
RCA5					0.650	0.596
特征值				3.916	1.889	

和 18.886%，累积解释变异量为 58.047%，达到 50% 以上的标准，可以接受。其他输出结果如表 5 - 12 所示。

表 5 - 12　农民合作社绩效量表的探索性因素分析结果

题项	解释变异量	累积解释变异量	C. R.	抽取的因素（Component）			
				因素 1	因素 2	因素 3	共同性
CP1	22.512	22.512	0.788	0.806			0.723
CP2				0.805			0.754
CP3				0.637			0.579
CP4				0.505			0.534
MP1	21.240	43.751	0.796		0.782		0.753
MP2					0.648		0.607
MP3					0.588		0.625
MP4					0.782		0.679
SP1	21.192	64.943	0.784			0.624	0.628
SP2						0.656	0.662
SP3						0.662	0.712
SP4						0.808	0.538
特征值				2.701	2.549	2.543	

SPSS19.0 对农民合作社绩效量表的分析结果如表 5 - 12 所示，量表的 KMO 值为 0.885，Bartlett 的球形度检验 721.527，自由度为 66，并达到显著水平，适合进行因素分析。选取特征值大于 1.0 的因素，共有 3 个，因素 1 为题项 CP1、CP2、CP3、CP4，因素 2 为 MP1、MP2、MP3、MP4，因素 3 为 SP1、SP2、SP3、SP4，各个题项相对应的因素负荷量均大于 0.5，C. R. 值分别为 0.788、0.796、0.784，表明建构效度合格。同时，抽取的累积解释变异量分别为 22.512%、43.751% 和 64.943%，表示抽取后的保留因素良好，即保留 3 个因素是合理的。对农民合作社绩效的探索性分析结果得到"创新绩效"、"市场绩效"和"社会绩效" 3 个影响因素。

三、正式量表形成

根据项目分析和探索性因素分析的结果，各个题项与其对应分量表的总分具有较强相关性，且删除任一题项并不会增加对应分量表的信度，鉴于此，予以保留量表中所有题项，共 14 个潜变量，56 个测量题项，形成正式量表如表5 - 13 所示。

表5－13 农民合作社知识吸收能力调研的正式量表

变量	维度		测量题项
个体层面影响因素	个体知识存量	GC1	我具有丰富的农业生产经验
		GC2	我具有丰富的农产销售经验
		GC3	我具备所在工作岗位所需的技能
	个体经验异质性	YZ1	我会从合作社内不同成员身上寻找经验和知识来解决遇到的问题
		YZ2	我会与其他成员有知识和经验的沟通
	带头人领导力	LD1	我们领导是务实、高效且变通的
		LD2	我们领导在组织中具有广泛影响力
		LD3	我们领导鼓励和支持农业合作交流
		LD4	我们领导积极学习和引进外部先进技术和知识
组织层面影响因素	先验知识	XY1	合作社拥有相关农业知识和技术较多
		XY2	合作社了解与其相关农业产业的最新发展消息
		XY3	合作社定期对内部各类知识资料和经验进行总结
		XY4	合作社拥有的农业技术和管理知识具有多样性
	业务培训	PX1	合作社成员拥有很多的培训机会
		PX2	合作社的学习培训体系健全
		PX3	引进新技术/新品种时，合作社对成员进行培训
		PX4	培训内容具体、实用、丰富
	信任程度	XR1	合作社成员愿意将自己的知识、经验告知其他成员
		XR2	合作社内部经常交流不同的观点和看法
		XR3	合作社成员与管理者、领导之间互动交流频繁
		XR4	合作社鼓励成员交流，沟通渠道通畅
	吸收意愿	XS1	合作社鼓励成员学习和创新
		XS2	合作社愿意接受外来新知识
		XS3	合作社有通过获取和吸收知识来提高效率的意愿
		XS4	合作社有相应的政策鼓励成员知识学习和技术创新
外部层面影响因素	社会资本	ZB1	合作社合作的外部机构数量很多
		ZB2	合作社与高校、科研院所联系频繁
		ZB3	合作社与外部各方能够真诚合作
		ZB4	合作社与外部各方合作满意度高
		ZB5	合作社与外部各方沟通比较顺畅

续表

变量	维度		测量题项
外部层面影响因素	政府支持	ZC1	政府部门能依法保障农民合作社的权益
		ZC2	政府政策重视合作社各方面的发展
		ZC3	支持农民合作社发展的政府政策具有推动作用
		ZC4	政府定期组织培训或提供技术指导
知识吸收能力	潜在知识吸收能力	PCA1	我们经常与外界进行交流，获取新知识
		PCA2	我们定期从客户、代理商处获取产品的反馈信息
		PCA3	我们能快速分析和理解变化的市场需求
		PCA4	我们擅长把外部新技术/经验吸纳到组织内部
		PCA5	我们能够快速理解外部技术/市场机遇
	实现知识吸收能力	RCA1	我们能够密切跟踪新品种的市场需求变化
		RCA2	我们能够快速识别外部新知识对组织是否有用
		RCA3	我们很容易向市面推行新品种
		RCA4	合作社成员间对合作社产品和服务有共同的话题
		RCA5	我们清楚合作社运营（养殖/种植/销售等）的方式和过程
农民合作社绩效	市场绩效	MP1	与同行相比，我们的销售收益较高
		MP2	与同行相比，我们对成本的控制比较令人满意
		MP3	参与合作社的农户对自己的收益比较满意
		MP4	与同行相比，我们的市场份额较高
	创新绩效	CP1	与同行相比，我们常常推出新品种/新产品
		CP2	与同行相比，我们常常应用新技术
		CP3	与同行相比，我们的品种改良有比较好的市场反应
		CP4	与同行相比，我们的产品包含较高的技术含量
	社会绩效	SP1	与同行相比，我们的产品口碑较好
		SP2	与同行相比，顾客对我们评价较高
		SP3	与同行相比，我们的产品绿色（无公害）程度较高
		SP4	与同行相比，我们的产品对环境的污染（破坏）很小

第四节　数据收集过程

一、正式调研的样本选择

农民合作社秉承"所有者与惠顾者同一"的原则，提高分散农户在市场中的地位，帮助农户维护权益，建设农村文化。自 20 世纪 80 年代兴起的农村合作组织，通过农户间互助合作和资源整合的方式消解小农户生产与社会化大市场之间存在的壁垒，进入农业生产环节进而发展现代农业。本书涉及农民合作社知识吸收能力及其对绩效的作用研究，调查对象是依法在地区工商部门登记，领取"农民专业合作社法人营业执照"的农民合作社。自 2007 年颁布《农民专业合作社法》到 2014 年初，7 年内，江苏省全省经工商登记的农民合作社总数从 3144 家增加到 71085 家，截至 2013 年底，工商登记的出资总额 1722.60 亿元，成员总数 1936.09 万户，2014 年新增国家农民合作社示范社 187 家，拥有省级以上农民合作社将近 3000 家。基于此，本书选择江苏省为知识吸收能力的调研省份，此外，江苏省的农民合作社的发展位于全国前列，有诸多急需总结和分享的经验。

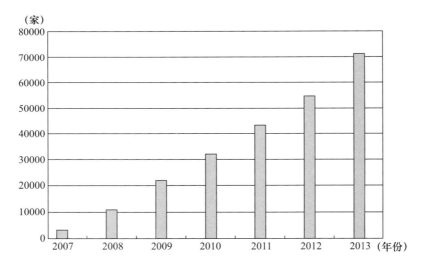

图 5-1　江苏全省农民合作社总数增长情况（2007~2013）

在农民合作社的发展过程中，知识和科学技术的作用是关键。近年来，江苏省农业现代化工程扎实推进，高效设施农业面积占比 15.2%，农业综合机械化水平达 78%，农业科技进步贡献率比上年提高 0.9 个百分点，农民人均纯收入增长 11%，达到 13550 元，增幅连续 4 年超过城镇居民，城乡居民收入比缩小为 2.4:1，是全国收入比最小的省份之一。

问卷的发放对象主要选择农民合作社的理事长、理事、技术专家和普通成员，以保证受访者对问卷涉及的问题有相对全面和清晰的了解，并提供出真实的情况。

二、问卷的发放与回收

本书选择江苏省农民合作社理事长、理事、技术专家和普通成员为研究对象，数据大规模收集从 2014 年 7 月正式开始，到 2015 年 1 月结束，历时 7 个月，课题组按照地区经济发展水平，以随机非等距原则分别从苏中、苏南、苏北抽取不同市县进行实地考察和问卷调研，被抽样城市有扬州、常州、南京、镇江、句容、连云港、盐城、淮安等。由于苏中、苏南和苏北地区发展程度各不相同，因而，这样获取的样本具有较好的代表性。问卷调查主要通过三种渠道同时进行，第一，调研小组深入农村实地调查，在当地相关农业部门的协助下，到合作社与受访者当面交流，并在现场发放问卷并回收，且回收率和填写率均最高；第二，委托当地农委代发问卷并回收，发放率较高，但效率不及第一种方法；第三，通过大学生暑期实践完成，召集了 100 名来自江苏省农村地区的学生，对学生就问卷内容开展培训，由学生对当地农民合作社进行问卷调查，并在开学后带回问卷。三种问卷发放渠道的回收情况如表 5 – 14 所示。

表 5 – 14　问卷回收情况统计

调查方式	发放数量（份）	回收数量（份）	有效问卷数量（份）	有效问卷率（％）	问卷回收率（％）
委托调查	200	105	47	44.76	52.5
访谈调查	350	336	299	91.72	96
学生实地调查	150	98	68	69.39	65.33
合计	700	529	414	78.26	75.57

本章小结

本章阐述实证研究设计过程，包括问卷设计、变量测量、问卷修正以及数据收集过程。首先，为了科学地运用实证研究方法检验变量之间的关系，经历并阐释了严谨的问卷设计过程；其次，基于现有的相关研究成果，结合本书的特殊的研究对象，确定了适合的测量题项，并形成初始的调查问卷；最后，通过四次小规模访谈和预调研，对获取的 133 份有效问卷进行项目分析和探索性因素分析，在此基础上再次进行修正，形成问卷的正式量表。本书就江苏省范围内多家农民合作社进行调研，采用委托调查、访谈调查和学生实地调查进行问卷调研，共发放 700 份问卷，收回 529 份问卷，其中有效问卷为 414 份，有效回收率为 78.26%，基本满足了本书的研究需要。

第六章　实证分析的结果与讨论

本章以组织学习理论、知识管理理论、吸收能力理论为理论基础，通过扎根理论提取出包括个体层因素、组织层因素和外部层因素三个层面的知识吸收能力影响因素，构建出三个层面影响因素、知识吸收能力与农民合作社绩效的模型，用数据分析软件 SPSS22.0 和 AMOS21.0 检验知识吸收能力及其影响因素与农民合作社绩效关系的理论模型的有效性。

第一节　样本描述

SEM 常常采用极大似然法估计参数，运用此方法时，样本数据须符合多变量的正态性假定，数量太少会影响估计结果的稳定性；但过大的样本量，适配度卡方值会过度敏感。在 SEM 适配度检验中，样本数量越大，绝对适配指数值越容易达到显著水平，模型与实际数据不契合的概率越高。Schumacker 和 Lomax（1996）的观点是，大部分的研究采用的样本数介于 200~500[1]。低于 100 的样本数所得的参数估计结果是不可靠的，样本数至少应在 150 以上，或从模型观察变量数分析样本人数，应满足观测变量与样本数的比例至少为 1:10~1:15（Higgins et al.，2000）[2]。本书的有效样本量为 414 份，符合 SEM 分析对样本量的要求。

　　① Schumacker, Randall E., Lomax, Richard G. A beginner's guide to structural equation modeling（2nd Ed.）[J]. Structural Equation Modeling – A Multidisciplinary Journal, 2012, 175（3）: 828 – 829.

　　② Higgins J. P., Thompson S. G., Deeks J. J., et al. Measuring inconsistency in meta – analyses [J]. British Medical Journal, 2003, 327（7414）: 557 – 560.

表 6 - 1   样本基础情况描述（N = 414）

样本特征	类型	样本量	所占百分比（%）	样本特征	类型	样本量	所占百分比（%）
调研区域	苏南	113	27.3	受教育程度	初中及以下	53	12.8
	苏中	99	23.9		高中	189	45.7
	苏北	202	48.8		专科	124	30.0
					本科	42	10.1
					研究生	6	1.4
受访者性别	男	325	78.6	产品种类	水产养殖	68	16.3
	女	89	21.4		家禽类养殖	88	21.3
					种植类	159	38.4
					其他	99	24.0

调研结果显示，收集到来自江苏省苏南、苏中和苏北三个区域的样本共 414 份，有效问卷率 78.26%。苏北地区收集到 202 份样本数据，占有效样本量的 48.8%，苏南地区和苏中地区分别收集到 113 份和 99 份，所占比例分别为 27.3% 和 23.9%。苏北地区占地面积 5.23 万平方千米，接近江苏省地区土地面积的 50%，合作社数量及规模相较苏中、苏南地区更多。

男性成员居多，占 78.6%，女性占 21.4%，受教育程度以高中（45.7%）和专科为主（30.0%），初中及以下学历的占 12.8%，样本涉及的经营种类包括种植类（38.4%）、水产养殖（16.3%）、家禽类养殖（21.3%）、其他（24.0%）。从数据比例可以看出，样本特征可以代表江苏省农民合作社的总体特征。

第二节   样本检验

一、信度检验

为了检验测量数据的有效性和可靠性，本书采用 Cronbach's α 系数进行信度分析。Cronbach's α 信度系数越高，即表示所测问卷的结果越一致、稳定和可靠。量表的内部一致性系数也反映了各条款题目间的关联性。学者 De Willis 研究认为，α 系数低于 0.60 不能接受；0.60 ~ 0.70 最低程度的可接受；0.70 ~ 0.80 可观的；0.80 ~ 0.90 非常好；大量超过了 0.90 时应考虑缩短这个量表。同时，观测当剔除某一题项后，信度系数是否有显著提高，则删除该题项。此外，校正的项与总计相关系数是指该项与其他题项（不包括原题项）加总后的相关系数，如果该项指标低于 0.4 则表示该项与构面所在的其他题项缺乏同质性，应予以删除。对各个变量的信度检验结果如表 6 - 2 所示。

表 6 - 2　知识吸收能力个体层因素量表的 CITC 及信度检验结果

变量	测量题项	未删除项之前的 Cronbach's α 值	校正的项—总计相关性	项已删除的 Cronbach's α 值
个体知识存量	GC1		0.567	0.589
	GC2	0.724	0.532	0.646
	GC3		0.533	0.647
个体经验异质性	YZ1	0.644	0.474	——
	YZ2		0.474	——
带头人领导力	LD1		0.719	0.856
	LD2	0.881	0.767	0.837
	LD3		0.775	0.834
	LD4		0.708	0.860

从分析结果看，个体知识存量和领导特质的 Cronbach's α 系数均在 0.7 以上，个体知识互补性的 Cronbach's α 为 0.644，不理想。校正的项与总计相关系数高于可接受的最低值，且删除某一题项后的 Cronbach's α 系数均小于未删除项之前的 Cronbach's α 值。

如表 6 - 3 所示，从分析结果来看，先验知识、业务培训、信任程度和吸收意愿的 Cronbach's α 值均在 0.8 以上，可信度很高。校正的项与总计相关系数均大于 0.5，其中，删除吸收意愿的测量题项 XS4 后的 Cronbach's α 系数为 0.836，略大于删除该题项之前的 Cronbach's α 值，但数值相差不大，暂时保留，综合效度检验再做判断。

表 6 - 3　知识吸收能力组织层因素量表的 CITC 及信度检验结果

变量	测量题项	未删除项之前的 Cronbach's α 值	校正的项—总计相关性	项已删除的 Cronbach's α 值
先验知识	XY1		0.650	0.821
	XY2	0.847	0.689	0.805
	XY3		0.693	0.803
	XY4		0.709	0.796
业务培训	PX1		0.722	0.850
	PX2	0.879	0.780	0.826
	PX3		0.743	0.842
	PX4		0.711	0.854

续表

变量	测量 题项	未删除项之前的 Cronbach's α 值	校正的项— 总计相关性	项已删除的 Cronbach's α 值
信任程度	XR1	0.863	0.676	0.837
	XR2		0.737	0.810
	XR3		0.717	0.819
	XR4		0.709	0.825
吸收意愿	XS1	0.828	0.648	0.767
	XS2		0.744	0.727
	XS3		0.675	0.753
	XS4		0.529	0.836

如表 6-4 所示，从分析结果看，社会资本和政府支持的 Cronbach's α 值分别为 0.873 和 0.719，均大于 0.7。其中，政府支持的测量题项 ZC1 校正的项与总计相关系数为 0.211，低于最低值 0.4，且删除该项后的 Cronbach's α 值为 0.817，达到最优标准。

表 6-4　吸收能力组织外层面影响因素量表的 CITC 及信度检验结果

变量	测量 题项	未删除项之前的 Cronbach's α 值	校正的项— 总计相关性	项已删除的 Cronbach's α 值
社会资本	ZB1	0.873	0.704	0.834
	ZB2		0.604	0.867
	ZB3		0.696	0.838
	ZB4		0.750	0.825
	ZB5		0.730	0.828
政府支持	ZC1	0.719	0.211	0.817
	ZC2		0.532	0.499
	ZC3		0.557	0.489
	ZC4		0.559	0.473

如表 6-5 所示，从数据结果看，潜在吸收能力和实现吸收能力的 Cronbach's α 值均在 0.8 以上，校正的项—总计相关系数均大于 0.5，且删除任一题项后的 Cronbach's α 值均小于删除题项前的 Cronbach's α 值，量表的可信度很高。

表6-5　知识吸收能力量表的 CITC 及信度检验结果

变量	测量题项	未删除项之前的 Cronbach's α 值	校正的项—总计相关性	项已删除的 Cronbach's α 值
潜在吸收能力	PCA1		0.572	0.835
	PCA2		0.635	0.819
	PCA3	0.845	0.679	0.807
	PCA4		0.711	0.800
	PCA5		0.672	0.808
实现吸收能力	RCA1		0.674	0.808
	RCA2		0.674	0.808
	RCA3	0.845	0.644	0.816
	RCA4		0.655	0.813
	RCA5		0.616	0.823

如表6-6所示，创新绩效、市场绩效、社会绩效的 Cronbach's α 值均在0.8以上，校正的项—总计相关系数均大于0.5，且删除任一题项后的 Cronbach's α 值均小于删除题项前的 Cronbach's α 值，农民合作社组织绩效的量表可信度很高。

表6-6　农民合作社组织绩效量表的 CITC 及信度检验结果

变量	测量题项	未删除项之前的 Cronbach's α 值	校正的项—总计相关性	项已删除的 Cronbach's α 值
创新绩效	CP1		0.697	0.818
	CP2	0.857	0.716	0.809
	CP3		0.732	0.801
	CP4		0.654	0.833
市场绩效	MP1		0.718	0.767
	MP2	0.836	0.654	0.797
	MP3		0.660	0.793
	MP4		0.635	0.807
社会绩效	SP1		0.694	0.785
	SP2	0.839	0.744	0.763
	SP3		0.656	0.802
	SP4		0.593	0.830

二、效度检验

效度检验是为了检测量表测量研究特质的有效程度。与信度相同，量表的效度是一个反映量表测验结果可靠性的重要标准。本书主要使用内容效度和建构效度的检验。

内容效度，或称逻辑效度，针对量表的目标和内容，通过系统的逻辑方法检测量表与欲测内容的适当性和相符性，即量表内容是否能够基本准确反映所要测量的特质，进而最终达到测试目的。本书的调研量表基于研究对象的特殊性质，结合国内外知识吸收能力的成熟量表，对江苏省范围内大面积、长时间的调研，并经过区域性的深度访谈和小批量的人员试测，检验了测量题项与其所在构面的合理性。鉴于被调研对象多为农民，文化程度不高，因此，测量题项的语句表达是否通俗易懂，以及能否直接完整地表达所要测量的构念显得十分重要。基于以上考虑，本书在试测过程后进行修改完整，得到了良好的内容效度。

建构效度往往通过探索性因子分析来检测量表测量理论的概念或特质的程度。当量表编制缺乏理论支撑时，通常依据相关概念编制题项，然后通过探索性因子分析找出所编题项中蕴含因素的数量，并找出量表的潜在结构。对模型中知识吸收能力的三个层面的影响因素（包括个体层、组织层、外部层）、知识吸收能力和农民合作社的组织绩效分别进行检测并分析结果，使用的软件为SPSS19.0，分析结果如下。

（一）知识吸收能力影响因素的探索性因子分析

对知识吸收能力三个层面的影响因素的数据进行 KMO 样本测度和巴特利特球体检验。个体层、组织层面和外部层因素的 KMO 测度的值分别为 0.878、0.938、0.830，说明利用外源指标所收集的数据非常适合做因子分析。同时，巴特利特球体检验中统计值的显著性概率均是 0.000，说明统计数据是适宜做因子分析的。然后，将知识吸收能力个体层、组织层、外部层分别进行探索性因子分析，将结果汇总于表 6 − 7。根据汇总结果，删除因素负荷量小于 0.5 的题项 XS4、ZC1，形成知识吸收能力影响因素部分的正式量表。

表 6 − 7　知识吸收能力影响因素的探索性因子分析结果

测量题项		提取的因子								
		个体知识存量	经验异质性	带头人领导力	先验知识	业务培训	信任程度	吸收意愿	社会资本	政府支持
知识吸收能力个体层因素	GC1	0.0811								
	GC2	0.820								
	GC3	0.655								
	YZ1		0.834							
	YZ2		0.794							

续表

测量题项		提取的因子								
		个体知识存量	经验异质性	带头人领导力	先验知识	业务培训	信任程度	吸收意愿	社会资本	政府支持
知识吸收能力个体层因素	LD1			0.803						
	LD2			0.825						
	LD3			0.837						
	LD4			0.805						
知识吸收能力组织层因素	XY1				0.683					
	XY2				0.708					
	XY3				0.724					
	XY4				0.731					
	PX1					0.814				
	PX2					0.823				
	PX3					0.693				
	PX4					0.658				
	XR1						0.751			
	XR2						0.722			
	XR3						0.766			
	XR4						0.676			
	XS1							0.704		
	XS2							0.760		
	XS3							0.794		
	XS4							0.384		
知识吸收能力外部层因素	ZB1								0.788	
	ZB2								0.719	
	ZB3								0.810	
	ZB4								0.830	
	ZB5								0.822	
	ZC1									0.302
	ZC2									0.845
	ZC3									0.851
	ZC4									0.818

（二）知识吸收能力的探索性因子分析

对知识吸收能力的数据进行 KMO 样本测度和巴特利特球体检验，得到 KMO 测度的值为 0.893，说明所收集的数据非常适合做因子分析。巴特利特球体检验中统计值的显著性概率均是 0.000，说明统计数据是适宜做因子分析的。然后，将知识吸收能力进行探索性因子分析，结果如表 6 - 8 所示，各题项的因素负荷量均在 0.5 以上，说明具有良好的建构效度。

表 6 - 8　知识吸收能力的探索性因子分析结果

测量题项		提取的因子	
		潜在知识吸收能力	实现知识吸收能力
潜在知识吸收能力	PCA1	0.681	
	PCA2	0.731	
	PCA3	0.759	
	PCA4	0.790	
	PCA5	0.748	
实现知识吸收能力	RCA1		0.578
	RCA2		0.797
	RCA3		0.733
	RCA4		0.614
	RCA4		0.592

（三）农民合作社绩效的探索性因子分析

对农民合作社绩效的数据进行 KMO 样本测度和巴特利特球体检验，得到 KMO 测度的值为 0.925，巴特利特球体检验中统计值的显著性概率均是 0.000，说明统计数据是适宜做因子分析的。然后，将农民合作社绩效进行探索性因子分析，结果见表 6 - 9，各题项的因素负荷量均在 0.6 以上，说明具有良好的建构效度并得到农民合作社绩效的正式量表。

表 6 - 9　农民合作社绩效探索性因子分析结果

测量题项		提取的因子		
		创新绩效	市场绩效	社会绩效
创新绩效	CP1	0.815		
	CP2	0.828		
	CP3	0.734		
	CP4	0.600		

续表

测量题项		提取的因子		
		创新绩效	市场绩效	社会绩效
市场绩效	MP1		0.727	
	MP2		0.764	
	MP3		0.741	
	MP4		0.656	
社会绩效	SP1			0.633
	SP2			0.651
	SP3			0.790
	SP4			0.803

三、共同方法偏差检验

共同方法偏差（Common Method Bias）指的是由于相同的数据来源或评分者、相同的测量环境，项目语境以及项目本身特征造成的预测变量和校标变量之间认为的共变，是一种系统误差（Podsakoff et al.，2003）[1]。本书所收集的样本数据均来自农民合作社的成员对所属农民合作社情况的自我报告，测量环境相似，因此存在这种共同方法偏差的可能性。研究中，如果共同方法偏差较为严重的话，可能影响到研究结论的有效性。为了避免误解的产生，一般对 CMB 的控制方法有两种：程序控制和统计检验。

首先考虑程序控制，其关键是通过研究设计消除、减少测量上的共同之处，例如，控制项目启动效应、项目语境诱发的情绪，对测量进行时间、空间、方法和心理上的分离，保护反映者的匿名性、减少对测量目的的猜度等。本书中，采用的程序控制的措施有：在问卷标题下强调了问卷为不记名填写，仅用于学术研究，请受访者真实地表达想法，答案不存在对错；量表中每个变量均使用多个测量题项。

其次，统计控制使用 Harman 单因素检验。本书的做法是将所有变量进行探索性因素分析，采用主成分分析法（Principal Component Analysis，PCA），设定

---

① Podsakoff P. M.，MacKenszie S. B.，Lee J. Y. et al. Common method biases in behavioral research：A critical review of the literature and recommended remedies [J]. Journal of Applied Psychology，2003，88（5）：879－903.

·127·

公因子数为1，得到第一个因素的解释变异量为37.983%，不存在"单一因素解释所有的变异"这一假设。

第三节 描述性统计和相关分析

本书调查了农民合作社成员知识需求现状（多选题），以便了解目前江苏省农民的知识需求和获取情况。如图6-1所示，按照频次统计，农民的知识需求类型的前五个分别是保险信息、市场走势、病虫防治知识、农业气象预报及减灾方法和耕作、灌溉、栽培等种植技术。可以看出，江苏地区农户对于农业产业保护意识在增强。

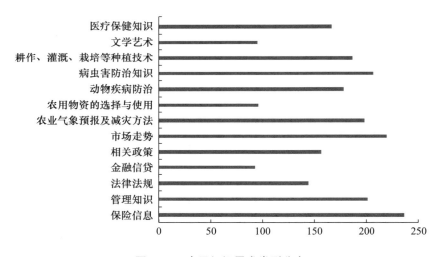

图6-1 农民知识需求类型分布

而受访农户对于所需知识的获取途径分析如图6-2所示，首先是农民合作社的领导或技术能人教授，电视、广播、报纸、杂志是农户获取所需知识的两个重要途径，其次是政府或农民合作社举办的各类培训和农民合作社的网站宣传。由此可见，农户对知识的获取有一定的自主性，传统的知识获取渠道（电视、广播、报纸、杂志）仍然占据一定位置。

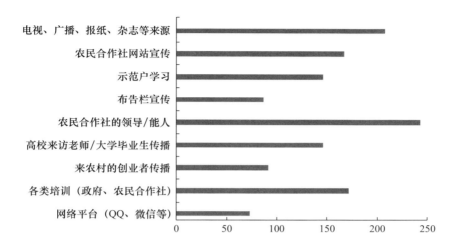

图6-2　农民获取知识主要途径分布

　　农民合作社成员在使用知识的过程中遭遇难题时，首要选择是找合作社的领导或能人解决问题，其次是通过相关的专家或是技术员解决，也有许多农户选择上网搜寻解决方法。此外，在访谈中也收集到相关信息，即越来越多的农户选择学习上网，如图6-3所示。

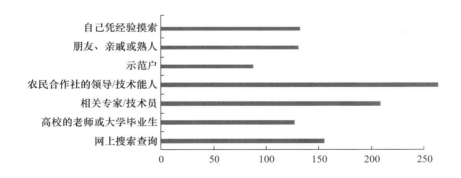

图6-3　农民在生产经营过程中解决技术/知识难题途径分布

　　相关分析主要是计算所涉及变量间的 Pearson 系数检验相关关系，分析结果如表6-10所示。

表6-10 相关性检验

	1	2	3	4	5	6	7	8	9	10	11	12
1 个体知识存量	1.00											
2 个体经验异质性	0.374**	1.00										
3 带头人领导力	0.453**	0.497**	1.00									
4 先验知识	0.489**	0.427**	0.670**	1.00								
5 业务培训	0.410**	0.389**	0.546**	0.689**	1.00							
6 信任程度	0.374**	0.445	0.606**	0.649**	0.618**	1.00						
7 吸收意愿	0.350**	0.370**	0.658**	0.617**	0.573**	0.672**	1.00					
8 社会资本	0.334**	0.372**	0.552**	0.635**	0.562**	0.588**	0.506**	1.00				
9 政府支持	0.306**	0.530**	0.566**	0.545**	0.629**	0.479**	0.615**	0.373**	1.00			
10 潜在知识吸收能力	0.311**	0.306**	0.530**	0.566**	0.545**	0.629**	0.479**	0.615**	0.373**	1.00		
11 实现知识吸收能力	0.373**	0.360**	0.546**	0.568**	0.530**	0.593**	0.499**	0.546**	0.435**	0.671**	1.00	
12 农民合作社绩效	0.402**	0.361**	0.583**	0.591**	0.559**	0.604**	0.581**	0.582**	0.399**	0.687**	0.711**	1.00
均值	3.97	4.06	4.28	4.03	4.00	4.18	4.34	3.81	4.01	4.00	3.91	4.00
标准差	0.70	0.70	0.68	0.69	0.74	0.66	0.68	0.78	0.82	0.67	0.67	0.61

第四节　构念间关系的结构方程模型分析

一、验证性因素分析

验证性因素分析属于结构方程模型的一种次模型，用于检验测量变量与相对应解释测量变量的因素构念之间的关系。验证性因素分析需经过一系列严谨的检验程序，检验假定的观察变量与假定的潜在变量之间的关系（Everitt 和 Dunn，2001）[1]。一般而言，验证性因子分析可以进行独立分析，也可以进行结构方程模型整合性分析的一个前置步骤（周子敬，2006）[2]。本书采用正式调研获取到的样本数据进行验证性因素分析，观测观察变量在潜变量上的因素负荷量以及显著性 P 值。根据 Hair 等的建议，题目的因子负荷最小值为 0.5，更理想的状态可高达 0.7 及以上（因为 0.7 的平方为 0.49，即这道题解释相应潜变量约 50% 的变异）。

然后，采用 AMOS21.0 重点参考绝对拟合指标（Absolute Fit Index）和相对拟合指标（Relative Fit Index）检验模型的拟合度。其中，绝对拟合指标包括：①卡方自由度比（CMIN/DF），1~2 是此值的严格适配度准则，而在 2~3 代表模型的契合度是比较好的，3~5 可以接受。本书采用常规 1~3 的适配度准则。②残差均方和平方根（RMR），当 RMR 值越小，表示模型的适配度越佳，通常认为低于 0.05 即为可接受的适配模型。③渐进残差均方和平方根（RMSEA）被视为观测适配度最重要的指标（吴明隆，2010），一般来说，RMSEA 值并不存在基准线，越小则模型的适配度越好。本书采用 Steiger 等（1990）提出的不可超过的最高值 0.1[3]。④适配度指数（GFI），该值越大意味着模型路径与调研所得数据的适配度越好，一般判别标准为大于 0.9（Hair，1998）[4]。相对拟合指标有：①比较适配指数（CFI）测量模型从最限制到最饱和时，非集中参数的改善情形。②规准适配指标（NFI）用于比较假设模型相对于虚无模型卡方值的一种比值。③增值适配指标（IFI）为假设模型与虚无模型卡方值之差和虚无模型与

①　Everitt B. , Dunn G. Applied multivariate data analysis [M]. New York：Oxford，2001.

②　周子敬. 结构方程模型——精通 LISREL [M]. 台北：全华，2006.

③　Steiger J. H. Structure modeling evaluation and modification：An interval estimation approach multivariate Behavioral research [J]. Multivariate Behavioral Research，1990，2（25）：173-180.

④　Hair J. F. , Anderson R. E. , Tatham R. L. , et al. Multivariate data analysis [M]. NJ：Prentice Hall，1998.

自由度之差的比值。同时，CFI、NFI 和 IFI 3 个值越接近 1 表示模型适配度越好（Byrne，1998）①。

（一）"知识吸收能力个体层测量模型"的验证性因素分析

对知识吸收能力个体层面的影响因素的测量模型进行验证性因子分析，模型的拟合度很好，满足因素负荷量介于 0.5 ~ 0.95 的要求，且均在 P < 0.001 的水平上显著（见表 6 - 11）。各项拟合统计均符合标准。

表 6 - 11　知识吸收能力个体层因素模型的拟合度结果

指标	CMIN/DF	GFI	CFI	NFI	IFI	RMR	RMSEA
取值	1.443	0.981	0.993	0.907	0.997	0.022	0.033

测量模型如图 6 - 4 所示。

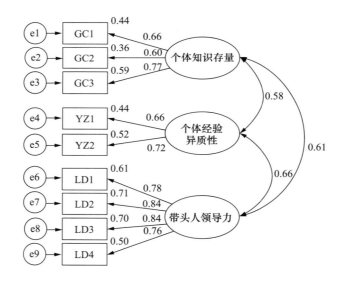

图 6 - 4　个体层因素验证性因素分析

个体层面的 3 个影响因素：个体知识存量、知识互补性和领导特质两两之间

---

①　Byrne B. Structural Equation Modeling with Lisrel，Prelis and Simplis，Mahwah［M］. NJ：Lawrence Erlbaum Associates，1998.

的相关系数分别为 0.58、0.61 和 0.66，均低于 McDonald 和 Ho（2002）① 提出的临界值 0.85，说明构念维度之间的区别效度良好。此外，本书通过检验因素负荷量、组织信度（Composite Reliability，CR）以及平均变异量抽取值（Average Variance Extracted，AVE）3 个指标检验聚合效度。结果如表 6－12 所示。

表 6－12　知识吸收能力个体层因素模型聚合效度结果

测量维度	测量题项	因素负荷量	P	CR	AVE
个体知识存量	GC1	0.662	＊＊＊	0.718	0.679
	GC2	0.597	＊＊＊		
	GC3	0.768	＊＊＊		
个体经验异质性	YZ1	0.660	＊＊＊	0.645	0.690
	YZ2	0.719	＊＊＊		
带头人领导力	LD1	0.782	＊＊＊	0.880	0.804
	LD2	0.840	＊＊＊		
	LD3	0.839	＊＊＊		
	LD4	0.764	＊＊＊		

注：P＜0.05 为＊，P＜0.01 为＊＊，P＜0.001 为＊＊＊。

个体知识存量、个体经验异质性和带头人领导力的组合信度均在 0.6 之上（吴明隆，2010），也就是说，测量指标间有高度的内在关联。各潜变量的平均变异抽取量（AVE）经检验均大于 0.5，表示所测指标变量可以有效反映其潜在变量。

（二）"知识吸收能力组织层面的影响因素研究模型"的验证

对知识吸收能力组织层面的影响因素的测量模型进行验证性因子分析，如表 6－13 所示，模型的拟合度为 2.368，低于 2.5，且均在 P＜0.001 的水平上显著。各项拟合统计均符合标准。

表 6－13　知识吸收能力组织层因素模型的拟合度结果

指标	CMIN/DF	GFI	CFI	NFI	IFI	RMR	RMSEA
取值	2.368	0.937	0.968	0.946	0.968	0.025	0.058

① MacDonald R. P., Ho M. R. Principles and practice in reporting structural equation analysis [J]. Psychological Methods, 2002（7）：64－82.

测量模型如图6-5所示。

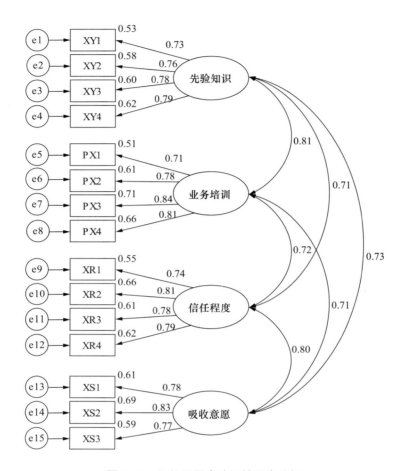

图6-5 组织层因素验证性因素分析

先验知识、业务培训、信任程度和吸收意愿之间的两两相关系数分别为0.81、0.76、0.77、0.72、0.74、0.81，均低于临界值0.85，可以说明构念的维度之间具有良好的区别效度。

知识吸收能力组织层面的影响因素模型的聚合效度结果如表6-14所示。

知识吸收能力组织层面四个影响因素的组织信度分别为0.848、0.869、0.864和0.843，均大于0.8，具有良好的组织信度。测量题项的因素负荷量均介于0.5~0.95。四个影响因素的平均变异量抽取值均大于0.7，因此，这组变量的聚合效度较好。

表 6 – 14　知识吸收能力组织层因素模型聚合效度结果

测量维度	测量题项	因素负荷量	P	CR	AVE
先验知识	XY1	0.722	＊＊＊	0.848	0.764
	XY2	0.765	＊＊＊		
	XY3	0.778	＊＊＊		
	XY4	0.787	—		
业务培训	XX1	0.715	＊＊＊	0.869	0.79
	XX2	0.781	＊＊＊		
	XX3	0.844	＊＊＊		
	XX4	0.814	—		
信任程度	XR1	0.745	＊＊＊	0.864	0.783
	XR2	0.81	＊＊＊		
	XR3	0.786	＊＊＊		
	XR4	0.789	—		
吸收意愿	XR1	0.777	＊＊＊	0.843	0.757
	XS2	0.817	＊＊＊		
	XS3	0.749	＊＊＊		
	XS4	0.679	—		

注：$P < 0.05$ 为 ＊，$P < 0.01$ 为 ＊＊，$P < 0.001$ 为 ＊＊＊。

（三）"知识吸收能力外部层面的影响因素研究模型"的验证

组织间层面影响因素包括社会资本和政策环境，前文的效度检验后已剔除政策环境的测量题项 ZC1，模型的验证性因素结果显示模型拟合度为 1.740，GFI、CFI、NFI、IFI 几项指标均大于 0.9，且均在 $P < 0.001$ 的水平上显著。各项拟合统计均符合标准。

表 6 – 15　知识吸收能力外部层因素模型的拟合度结果

指标	CMIN/DF	GFI	CFI	NFI	IFI	RMR	RMSEA
取值	1.740	0.982	0.991	0.980	0.992	0.025	0.042

组织间层面的影响因素：社会资本和政策环境之间的相关系数为 0.45，小于 0.85，可以说明构念维度之间的区别效度良好，见图 6 – 6。同时，因素负荷量满足介于 0.5 ~ 0.95 的要求。

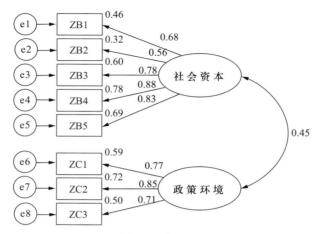

图 6-6　外部层因素验证性因素分析

外部层因素的聚合效度检验结果如表 6-16 所示。

表 6-16　知识吸收能力外部层因素模型聚合效度结果

测量维度	测量题项	因素负荷量	P	CR	AVE
社会资本	ZB1	0.68	＊＊＊	0.867	0.756
	ZB2	0.565	＊＊＊		
	ZB3	0.776	＊＊＊		
	ZB4	0.882	＊＊＊		
	ZB5	0.832	——		
政府支持	ZC2	0.769	＊＊＊	0.821	0.778
	ZC3	0.85	＊＊＊		
	ZC4	0.709	——		

注：$P < 0.05$ 为＊，$P < C.01$ 为＊＊，$P < 0.001$ 为＊＊＊。

社会资本和政府支持的组合信度分别为 0.867 和 0.821，平均变异量抽取值分别为 0.756 和 0.778，均满足指标标准，因此变量具有良好的聚合效度。

（四）"知识吸收能力的影响因素研究模型"的验证

知识吸收能力的影响因素包括前文验证的个体层面的因素：个体知识存量、个体知识互补性、带头人领导力；组织层面的影响因素：先验知识、业务培训、信任程度、吸收意愿；组织外部的影响因素：社会资本和政策环境。知识吸收能力影响因素模型的验证性因素结果显示模型拟合度为 1.763，GFI、CFI、NFI、IFI 几项指标均大于 0.9，且均在 $P < 0.001$ 的水平上显著。各项拟合统计均符合标准，如图 6-7 所示。

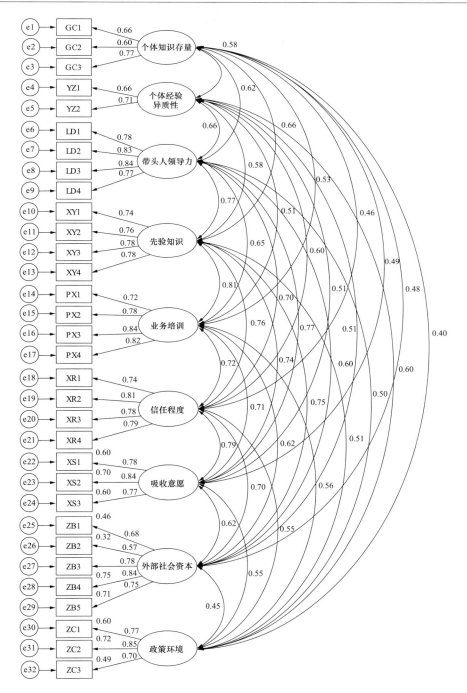

图6-7 知识吸收能力影响因素验证性因素分析

知识吸收能力影响因素的拟合结果如表 6 – 17 所示。

表 6 – 17　知识吸收能力影响因素的拟合度结果

指标	CMIN/DF	GFI	CFI	NFI	IFI	RMR	RMSEA
取值	1.763	0.901	0.958	0.909	0.959	0.026	0.043

个体知识存量、个体经验异质性、带头人领导力、先验知识、业务培训、信任程度、吸收意愿、社会资本和政府支持九个影响因素两两之间的相关系数均小于 0.85，说明构念维度之间的区别效度良好。同时，因素负荷量满足介于 0.5～0.95 的要求。各个影响因素的聚合效度检验结果如表 6 – 18 所示。

表 6 – 18　知识吸收能力影响因素模型的聚合效度检验结果

测量维度	测量题项	因素负荷量	P	CR	AVE
个体知识存量	GC1	0.639	＊＊＊	0.716	0.678
	GC2	0.598	＊＊＊		
	GC3	0.783	＊＊＊		
个体经验异质性	YZ1	0.664	＊＊＊	0.645	0.690
	YZ2	0.715	＊＊＊		
带头人领导力	LD1	0.776	＊＊＊	0.882	0.807
	LD2	0.834	＊＊＊		
	LD3	0.842	＊＊＊		
	LD4	0.774	＊＊＊		
先验知识	XY1	0.737	＊＊＊	0.849	0.764
	XY2	0.764	＊＊＊		
	XY3	0.776	＊＊＊		
	XY4	0.780	＊＊＊		
业务培训	PX1	0.717	＊＊＊	0.869	0.790
	PX2	0.781	＊＊＊		
	PX3	0.84	＊＊＊		
	PX4	0.817	＊＊＊		
信任程度	XR1	0.744	＊＊＊	0.863	0.783
	XR2	0.813	＊＊＊		
	XR3	0.783	＊＊＊		
	XR4	0.789	＊＊＊		

续表

测量维度	测量题项	因素负荷量	P	CR	AVE
吸收意愿	XS1	0.777	＊＊＊	0.838	0.795
	XS2	0.835	＊＊＊		
	XS3	0.772	＊＊＊		
社会资本	ZB1	0.680	＊＊＊	0.867	0.756
	ZB2	0.565	＊＊＊		
	ZB3	0.780	＊＊＊		
	ZB4	0.868	＊＊＊		
	ZB5	0.844	＊＊＊		
政府支持	ZC2	0.773	＊＊＊	0.820	0.778
	ZC3	0.854	＊＊＊		
	ZC4	0.699	＊＊＊		

注：$P < 0.05$ 为 ＊，$P < 0.01$ 为 ＊＊，$P < 0.001$ 为 ＊＊＊。

如表 6 - 18 所示：九个影响因素得到组合信度均大于 0.6，因素负荷量均介于 0.5 ~ 0.95 且平均变异量抽取值均大于 0.7，因此，具有较好的聚合效度。

（五）"知识吸收能力研究模型"的验证

对知识吸收能力测量模型的验证性因素结果显示，模型拟合度为 2.302，GFI、CFI、NFI、IFI 几项指标均大于 0.9，因素负荷量介于 0.5 ~ 0.95，且均在 $P < 0.001$ 的水平上显著，模型的适配度良好，如表 6 - 19 所示。

表 6 - 19 知识吸收能力模型的拟合度结果

指标	CMIN/DF	GFI	CFI	NFI	IFI	RMR	RMSEA
取值	2.302	0.969	0.978	0.963	0.979	0.026	0.056

测量模型如图 6 - 8 所示。

潜在知识吸收能力和实现知识吸收能力之间的相关系数为 0.82，低于 0.85，说明构念维度之间具有区别效度。聚合效度检验结果如表 6 - 20 所示。

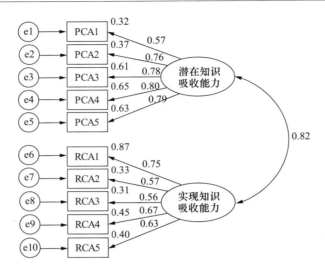

图6-8 知识吸收能力验证性因素分析

表6-20 知识吸收能力模型聚合效度结果

测量维度	测量题项	因素负荷量	P	CR	AVE
潜在知识 吸收能力	PCA1	0.568	* * *		
	PCA2	0.764	* * *		
	PCA3	0.779	* * *	0.862	0.747
	PCA4	0.804	* * *		
	PCA5	0.794	—		
实现知识吸收能力	RCA1	0.754	* * *		
	RCA2	0.571	* * *		
	RCA3	0.555	* * *	0.773	0.639
	RCA4	0.667	* * *		
	RCA5	0.629	—		

注：$P < 0.05$ 为 *，$P < 0.01$ 为 * *，$P < 0.001$ 为 * * *。

潜在知识吸收能力和实现知识吸收能力的组合信度为 0.862 和 0.773，均大于 0.6，平均变异量抽取值大于 0.5，具有较好的聚合效度。

（六）"农民合作社绩效研究模型"的验证

对农民合作社绩效测量模型进行验证性因子分析，如表 6 – 21 所示，模型的基本适配度良好，各项指标满足数值基准。因素负荷量满足介于 0.5 ~ 0.95 的要求，且均在 P < 0.001 的水平上显著。

表 6 – 21　农民合作社绩效模型的拟合度结果

指标	CMIN/DF	GFI	CFI	NFI	IFI	RMR	RMSEA
取值	2.348	0.954	0.975	0.957	0.975	0.027	0.057

测量模型如图 6 – 9 所示。

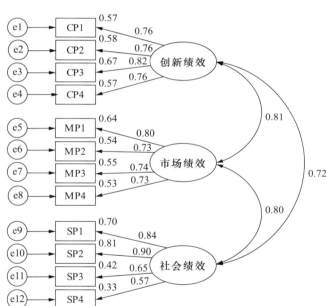

图 6 – 9　农民合作社绩效验证性因素分析

创新绩效、市场绩效和社会绩效两两之间的相关系数分别为 0.81、0.72、0.80，均低于临界值 0.85，说明构念维度之间的区别效度良好。同时，因素负荷量介于 0.5 ~ 0.95，且均在 P < 0.001 的水平上显著，模型的适配度良好。农民合作社绩效的聚合效度检验结果如表 6 – 22 所示。

表 6 – 22　农民合作社绩效模型聚合效度结果

测量维度	测量题项	因素负荷量	P	CR	AVE
创新绩效	CP1	0.756	＊＊＊	0.718	0.679
	CP2	0.764	＊＊＊		
	CP3	0.821	＊＊＊		
	CP4	0.757	＊＊＊		
市场绩效	MP1	0.800	＊＊＊	0.645	0.690
	MP2	0.732	＊＊＊		
	MP3	0.742	＊＊＊		
	MP4	0.726	＊＊＊		
社会绩效	SP1	0.838	＊＊＊	0.880	0.804
	SP2	0.899	＊＊＊		
	SP3	0.645	＊＊＊		
	SP4	0.572	＊＊＊		

注：P < 0.05 为＊，P < 0.01 为＊＊，P < 0.001 为＊＊＊。

创新绩效、市场绩效和社会绩效的组合信度均大于 0.5，变量平均变异抽取量经检验均大于 0.5，具有良好的聚合效度。

二、二阶验证性因素分析

在高阶验证性因子分析中，若一阶构念间存在较高或高度的关联程度，同时一阶验证性因素分析模型与样本适配，则可以将低阶测量变量界定为内因潜在变量，测量更高一阶的因素构念（吴明隆，2010）。

（一）个体层因素的二阶验证性因素分析

根据个体层面影响因素的验证性因子分析，个体知识存量、个体知识互补性和带头人领导力两两之间的相关系数为 0.58、0.61、0.66，存在中度的关联程度，且在一阶验证性因素分析中，测量模型与样本适配，因此可以认为三个一阶因素构念都受到高一阶潜在特质的影响。鉴于此，本书尝试将个体知识存量、个体知识互补性和带头人领导力变为内因潜在变量，二阶因素——个体因素为外因潜在变量，同时还有九个观察变量均为内因变量。

对个体因素进行二阶因素分析，拟合度指标如表 6 – 23 所示：其中，CMIN/DF 值为 1.443，介于 1～2，且 RMSEA 值为 0.033，小于 0.05，表示测量模型的适配度非常好。

表 6 – 23 个体层因素二阶验证性因素分析的拟合度结果

指标	CMIN/DF	GFI	CFI	NFI	IFI	RMR	RMSEA
取值	1.443	0.981	0.993	0.977	0.993	0.022	0.033

个体层因素结构方程模型如图 6 – 10 所示。

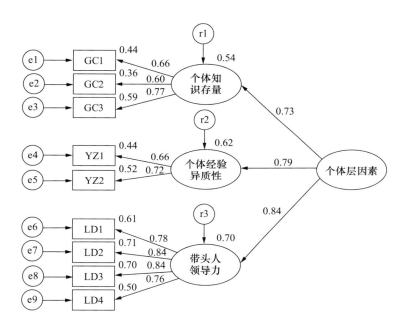

图 6 – 10 个体层因素二阶因素分析

路径系数估计见表 6 – 24。

表 6 – 24 个体层因素二阶因素分析路径系数估计

路径			因素负荷量	标准误	P
个体知识存量	←	个体层因素	0.732	—	—
个体知识异质性	←	个体层因素	0.789	0.144	* * *
带头人领导力	←	个体层因素	0.839	0.152	* * *
GC1	←	个体知识存量	0.662	—	—
GC2	←	个体知识存量	0.597	0.100	* * *

续表

路径			因素负荷量	标准误	P
GC3	←	个体知识存量	0.768	0.098	＊＊＊
YZ1	←	个体经验异质性	0.660	—	—
YZ2	←	个体经验异质性	0.719	0.108	＊＊＊
LD1	←	带头人领导力	0.782	—	—
LD2	←	带头人领导力	0.84	0.061	＊＊＊
LD3	←	带头人领导力	0.839	0.065	＊＊＊
LD4	←	带头人领导力	0.764	0.064	＊＊＊

注：P < 0.05 为 ＊，P < 0.01 为 ＊＊，P < 0.001 为 ＊＊＊。

如表 6 - 24 所示，个体层面的影响因素中，个体知识存量、个体知识互补性和带头人领导力三个一阶因素的因素负荷量均在 0.75 以上，同时在 P < 0.001 的水平上显著。九个测量题项对应于一阶因素的因素负荷量均介于 0.5 ~ 0.95，且在 P < 0.001 的水平上显著。可以说，个体层面影响因素所划分出的三个维度的确存在共同的二阶因素——个体因素。

（二）组织层因素的二阶验证性因素分析

根据组织层面影响因素的测量模型，先验知识、业务培训、信任程度和吸收意愿的两两相关系数为 0.81、0.76、0.77、0.72、0.74、0.81，具有中高度的关联程度，同时，其验证性因素分析的结果拟合度良好。研究认为，这四个一阶因素受到了一个更高阶潜在特质的影响，即将四个一阶因素合并为二阶因素——组织层因素。

对组织层因素进行二阶因素验证性因素分析的结果显示，CMIN/DF 值为 2.377，小于 2.5，且 RMSEA 值为 0.058，接近 0.05，表示测量模型的拟合度良好，如表 6 - 25 所示。

表 6 - 25　组织层因素二阶验证性因素分析的拟合度结果

指标	CMIN/DF	GFI	CFI	NFI	IFI	RMR	RMSEA
取值	2.377	0.940	0.969	0.948	0.969	0.023	0.058

组织层因素结构方程模型如图 6 - 11 所示。

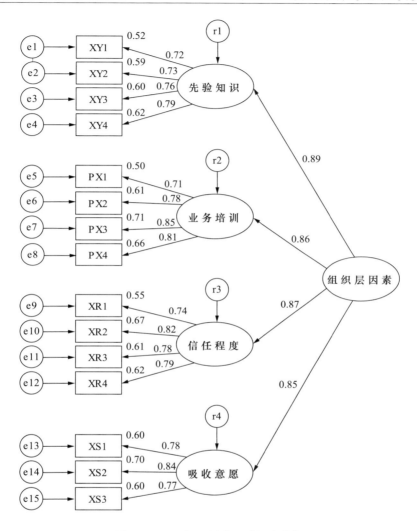

图 6 – 11　组织层因素二阶因素分析

路径系数估计见表 6 – 26。

表 6 – 26　组织层因素二阶因素分析路径系数估计

路径			因素负荷量	标准误	P
先验知识	←	组织层因素	0.890	—	—
业务培训	←	组织层因素	0.861	0.095	＊＊＊

续表

路径			因素负荷量	标准误	P
信任程度	←	组织层因素	0.870	0.089	＊＊＊
吸收意愿	←	组织层因素	0.850	0.085	＊＊＊
XY1	←	先验知识	0.724	—	—
XY2	←	先验知识	0.767	0.076	＊＊＊
XY3	←	先验知识	0.776	0.078	＊＊＊
XY4	←	先验知识	0.786	0.074	＊＊＊
PX1	←	业务培训	0.707	—	—
PX2	←	业务培训	0.779	0.060	＊＊＊
PX3	←	业务培训	0.849	0.068	＊＊＊
PX4	←	业务培训	0.814	0.066	＊＊＊
XR1	←	信任程度	0.744	—	—
XR2	←	信任程度	0.816	0.058	＊＊＊
XR3	←	信任程度	0.782	0.066	＊＊＊
XR4	←	信任程度	0.788	0.065	＊＊＊
XS1	←	吸收意愿	0.775	—	—
XS2	←	吸收意愿	0.837	0.062	＊＊＊
XS3	←	吸收意愿	0.771	0.067	＊＊＊

注：$P < 0.05$ 为 ＊，$P < 0.01$ 为 ＊＊，$P < 0.001$ 为 ＊＊＊。

如表 6 - 26 所示，组织层面的影响因素：先验知识、业务培训、信任程度、吸收意愿四个一阶因素的因素负荷量均在 0.70 以上，且在 $P < 0.001$ 的水平上显著。此外，十一个测量题项对应于一阶因素的因素负荷量均介于 0.5 ~ 0.95，在 $P < 0.001$ 的水平上显著。可以说，组织层面影响因素所划分出的四个维度的确存在共同的二阶因素——组织层因素。

（三）农民合作社绩效的二阶验证性因素分析

根据农民合作社绩效的测量模型，创新绩效、市场绩效、社会绩效的两两相关系数为 0.81、0.72、0.80，具有中高度的关联程度，其验证性因素分析的结果良好。研究认为，这三个一阶因素受到了一个更高阶潜在特质的影响，即将三个一阶因素合并为二阶因素——农民合作社绩效。

农民合作社绩效的二阶因素验证性因素分析的结果显示，CMIN/DF 值为 2.188，小于 2.5，且 RMSEA 值为 0.054，接近 0.05，表示测量模型的拟合度良好，如表 6 - 27 所示。

表 6 - 27　农民合作社绩效二阶验证性因素分析的拟合度结果

指标	CMIN/DF	GFI	CFI	NFI	IFI	RMR	RMSEA
取值	2.188	0.959	0.978	0.961	0.978	0.026	0.054

组织因素结构方程模型如图 6 - 12 所示。

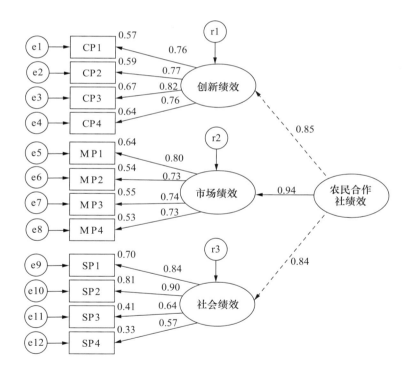

图 6 - 12　农民合作社绩效分析

路径系数估计见表 6 - 28。

表 6-28 农民合作社绩效分析路径系数

路径			因素负荷量	标准误	P
创新绩效	←	农民合作社绩效	0.850	—	—
市场绩效	←	农民合作社绩效	0.944	0.081	＊＊＊
社会绩效	←	农民合作社绩效	0.844	0.067	＊＊＊
CP1	←	创新绩效	0.758	—	—
CP2	←	创新绩效	0.765	0.055	＊＊＊
CP3	←	创新绩效	0.821	0.058	＊＊＊
CP4	←	创新绩效	0.756	0.061	＊＊＊
MP1	←	市场绩效	0.800	—	—
MP2	←	市场绩效	0.732	0.054	＊＊＊
MP3	←	市场绩效	0.742	0.056	＊＊＊
MP4	←	市场绩效	0.726	0.063	＊＊＊
SP1	←	社会绩效	0.838	—	—
SP2	←	社会绩效	0.900	0.049	＊＊＊
SP3	←	社会绩效	0.639	0.054	＊＊＊
SP4	←	社会绩效	0.571	0.057	＊＊＊

注：$P < 0.05$ 为 ＊，$P < 0.01$ 为 ＊＊，$P < 0.001$ 为 ＊＊＊。

如表 6-28 所示，农民合作社的组织绩效的影响因素：创新绩效、市场绩效和社会绩效三个一阶因素的因素负荷量均在 0.70 以上，且在 $P < 0.001$ 的水平上显著。此外，十二个测量题项对应于一阶因素的因素负荷量均介于 0.5 ~ 0.95，在 $P < 0.001$ 的水平上显著。可以说，农民合作社的组织绩效所划分出的三个维度的确存在共同的二阶因素——农民合作社绩效。

三、假设关系的分模型检验

（一）知识吸收能力与农民合作社绩效的关系检验

根据前文所提出的潜在知识吸收能力和实现知识能力与创新绩效、市场绩效和社会绩效之间的假设关系，建立了结构方程模型，并使用 AMOS21.0 对模型进行检验，输出结果如图 6-13 所示。

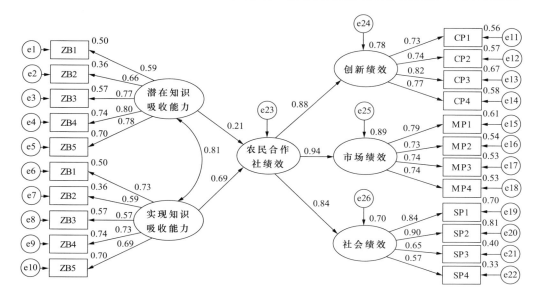

图 6 - 13　知识吸收能力与农民合作社绩效的关系检验

表 6 - 29 显示，CMIN/DF 值为 2.562，略大于 2.5，可以接受。其他绝对拟合指标 GFI、RMR、RMSEA 和相对拟合指标 CFI、NFI、IFI 均符合参考指标，拟合度很好。

表 6 - 29　知识吸收能力与农民合作社绩效关系模型的拟合度指标

指标	CMIN/DF	GFI	CFI	NFI	IFI	RMR	RMSEA
取值	2.562	0.901	0.937	0.902	0.938	0.036	0.061

路径系数估计如表 6 - 30 所示。

表 6 - 30　知识吸收能力与农民合作社绩效关系模型的路径系数

路径			因素负荷量	标准误	P
创新绩效	←——	潜在知识吸收能力	0.215	0.080	0.013 *
社会绩效	←——	潜在知识吸收能力	0.686	0.109	* * *
创新绩效	←——	实现知识吸收能力	0.882	—	—

续表

路径			因素负荷量	标准误	P
市场绩效	←	实现知识吸收能力	0.942	0.078	* * *
社会绩效	←	实现知识吸收能力	0.835	0.066	* * *

注：$P < 0.05$ 为 * ， $P < 0.01$ 为 * * ， $P < 0.001$ 为 * * * 。

知识吸收能力与农民合作社绩效关系的假设检验结果如图 6 – 14 所示。

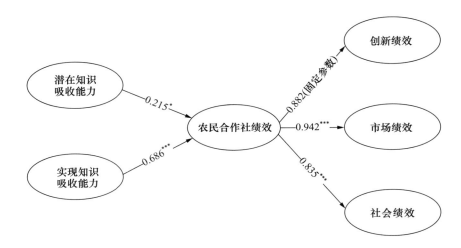

图 6 – 14　知识吸收能力与农民合作社绩效的假设检验结果图

注：$P < 0.05$ 为 * ， $P < 0.01$ 为 * * ， $P < 0.001$ 为 * * * 。

根据结构方程模型分析所得，潜在知识吸收能力、实现知识吸收能力对农民合作社绩效均存在显著正向影响，因素负荷量分别为 0.215 和 0.686，且在 $P < 0.01$ 水平上显著，假设 H1（a）、H1（b）通过验证。

（二）个体层因素与知识吸收能力的关系检验

根据第三章扎根理论所提出的个体知识存量、个体经验异质性、带头人领导力与潜在知识吸收能力、实现知识吸收能力之间的假设关系，建立个体层因素与知识吸收能力的结构方程模型，使用 AMOS21.0 对模型进行检验，输入结果如图 6 – 15 所示。

表 6 – 31 显示：CMIN/DF 值为 1.982，小于 2，其他绝对拟合指标 GFI、RMR、RMSEA 和相对拟合指标 CFI、NFI、IFI 均符合参考指标，拟合度很好。个体经验异质性对实现知识吸收能力路径不显著，其他路径均达到显著。

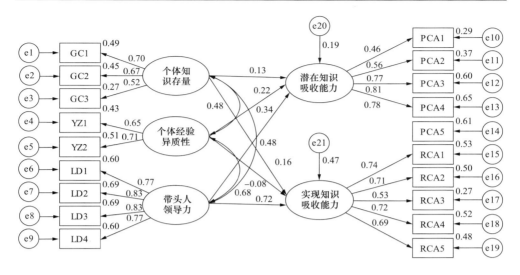

图 6 - 15　个体因素与知识吸收能力的关系检验

表 6 - 31　个体层因素与知识吸收能力关系模型的拟合度指标

指标	CMIN/DF	GFI	CFI	NFI	IFI	RMR	RMSEA
取值	1.982	0.939	0.965	0.932	0.965	0.068	0.049

路径系数估计如表 6 - 32 所示。

表 6 - 32　个体层因素与知识吸收能力关系模型的路径系数

路径			因素负荷量	标准误	P
潜在知识吸收能力	←	个体知识存量	0.130	0.039	0.048 *
实现知识吸收能力	←	个体知识存量	0.161	0.056	0.006 **
潜在知识吸收能力	←	个体经验异质性	0.221	0.077	0.045 *
实现知识吸收能力	←	个体经验异质性	− 0.077	0.105	0.412
潜在知识吸收能力	←	带头人领导力	0.340	0.057	* * *
实现知识吸收能力	←	带头人领导力	0.717	0.092	* * *

注：P < 0.05 为 * ，P < 0.01 为 ** ，P < 0.001 为 *** 。

个体层因素与农民合作社绩效的假设检验结果如图 6－16 所示。

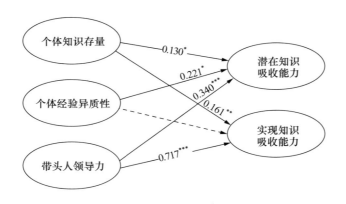

图 6－16　个体层因素与知识吸收能力的假设检验结果图

注：P＜0.05 为＊，P＜0.01 为＊＊，P＜0.001 为＊＊＊；图中虚线表示无显著影响。

　　根据结构方程模型分析所得，个体知识存量对潜在知识吸收能力和实现吸收能力存在正向影响，因素负荷量为 0.154 和 0.159，假设 H2－1（a）和 H2－1（b）得到支持；个体经验异质性对潜在知识吸收能力的因素负荷量为 0.221，P 值为 0.45（P＜0.05），路径显著，假设 H2－2（a）得到支持，而个体经验异质性对实现知识吸收能力的路径不显著，H2－2（b）未通过验证；如图 6－17 所示，带头人领导力对潜在知识吸收能力和实现知识吸收能力存在显著影响，因素负荷量分别为 0.340 和 0.717，假设 H2－3（a）、H2－3（b）通过验证。

　　（三）个体层因素与农民合作社绩效的关系检验

　　根据前文得到农民合作社绩效为二阶因素，得到个体层因素与农民合作社绩效的结构方程模型如图 6－17 所示。

　　表 6－33 显示：CMIN/DF 值为 2.128，小于 2.5，其他绝对拟合指标 GFI、RMR、RMSEA 和相对拟合指标 CFI、NFI、IFI 均符合参考指标。

表 6－33　个体层因素与农民合作社绩效关系模型的拟合度指标

指标	CMIN/DF	GFI	CFI	NFI	IFI	RMR	RMSEA
取值	2.128	0.917	0.954	0.917	0.954	0.028	0.052

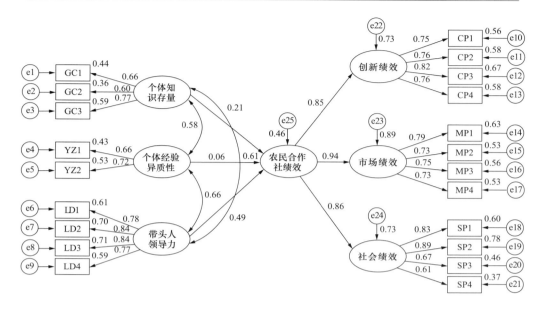

图 6 - 17 个体层因素与农民合作社绩效的关系检验

路径系数估计如表 6 - 34 所示。

表 6 - 34 个体层因素与农民合作社绩效关系模型的路径系数

路径			因素负荷量	标准误	P
农民合作社绩效	←	个体知识存量	0.209	0.084	＊＊
农民合作社绩效	←	个体经验异质性	0.057	0.099	0.515
农民合作社绩效	←	带头人领导力	0.489	0.089	＊＊＊
创新绩效	←	农民合作社绩效	0.852	—	＊＊＊
市场绩效	←	农民合作社绩效	0.944	0.079	＊＊＊
社会绩效	←	农民合作社绩效	0.856	0.066	＊＊＊

注：P＜0.05 为＊，P＜0.01 为＊＊，P＜0.001 为＊＊＊。

个体层因素与农民合作社绩效的假设检验结果如图 6 - 18 所示。

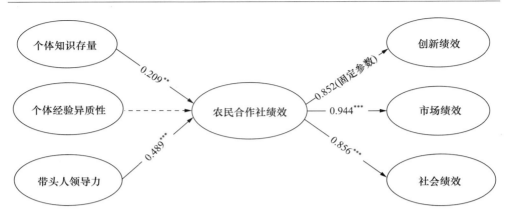

图 6 - 18　个体层因素与农民合作社绩效的假设检验结果图

注：P＜0.05 为＊，P＜0.01 为＊＊，P＜0.001 为＊＊＊；图中虚线表示无显著影响。

根据结构方程模型分析所得，个体知识存量对农民合作社绩效有正向影响，因素负荷量为 0.209，且在 P＜0.001 的水平上显著，假设 H3 - 1 得到支持；个体知识互补性对农民合作社绩效的 P 值是 0.515，大于 0.05，路径系数不显著，假设 H3 - 2 未通过验证；带头人领导力对农民合作社绩效存在显著影响，因素负荷量为 0.489，假设 H3 - 3 通过验证。

（四）组织层因素与知识吸收能力的关系检验

根据前文分析，组织层因素与农民合作社绩效的作用模型如图 6 - 19 所示。

表 6 - 35 显示：CMIN/DF 值为 1.950，小于 2，其他绝对拟合指标 GFI、RMR、RMSEA 和相对拟合指标 CFI、NFI、IFI 均符合参考指标。

表 6 - 35　组织层因素与农民合作社绩效关系模型的拟合度指标

指标	CMIN/DF	GFI	CFI	NFI	IFI	RMR	RMSEA
取值	1.950	0.913	0.961	0.924	0.961	0.026	0.048

路径系数估计如表 6 - 36 所示。

组织因素与知识吸收能力的假设检验结果如图 6 - 20 所示。

根据结构方程模型分析所得，先验知识对潜在知识吸收能力和实现知识吸收能力的因素负荷量为 0.286（P＝0.007）和 0.336，存在正向影响，假设 H2 - 4（a）、H2 - 4（b）得到支持；业务培训对潜在知识吸收能力和实现知识吸收能力的因素负荷量为 0.148、0.166，且对应 P 值分别为 0.047、0.020，满足 P＜0.05，说

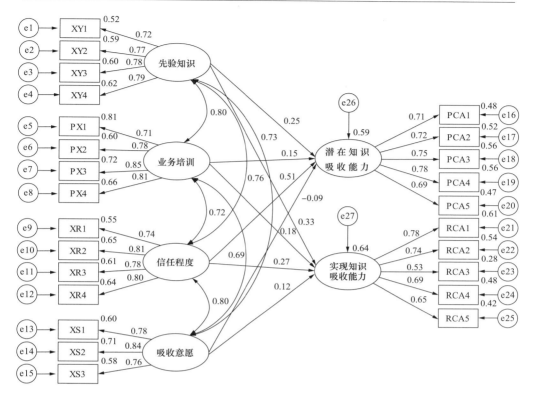

图 6 – 19 组织层因素与知识吸收能力的关系检验

表 6 – 36 组织层因素与知识吸收能力关系模型的路径系数

路径			因素负荷量	标准误	P
潜在知识吸收能力	←——	先验知识	0.245	0.105	0.017 *
潜在知识吸收能力	←——	业务培训	0.153	0.068	0.039 *
潜在知识吸收能力	←——	信任程度	0.512	0.098	* * *
潜在知识吸收能力	←——	吸收意愿	– 0.093	0.093	0.321
实现知识吸收能力	←——	先验知识	0.325	0.110	* * *
实现知识吸收能力	←——	业务培训	0.175	0.072	0.014 *
实现知识吸收能力	←——	信任程度	0.266	0.100	0.005 * *
实现知识吸收能力	←——	吸收意愿	0.118	0.099	0.190

注：P < 0.05 为 * ，P < 0.01 为 * * ，P < 0.001 为 * * * 。

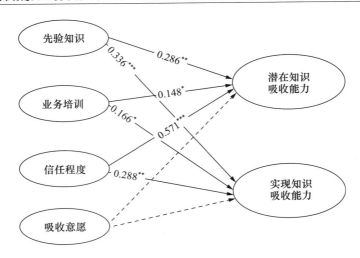

图 6 − 20　组织层因素与知识吸收能力关系模型的路径系数

注：P < 0.05 为 ∗，P < 0.01 为 ∗∗，P < 0.001 为 ∗∗∗；图中虚线表示无显著影响。

明存在正向显著影响，假设 H2 − 5（a）、H2 − 5（b）通过验证；信任程度对潜在和实现知识吸收能力的因素负荷量 0.571 和 0.288（P < 0.01），存在显著影响，假设H2 − 6（a）、H2 − 6（b）得到支持；吸收意愿对潜在知识吸收能力的因素负荷量为 − 0.212，存在负向影响，P 值为 0.041，此外，吸收意愿对实现知识吸收能力的 P 值为 0.339，不存在显著影响，假设 H2 − 7（a）、H2 − 7（b）未得到支持。

（五）组织层因素与农民合作社绩效的关系检验

根据前文得到农民合作社绩效为二阶因素，得到组织层因素与农民合作社绩效的结构方程模型如图 6 − 21 所示。

根据表 6 − 37 的分析结果，CMIN/DF 值为 2.086，小于 2.5，其他绝对拟合指标中 RMR、RMSEA 和相对拟合指标 CFI、NFI、IFI 均满足最佳参考指标，表示拟合效果很好。

表 6 − 37　组织层因素与农民合作社绩效关系模型的拟合度指标

指标	CMIN/DF	GFI	CFI	NFI	IFI	RMR	RMSEA
取值	2.086	0.900	0.951	0.910	0.951	0.025	0.051

路径系数估计如表 6 − 38 所示。

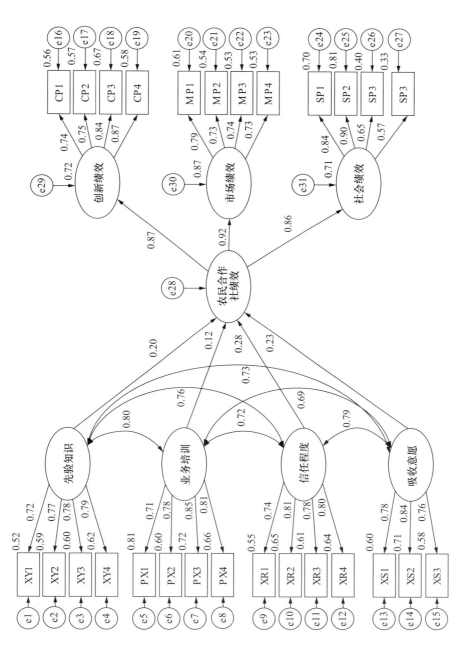

图 6-21　组织层面因素与农民合作社绩效的关系检验

表 6 - 38　　组织层因素与农民合作社绩效关系模型的路径系数

路径			因素负荷量	标准误	P
农民合作社绩效	←	先验知识	0.201	0.105	0.049 *
农民合作社绩效	←	业务培训	0.125	0.087	0.187
农民合作社绩效	←	信任程度	0.350	0.097	＊＊＊
农民合作社绩效	←	吸收意愿	0.153	0.094	0.101
创新绩效	←	农民合作社绩效	0.869	—	—
市场绩效	←	农民合作社绩效	0.929	0.086	＊＊＊
社会绩效	←	农民合作社绩效	0.853	0.065	＊＊＊

注：P < 0.05 为 ＊，P < 0.01 为 ＊＊，P < 0.001 为 ＊＊＊。

组织层因素与农民合作社绩效的假设检验结果如图 6 - 22 所示。

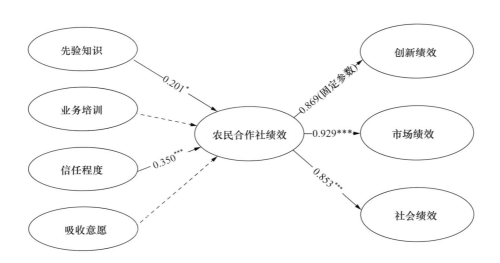

图 6 - 22　　组织层因素与农民合作社绩效关系模型的路径系数

注：P < 0.05 为 ＊，P < 0.01 为 ＊＊，P < 0.001 为 ＊＊＊；图中虚线表示无显著影响。

由表 6 - 38 可知，先验知识、信任程度均对农民合作社绩效有显著影响，假设 H3 - 4、H3 - 6 均通过检验，而吸收意愿和业务培训对农民合作社绩效影响并不显著，H3-5、H3-7未通过检验。农民合作社的业务培训和吸收意愿对其绩效不产生直接的正向影响成为本书研究的一个重要发现。

（六）外部层因素与知识吸收能力的关系检验

根据前文扎根理论所提出的社会资本、政府支持与潜在知识吸收能力、实现知识吸收能力之间的假设关系，建立外部层因素与知识吸收能力的结构方程模型，使用AMOS21.0对模型进行检验，输入结果如图6-23所示。

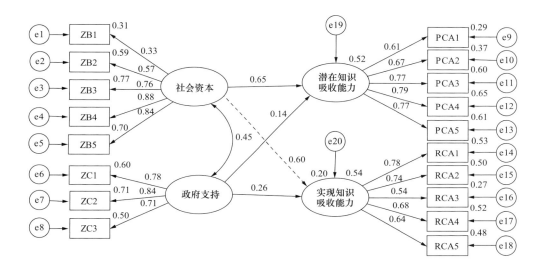

图6-23 外部层因素与知识吸收能力的关系检验

表6-39显示，CMIN/DF值为1.808，小于2，其他绝对拟合指标GFI、RMR、RMSEA和相对拟合指标CFI、NFI、IFI均符合参考指标，拟合度很好。个体知识互补性对实现知识吸收能力路径不显著，其他路径均达到显著。

表6-39 外部层因素与知识吸收能力关系模型的拟合度指标

指标	CMIN/DF	GFI	CFI	NFI	IFI	RMR	RMSEA
取值	1.808	0.944	0.974	0.943	0.974	0.031	0.044

路径系数估计如表6-40所示。

表6-40 外部层因素与知识吸收能力关系模型的路径系数

路径			因素负荷量	标准误	P
潜在知识吸收能力	←	社会资本	0.646	—	—
实现知识吸收能力	←	社会资本	0.603	0.134	＊＊＊
潜在知识吸收能力	←	政府支持	0.143	0.038	0.009＊＊
实现知识吸收能力	←	政府支持	0.256	0.05	＊＊＊

注：P＜0.05 为＊，P＜0.01 为＊＊，P＜0.001 为＊＊＊。

外部层因素与农民合作社绩效的假设检验结果如图6-24所示。

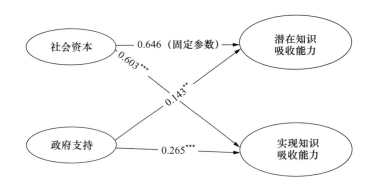

图6-24 外部层因素与知识吸收能力的假设检验结果图

注：P＜0.05 为＊，P＜0.01 为＊＊，P＜0.001 为＊＊＊；图中虚线表示无显著影响。

根据结构方程模型分析所得，社会资本对潜在知识吸收能力和实现吸收能力存在正向影响，因素负荷量为0.646和0.603，假设H2-8（a）、H2-8（b）得到支持；政府支持对潜在知识吸收能力的因素负荷量为0.143（P＜0.01），存在正向影响，说明影响显著，假设H2-9（a）通过验证；政策环境对潜在知识吸收能力的因素负荷量为0.265，在P＜0.001水平上显著，因此，假设H2-9（b）通过验证。

（七）外部层因素与农民合作社绩效的关系检验

农民合作社绩效作为二阶因素，得到外部因素与农民合作社绩效的结构方程模型如图6-25所示。

表6-41显示：CMIN/DF为1.569，介于1～2，其他绝对拟合指标RMR、GFI、RMSEA和相对拟合指标CFI、NFI、IFI均符合参考指标。

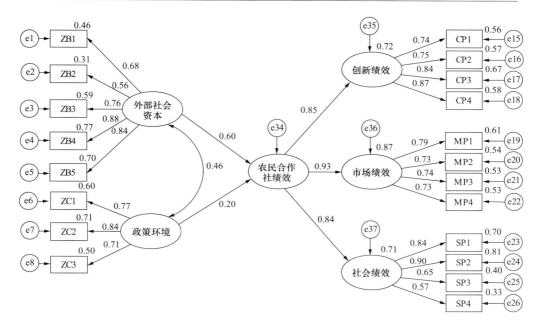

图 6 - 25 外部层因素与农民合作社绩效的关系模型图

表 6 - 41 外部层因素与农民合作社绩效关系模型的拟合度指标

指标	CMIN/DF	GFI	CFI	NFI	IFI	RMR	RMSEA
取值	1. 569	0. 943	0. 980	0. 948	0. 981	0. 029	0. 037

路径系数估计如表 6 - 42 所示。

表 6 - 42 外部层因素与农民合作社绩效关系模型的路径系数

路径			因素负荷量	标准误	P
农民合作社绩效	←	社会资本	0. 595	0. 053	* * *
农民合作社绩效	←	政府支持	0. 198	0. 048	* * *
创新绩效	←	农民合作社绩效	0. 849	—	—
财务绩效	←	农民合作社绩效	0. 933	0. 084	* * *
社会绩效	←	农民合作社绩效	0. 842	0. 072	* * *

注：P < 0.05 为 * ，P < 0.01 为 * * ，P < 0.001 为 * * * 。

外部层因素与农民合作社绩效的假设检验结果如图 6 – 26 所示。

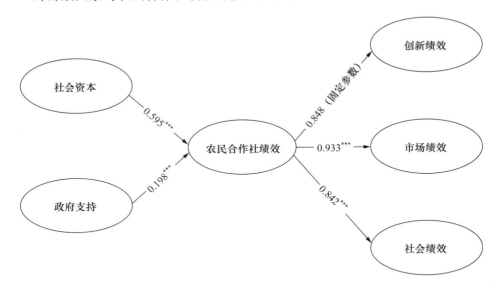

图 6 – 26　外部因素与农民合作社绩效的假设检验结果图

注：P < 0.05 为 * ，P < 0.01 为 * * ，P < 0.001 为 * * * 。

根据结构方程模型分析所得，社会资本对农民合作社绩效有正向影响，因素负荷量为 0.595，且在 P < 0.001 的水平上显著，假设 H3 – 8 得到支持；政府支持对农民合作社绩效的因素负荷量为 0.198，在 P < 0.001 的水平上显著，假设 H3 – 9 通过验证。

四、知识吸收能力的中介效应检验

基于自变量 X 对因变量 Y 的作用，若 X 通过影响变量 M 来影响 Y，那么称 M 为中介变量。根据温忠麟等（2004）提出的中介效应检验方法，用于部分中介效应和完全中介效应的检验，由于该方法同时考虑了两类错误率，比单一的检验方法更合理有效①。图 6 – 27 为中介效应的过程图示，其中 X 为自变量，Y 为因变量，M 为中介变量，是 X 对 Y 的总效应，为直接效应，ab 为中介效应，总效应等于直接效应与中介效应之和。根据温忠麟（2004）提出的检验程序（见图 6 – 28），若 Y 与 X 显著相关，那么系数显著，则可以依次检验系数；如果系数都显著，表明 X 对 Y 的影响至少有一部分是通过中介变量 M 来实现的；然后

---

①　温忠麟，张雷，侯杰泰等. 中介效应检验程序及其应用[J]. 心理学报，2004，36（5）：614 – 620.

检验系数，如果系数显著意味着中介变量部分中介效应显著，若系数不显著，则表明中介变量的完全中介效应显著；若系数至少有一个不显著时，则需要通过Sobel 检验统计量。本书使用 AMOS21.0 做结构方程分析，只需建立两个模型：一个对应于式（6 – 1），另一个对应于式（6 – 2）和式（6 – 3）。

$$Y = cX + e_1 \tag{6 – 1}$$

$$M = aX + e_2 \tag{6 – 2}$$

$$Y = c'X + bM + e_3 \tag{6 – 3}$$

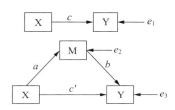

图 6 – 27　中介变量示意图

此外，温忠麟（2004）提出的检验程序，同样适用于多个自变量或（和）多个中介的模型，只是此时"完全中介"的概念没有多大意义，公式也不再成立，不用再考虑做"完全中介"检验。这个程序需要依次检验，若需要 Sobel 检验，直接使用公式 Z ＝检验统计量，其中由公式（6 – 4）计算得到。

$$Z = \frac{a \times b}{\sqrt{b^2 \times s_a^2 + a^2 \times s_b^2}} \tag{6 – 4}$$

根据前文的机理分析，潜在知识吸收能力、实现知识吸收能力为个体层因素、组织层因素和外部层因素（自变量）对农民合作社绩效（因变量）的中介变量，将潜在知识吸收能力和实现知识吸收能力抽取出来，分别进行中介效应的检验。本书包含 3 个自变量，分别是个体层因素、组织层因素和外部层因素，2个中介变量，分别是潜在知识吸收能力和实现知识吸收能力。在多重中介效应的模型中，分析重点是个别中介效应的检验，例如本书中潜在知识吸收能力和实现知识吸收能力具有各自的概念特点，为了深入探讨两个不同维度的知识吸收能力在本书中多个自变量与因变量之间所起的中介作用，因而将潜在知识吸收能力和实现知识吸收能力所构成的中介效应模型从总模型中分离出来依次进行检验。其中，只经由一个中介变量的中介效应的分析方法同简单中介模型中的分析方法完全一样。

在前文中，已经完成对系数的检验，得到：个体层因素中的个体知识存量、带头人领导力对农民合作社绩效的正向影响显著；组织层因素中的先验知识、信任程度对农民合作社绩效的正向影响显著；外部层因素则均对农民合作社绩效存在显著的正向影响。将潜在和实现吸收能力的 6 个中介效应假设进行拆分检验，具体如下：

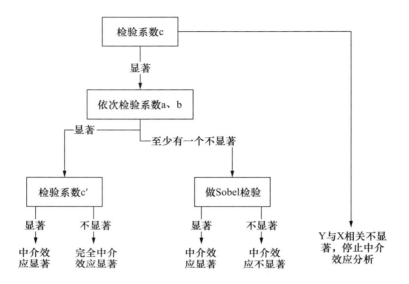

图 6 - 28　中介效应检验程序

（一）知识吸收能力在个体层因素与农民合作社绩效关系中的中介效应模型

在个体因素与农民合作社绩效关系的验证中，个体经验异质性对农民合作社绩效的路径不显著，停止中介效应分析，因此，分别构建的是潜在知识吸收能力和实现知识吸收能力在个体知识存量、带头人领导力与农民合作社绩效之间的中介效应模型，即 H4 - 1（a），潜在知识吸收能力在个体知识存量和农民合作社绩效关系中起中介作用；H4 - 1（b），潜在知识吸收能力在带头人领导力和农民合作社绩效关系中起中介作用；H4 - 2（a），实现知识吸收能力在个体知识存量和农民合作社绩效关系中起中介作用；H4 - 2（b），实现知识吸收能力在带头人领导力和农民合作社绩效关系中起中介作用。

潜在知识吸收能力在个体层因素（个体知识存量、带头人领导力）与农民合作社绩效的中介效应模型如图 6 - 29 所示。

模型的拟合度情况如表 6 - 43 所示，各项拟合指标在可接受范围内，综合判断后，可以认为模型拟合效果良好。

表 6 - 43　中介效应模型的拟合度指标

指标	CMIN/DF	GFI	CFI	NFI	IFI	RMR	RMSEA
取值	2.154	0.906	0.948	0.908	0.949	0.035	0.053

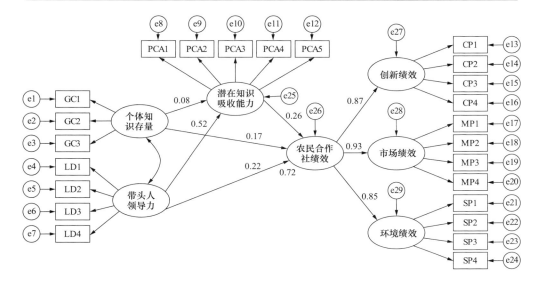

图 6 - 29 潜在知识吸收能力在个体层因素与农民合作社绩效关系的中介效应模型

路径因素负荷值如表 6 - 44 所示。

表 6 - 44 变量的路径因素负荷量

路径		因素负荷量	标准误	P
潜在知识吸收能力	← 个体知识存量	0.080	0.067	0.290
潜在知识吸收能力	← 带头人领导力	0.519	0.066	＊＊＊
农民合作社绩效	← 潜在知识吸收能力	0.579	0.094	＊＊＊
农民合作社绩效	← 个体知识存量	0.169	0.070	0.006＊＊
农民合作社绩效	← 带头人领导力	0.223	0.068	＊＊＊
创新绩效	← 农民合作社绩效	0.869	—	—
市场绩效	← 农民合作社绩效	0.931	0.075	＊＊＊
社会绩效	← 农民合作社绩效	0.846	0.064	＊＊＊

注：P＜0.05 为＊，P＜0.01 为＊＊，P＜0.001 为＊＊＊。

设潜在知识吸收能力在个体知识存量与农民合作社绩效中的模型各系数使用下标 1 表示，潜在知识吸收能力在带头人领导力与农民合作社绩效中的模型各系数使用下标 2 表示。

如表 6 - 44 所示，在潜在知识吸收能力的中介效应模型中，个体知识存量对潜在知识吸收能力的因素负荷量为0.080，P值为0.290，大于0.05，表明路径不显著，即系数不显著。带头人领导力对潜在知识吸收能力和农民合作社绩效均存在显著正向影响，因此，系数均显著，根据温忠麟（2004）提出的中介效应检验程序，潜在知识吸收能力在带头人领导力和农民合作社绩效间存在中介效应，假设H4－1（b）成立。由于系数不显著，因此使用Sobel间接效果的检验公式。其中为个体知识存量对潜在知识吸收能力的未标准化路径系数，为潜在知识吸收能力对农民合作社绩效的未标准化路径系数，为个体知识存量对潜在知识吸收能力的未标准化系数的标准误，为潜在知识吸收能力对农民合作社绩效的未标准化系数的标准误。计算所得，根据MacKinnon等（2002）①制作的临界值表，大于显著性水平0.05对应的临界值0.97，说明中介效应显著，H4－1（a）得到支持。

构建实现知识吸收能力在个体层因素（个体知识存量、带头人领导力）与农民合作社绩效的中介效应模型如图6－30所示。

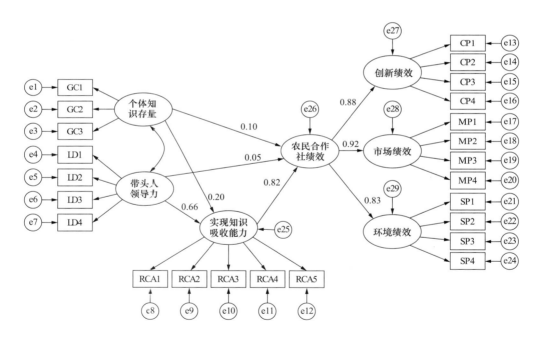

图6－30 实现知识吸收能力在个体层因素与农民合作社绩效关系的中介效应模型

① MacKinnon D. P., Lockwood C. M., Hoffman J. M., et al. A comparison of methods to test mediation and other intervening variable effects [J]. Psychological Methods，2002（7）：83－104.

模型的拟合度情况如表6-45所示，各项拟合指标在可接受范围内，综合判断后，可以认为模型拟合效果良好。

表6-45 中介效应模型的拟合度指标

指标	CMIN/DF	GFI	CFI	NFI	IFI	RMR	RMSEA
取值	2.570	0.896	0.932	0.894	0.932	0.073	0.062

路径因素负荷值如表6-46所示。

表6-46 变量的路径因素负荷量

路径			因素负荷量	标准误	P
实现知识吸收能力	←	个体知识存量	0.191	0.067	* * *
实现知识吸收能力	←	带头人领导力	0.662	0.061	* * *
农民合作社绩效	←	实现知识吸收能力	0.820	0.10	* * *
农民合作社绩效	←	个体知识存量	0.096	0.060	0.040 *
农民合作社绩效	←	带头人领导力	0.046	0.066	0.463
创新绩效	←	农民合作社绩效	0.876	—	—
市场绩效	←	农民合作社绩效	0.917	0.072	* * *
社会绩效	←	农民合作社绩效	0.826	0.063	* * *

注：$P < 0.05$ 为 *，$P < 0.01$ 为 * *，$P < 0.001$ 为 * * *。

设实现知识吸收能力在个体知识存量与农民合作社绩效中的模型各系数使用下标3表示，实现知识吸收能力在带头人领导力与农民合作社绩效中的模型各系数使用下标4表示。

如表6-46所示，在实现知识吸收能力的中介效应模型中，个体知识存量、带头人领导力对实现知识吸收能力的因素负荷量为0.191和0.662（$P < 0.001$），实现吸收能力对农民合作社绩效存在显著正向影响，即系数c'显著，说明存在中介效应。考虑到总模型中包含其他中介变量，不再对"完全中介"进行检验。假设H4-2（a）、H4-2（b）得到验证。

（二）知识吸收能力在组织层因素与农民合作社绩效之间的中介效应模型

前文中对组织层因素与农民合作社绩效关系的验证中，业务培训和吸收意愿对农民合作社绩效的直接路径不显著，而先验知识、信任程度对农民合作社绩效存在显著正向影响，因此，构建潜在和实现知识吸收能力在组织层因素中先验知识、信任程度与农民合作社绩效之间的中介效应模型，即 H4－3（a），潜在知识吸收能力在先验知识和农民合作社绩效关系中起中介作用；H4－3（b），潜在知识吸收能力在信任程度和农民合作社绩效关系中起中介作用；H4－4（a），实现知识吸收能力在先验知识和农民合作社绩效关系中起中介作用；H4－4（b），实现知识吸收能力在信任程度和农民合作社绩效关系中起中介作用。

潜在知识吸收能力在组织层因素（先验知识、信任程度）与农民合作社绩效关系之间的中介效应模型如图 6－31 所示。

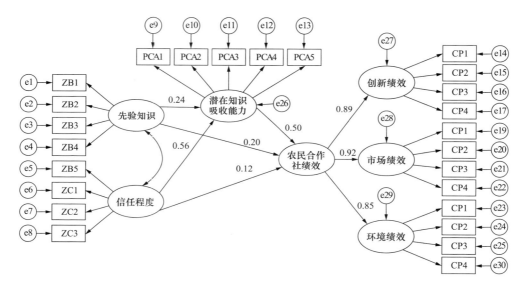

图 6－31　潜在知识吸收能力在组织层因素与农民合作社绩效关系的中介效应模型

模型的拟合度情况如表 6－47 所示，CMIN 为 569.170，自由度 DF 为 262，CMIN/DF 为 2.172，小于 2.5，其余各项拟合指标均在最佳拟合范围内，表示模型拟合效果很好。

表 6－47　中介效应模型的拟合度指标

指标	CMIN/DF	GFI	CFI	NFI	IFI	RMR	RMSEA
取值	2.172	0.901	0.948	0.908	0.948	0.027	0.053

路径因素负荷值如表 6 - 48 所示。

表 6 - 48 变量的路径因素负荷量

路径			因素负荷量	标准误	P
潜在知识吸收能力	←	先验知识	0.244	0.067	0.003 ＊＊
潜在知识吸收能力	←	信任程度	0.558	0.087	＊＊＊
农民合作社绩效	←	潜在知识吸收能力	0.588	0.097	＊＊＊
农民合作社绩效	←	先验知识	0.195	0.070	0.008 ＊＊
农民合作社绩效	←	信任程度	0.119	0.095	0.154
创新绩效	←	农民合作社绩效	0.893	—	—
市场绩效	←	农民合作社绩效	0.923	0.078	＊＊＊
社会绩效	←	农民合作社绩效	0.845	0.067	＊＊＊

注：P < 0.05 为 ＊，P < 0.01 为 ＊＊，P < 0.001 为 ＊＊＊。

如表 6 - 48 所示，在潜在知识吸收能力的中介效应模型中，先验知识、信任程度对潜在知识吸收能力的因素负荷量为 0.244、0.558（P < 0.001），潜在吸收能力对农民合作社绩效存在显著正向影响，说明存在中介效应。先验知识对农民合作社绩效的路径显著，信任程度对农民合作社绩效路径并不显著，因此，依据温忠麟（2004）的中介效应检验程序，潜在知识吸收能力在先验知识、信任程度与农民合作社绩效的关系中的中介效应显著。假设 H4 - 3（a）、H4 - 3（b）得到验证。

实现知识吸收能力在组织层因素（先验知识、信任程度）与农民合作社绩效关系之间的中介效应模型如图 6 - 32 所示。

模型的拟合度情况如表 6 - 49 所示，各项拟合指标均在最佳范围内，CMIN/DF 为 2.151，小于 2.5，GFI、CFI、NFI、IFI 均在 0.9 以上，因此模型拟合效果很好。

表 6 - 49 中介效应模型的拟合度指标

指标	CMIN/DF	GFI	CFI	NFI	IFI	RMR	RMSEA
取值	2.151	0.902	0.947	0.906	0.948	0.031	0.053

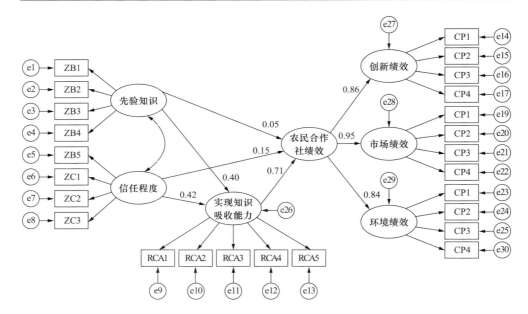

图 6-32　实现知识吸收能力在组织层因素与农民合作社绩效关系的中介效应模型

路径因素负荷值如表 6-50 所示。

表 6-50　变量的路径因素负荷量

路径			因素负荷量	标准误	P
实现知识吸收能力	←	先验知识	0.402	0.071	＊＊＊
实现知识吸收能力	←	信任程度	0.424	0.084	＊＊＊
农民合作社绩效	←	实现知识吸收能力	0.707	0.073	＊＊＊
农民合作社绩效	←	先验知识	0.052	0.087	0.494
农民合作社绩效	←	信任程度	0.152	0.105	0.045＊
创新绩效	←	农民合作社绩效	0.861	—	—
市场绩效	←	农民合作社绩效	0.941	0.076	＊＊＊
社会绩效	←	农民合作社绩效	0.837	0.065	＊＊＊

注：P<0.05 为＊，P<0.01 为＊＊，P<0.001 为＊＊＊。

如表 6 – 50 所示，在实现知识吸收能力的中介效应模型中，先验知识、信任程度对潜在知识吸收能力的因素负荷量为 0.402、0.424（P < 0.001），对农民合作社绩效的路径不存在正向影响，根据温忠麟（2004）提出的中介效应检验程序，实现知识吸收能力在先验知识、信任程度与农民合作社的关系中存在中介效应。假设 H4 – 4（a）、H4 – 4（b）得到验证。

（三）知识吸收能力在外部层因素与农民合作社绩效之间的中介效应模型

根据前文实证检验得到社会资本和政府支持均对农民合作社绩效存在正向影响，因此，拆分假设：潜在知识吸收能力在外部层因素与农民合作社绩效关系中起中介作用，H4 – 5（a），潜在知识吸收能力在社会资本与农民合作社绩效关系中起中介作用，H4 – 5（b），潜在知识吸收能力在政府支持与农民合作社绩效关系中起中介作用。同理拆分假设：实现知识吸收能力在外部层因素与农民合作社绩效关系中起中介作用，H4 – 6（a），实现知识吸收能力在社会资本与农民合作社绩效关系中起中介作用，H4 – 6（b），实现知识吸收能力在政府支持与农民合作社绩效关系中起中介作用。同时，采用 AMOS21.0 进行检验。

潜在知识吸收能力在外部层因素与农民合作社绩效关系的中介效应模型如图 6 – 33 所示。

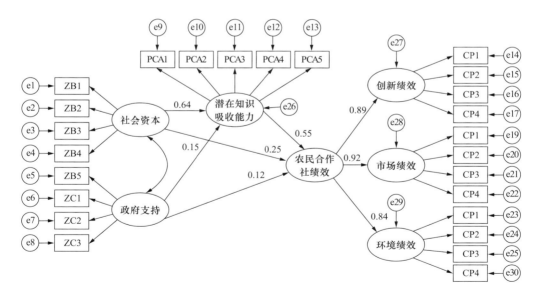

图 6 – 33　潜在知识吸收能力在外部层因素与农民合作社绩效关系的中介效应模型

模型的拟合度情况如表 6 - 51 所示，CMIN/DF 为 2.071，小于 2.5，其余拟合指数 GFI、CFI、NFI、IFI 均大于 0.9，RMSEA 也基本符合标准，因此模型拟合效果良好。

表 6 - 51 中介效应模型的拟合度指标

指标	CMIN/DF	GFI	CFI	NFI	IFI	RMR	RMSEA
取值	2.071	0.904	0.951	0.910	0.952	0.037	0.051

路径因素负荷值如表 6 - 52 所示。

表 6 - 52 变量的路径因素负荷量

路径			因素负荷量	标准误	P
潜在知识吸收能力	←	社会资本	0.643	0.045	* * *
潜在知识吸收能力	←	政府支持	0.146	0.038	0.007 * *
农民合作社绩效	←	潜在知识吸收能力	0.553	0.106	* * *
农民合作社绩效	←	社会资本	0.245	0.056	* * *
农民合作社绩效	←	政府支持	0.118	0.045	0.016 *
创新绩效	←	农民合作社绩效	0.887	—	—
市场绩效	←	农民合作社绩效	0.921	0.073	* * *
社会绩效	←	农民合作社绩效	0.837	0.062	* * *

注：$P < 0.05$ 为 *，$P < 0.01$ 为 **，$P < 0.001$ 为 ***。

由表 6 - 52 可知，潜在知识吸收能力在外部层因素与农民合作社绩效关系的中介效应模型中，社会资本、政府支持对潜在知识吸收能力的因素负荷量分别为 0.643、0.146（$P < 0.01$），且潜在吸收能力对农民合作社绩效存在显著正向影响，说明存在中介效应。社会资本、政府支持对农民合作社绩效均存在显著的正向关系。假设 H4 - 5（a）、H4 - 5（b）得到验证。

实现知识吸收能力中介效应模型如图 6 - 34 所示。

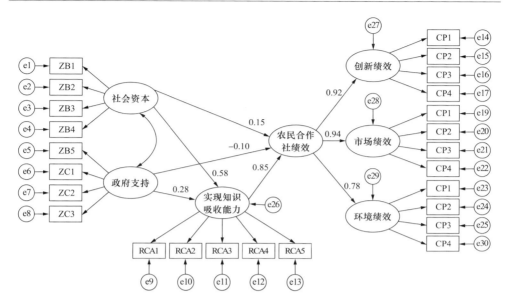

图 6 - 34 实现知识吸收能力在外部层因素与农民合作社绩效关系的中介效应模型

模型的拟合度情况如表 6 - 53 所示，各项拟合指标均在最佳范围内，CMIN/DF 为 1.878，小于 2，GFI、CFI、NFI、IFI 均在 0.9 以上，RMSEA 小于 0.05，因此模型拟合效果很好。

表 6 - 53 中介效应模型的拟合度指标

指标	CMIN/DF	GFI	CFI	NFI	IFI	RMR	RMSEA
取值	1.878	0.916	0.961	0.921	0.962	0.034	0.046

路径因素负荷值如表 6 - 54 所示。

表 6 - 54 变量的路径因素负荷量

路径			因素负荷量	标准误	P
实现知识吸收能力	←	社会资本	0.575	0.051	***
实现知识吸收能力	←	政府支持	0.278	0.052	***
农民合作社绩效	←	实现知识吸收能力	0.854	0.101	***
农民合作社绩效	←	社会资本	0.149	0.056	0.025 *
农民合作社绩效	←	政府支持	-0.103	0.048	0.049 *

续表

路径			因素负荷量	标准误	P
创新绩效	←	农民合作社绩效	0.924	—	—
市场绩效	←	农民合作社绩效	0.941	0.092	***
社会绩效	←	农民合作社绩效	0.784	0.061	***

注：P < 0.05 为 *，P < 0.01 为 **，P < 0.001 为 ***。

潜在知识吸收能力在外部层因素与农民合作社绩效关系的中介效应模型中，社会资本、政府支持对实现知识吸收能力的因素负荷量分别为 0.575、0.278（P < 0.001），且实现吸收能力对农民合作社绩效存在显著正向影响，说明存在中介效应。假设 H4 – 6（a）、H4 – 6（b）得到验证。

第五节 检验结果的进一步讨论

研究假设检验结果汇总于表 6 – 55。

表 6 – 55 研究假设检验结果汇总表

编号	假设内容	是否支持
H1（a）	潜在知识吸收能力对农民合作社绩效存在显著的正向影响	支持
H1（b）	实现知识吸收能力对农民合作社绩效存在显著的正向影响	支持
H2 – 1（a）	个体知识存量对潜在知识吸收能力存在显著的正向影响	支持
H2 – 1（b）	个体知识存量对实现知识吸收能力存在显著的正向影响	支持
H2 – 2（a）	个体经验异质性对潜在知识吸收能力存在显著的正向影响	支持
H2 – 2（b）	个体经验异质性对实现知识吸收能力存在显著的正向影响	不支持
H2 – 3（a）	带头人领导力对潜在知识吸收能力存在显著的正向影响	支持
H2 – 3（b）	带头人领导力对实现知识吸收能力存在显著的正向影响	支持
H2 – 4（a）	先验知识对潜在知识吸收能力存在显著的正向影响	支持
H2 – 4（b）	先验知识对实现知识吸收能力存在显著的正向影响	支持
H2 – 5（a）	业务培训对潜在知识吸收能力存在显著的正向影响	支持
H2 – 5（b）	业务培训对实现知识吸收能力存在显著的正向影响	支持
H2 – 6（a）	信任程度对潜在知识吸收能力存在显著的正向影响	支持
H2 – 6（b）	信任程度对实现知识吸收能力存在显著的正向影响	支持
H2 – 7（a）	吸收意愿对潜在知识吸收能力存在显著的正向影响	不支持

续表

编号	假设内容	是否支持
H2－7（b）	吸收意愿对实现知识吸收能力存在显著的正向影响	不支持
H2－8（a）	社会资本对潜在知识吸收能力存在显著的正向影响	支持
H2－8（b）	社会资本对实现知识吸收能力存在显著的正向影响	支持
H2－9（a）	政府支持对潜在知识吸收能力存在显著的正向影响	支持
H2－9（b）	政府支持对实现知识吸收能力存在显著的正向影响	支持
H3－1	个体知识存量对农民合作社绩效存在显著的正向影响	支持
H3－2	个体经验异质性对农民合作社绩效存在显著的正向影响	不支持
H3－3	带头人领导力对农民合作社绩效存在显著的正向影响	支持
H3－4	先验知识对农民合作社绩效存在显著的正向影响	支持
H3－5	业务培训对农民合作社绩效存在显著的正向影响	不支持
H3－6	信任程度对农民合作社绩效存在显著的正向影响	支持
H3－7	吸收意愿对农民合作社绩效存在显著的正向影响	不支持
H3－8	社会资本对农民合作社绩效存在显著的正向影响	支持
H3－9	政府支持对农民合作社绩效存在显著的正向影响	支持
H4－1	潜在知识吸收能力在个体层因素与农民合作社绩效间起中介作用	部分支持
H4－2	实现知识吸收能力在个体层因素与农民合作社绩效间起中介作用	部分支持
H4－3	潜在知识吸收能力在组织层因素与农民合作社绩效间起中介作用	部分支持
H4－4	实现知识吸收能力在组织层因素与农民合作社绩效间起中介作用	部分支持
H4－5	潜在知识吸收能力在外部层因素与农民合作社绩效间起中介作用	支持
H4－6	实现知识吸收能力在外部层因素与农民合作社绩效间起中介作用	支持

注：P＜0.05 为＊，P＜0.01 为＊＊，P＜0.001 为＊＊＊。

一、获得支持的研究假设

根据实证结果，第一组 2 个假设均获得支持，为假设 H1（a）：潜在知识吸收能力对农民合作社绩效存在显著的正向影响，因素负荷量为 0.215（P＜0.01）。假设 H1（b）：实现知识吸收能力对农民合作社绩效存在显著的正向影响，因素负荷量为 0.686（P＜0.001）。因此，知识吸收能力（潜在和实现）对农民合作社绩效显著的正向影响得到验证。

第二组假设是检验三个层面影响因素对知识吸收能力的作用，18 个假设中有 15 个获得了支持，分别是假设 H2－1（a）：个体知识存量对潜在知识吸收能力存在显著的正向影响，因素负荷量为 0.130（P＜0.05）。假设 H2－1（b）：个体知识存量对实现知识吸收能力存在显著的正向影响，因素负荷量为 0.161（P < 0.01）。假设 H2 - 2（a）：个体经验异质性对潜在知识吸收能力存在显著的正向影响，因素负荷量为 0.221（P < 0.05）。假设 H2 - 3（a）：带头人领导力对潜在知识吸收能力存在显著的正向影响，因素负荷量为 0.340（P < 0.001）。假设 H2 - 3（b）：带头人领导力对实现知识吸收能力存在显著的正向影响，因素负荷量为 0.717（P < 0.001）。假设 H2 - 4（a）：先验知识对潜在知识吸收能力存在显著的正向影响，因素负荷量为 0.245（P < 0.05）。假设 H2 - 4（b）：先验知识对实现知识吸收能力存在显著的正向影响，因素负荷量为 0.325（P < 0.001）。假设 H2 - 5（a）：业务培训对潜在知识吸收能力存在显著的正向影响，因素负荷量为 0.153（P < 0.05）。假设 H2 - 5（b）：业务培训对实现知识吸收能力存在显著的正向影响，因素负荷量为 0.175（P < 0.05）。假设 H2 - 6（a）：信任程度对潜在知识吸收能力存在显著的正向影响，因素负荷量为 0.512（P < 0.001）。假设 H2 - 6（b）：信任程度对实现知识吸收能力存在显著的正向影响，因素负荷量为 0.266（P < 0.01）。假设 H2 - 8（a）：社会资本对潜在知识吸收能力存在显著的正向影响，因素负荷量为 0.646（P < 0.001）。假设 H2 - 8（b）：社会资本对实现知识吸收能力存在显著的正向影响，因素负荷量为 0.603（P < 0.001）。假设 H2 - 9（a）：政府支持对潜在知识吸收能力存在显著的正向影响，因素负荷量为 0.143（P < 0.01）。假设 H2 - 8（b）：社会资本对实现知识吸收能力存在显著的正向影响，因素负荷量为 0.256（P < 0.001）。

第三组是检验个体层因素、组织层因素和外部层因素对农民合作社绩效的关系，9 个假设中有 6 个假设获得了支持，即假设 H3 - 1：个体知识存量对农民合作社绩效存在显著的正向影响，因素负荷量为 0.209（P < 0.001）。假设 H3 - 3：带头人领导力对农民合作社绩效存在显著的正向影响，因素负荷量为 0.489（P < 0.001）。假设 H3 - 4：先验知识对农民合作社绩效存在显著的正向影响，因素负荷量为 0.201（P < 0.05）。假设 H3 - 6：信任程度对农民合作社绩效存在显著的正向影响，因素负荷量为 0.350（P < 0.001）。假设 H3 - 8：社会资本对农民合作社绩效存在显著的正向影响，因素负荷量为 0.595（P < 0.001）。假设 H3 - 9：政府支持对农民合作社绩效存在显著的正向影响，因素负荷量为 0.198（P < 0.001）。

第四组中介效应的检验，4 个假设获得部分支持。假设 H4 - 1：潜在知识吸收能力在与农民合作社绩效间起中介作用。假设 H4 - 2：实现知识吸收能力在个体层因素（个体知识存量、带头人领导力）与农民合作社绩效间起中介作用。假设 H4 - 3：潜在知识吸收能力在组织层因素（先验知识、信任程度）与农民合作社绩效间起中介作用。H4 - 4：潜在知识吸收能力在组织层因素（先验知识、信任程度）与农民合作社绩效间起中介作用。2 个假设获得完全支持，假设 H4-5：潜在知识吸收能力在外部层因素与农民合作社绩效间起中介作用。假设 H4-6：实现知识吸收能力在外部层因素与农民合作社绩效间起中介作用。

二、未获得支持的研究假设

第二组假设中，假设 H2-2（b）：个体经验异质性对实现知识吸收能力存在显著的正向影响，没有获得支持。实证结果表明，个体经验异质性对实现知识吸收能力的影响不显著，因素负荷量为 -0.077（P=0.412）。个体经验异质性决定了个体多元性的知识结构，农民合作社个体成员在长期的农业生产活动或是其他工作中的经验获得也是知识的积累过程。可以说，当组织中的个体经验异质性越大，对于合作社而言，越有可能获取到更多的知识和资源，实现合作社内部的知识互补，在各个运营环节中相互融合，增强合作社的认知能力，推动知识吸收能力的提高。本书的研究结果，个体经验异质性对潜在知识吸收能力具有正向影响得到证实，然而，个体经验异质性对实现吸收能力，即知识的转换和应用，并不存在显著的正向影响。究其原因，本书认为，一方面，农民合作社的个体成员在不同时间节点所积累的个人经验往往难以模仿，其固有的稀缺属性致使这类知识和经验在脱离原主体后较难被农民合作社转换应用；另一方面，异质性的知识和经验在农民合作社中进行融合并发挥作用还需经历一段适应过程，因此，经验异质性越强，将会给农民合作社带来越多的合作式冲突或决策冲突等困难，成为合作社知识吸收的障碍。我国的农民合作社处于发展的初始阶段，并不具备能够妥善处理各种冲突的能力，因此，这有可能成为导致个体经验异质性对实现知识吸收能力的正向影响不成立的原因。鉴于此，本书认为，农民合作社在致力于提高实现知识吸收能力的过程中应均衡个体经验异质性，一方面，重视经验异质性，防止农民合作社在搜寻知识时受到组织惯例的"僵化效应"影响[①]；另一方面，避免异质性过高所带来的冲突问题。

假设 2-7（a）：吸收意愿对潜在知识吸收能力存在显著的正向影响，未获得支持。实证结果表明，吸收意愿对潜在知识吸收能力没有影响，因素负荷量为 -0.093（P=0.321）。

假设 2-7（b）：吸收意愿对实现知识吸收能力存在显著的正向影响，未获得支持。吸收意愿对实现知识吸收能力没有影响，因素负荷量为 0.118（P=0.190）。即得到结果，吸收意愿对知识吸收能力不存在显著正向影响。对外部新知识的吸收意愿源自于农民合作社识别到自身的"知识差距"（Knowledge Gap）。

---

① 万坤扬，陆文聪. 创业企业知识异质性与公司投资者知识创造[J]. 科研管理，2016，37（2）：9-19.

所谓"知识差距",指的是组织自身所拥有的知识水平与需要达到某种发展规模或绩效水平时所需目标知识之间的差距①。然而,根据本书所得到的实证结果,意识到"知识差距",对知识的吸收意愿并不能导致农民合作社获取、消化、转换和应用知识能力的提高。农民合作社的吸收意愿仅仅是其对学习和吸收新知识的主观动机,但成员对外部知识源以及新知识作用的不信任,都可能会阻碍通过知识吸收行为来填补"知识差距"。

第三组假设中,有3个假设未获得支持。假设 H3－2:个体经验异质性对农民合作社绩效存在显著的正向影响,未通过验证。个体经验异质性对农民合作社绩效的因素负荷量为 0.057 (P＝0.515)。这说明,个体经验异质性对农民合作社绩效的影响机制十分复杂。理论上,个体经验异质性为农民合作社带来多元化的知识结构和生产策略,能够增强其规模和实力。但本书的研究结果并没有支持这类观点。可能原因是,农民合作社是成员拥有和控制的市场经济组织,当成员个体经验异质性过大,将会导致决策难度增强,个体与农民合作社的协调工作越发困难,而个体对农民合作社的忠诚度亦会降低,这一系列问题都会阻碍农民合作社的发展。

假设 H3－5:业务培训对农民合作社绩效存在显著的正向影响,未通过验证。业务培训对农民合作社绩效的因素负荷量为 0.125 (P＝0.187)。人力资源理论认为,凝聚在个体身上的资源、知识、技能以及所表现出的综合能力,对生产活动和经济增长起到促进作用。发达国家的经验强调了培训对于提高农民文化程度以及素质水平的重要性,影响着农民合作社乃至中国农村经济的长远发展。但本书的实证结果却与这一点相悖,深究原因,本书认为可能跟目前农民培训的总体现状有关,首先,受训农民自身重视程度不够、培训中农民的学习主动性不够,使得培训处于"真空"状态,农民合作社所建立的业务培训无法在生产过程中发挥其真正效用;其次,培训内容的实效性不强,在实地调研过程中,曾多次参与了政府培训和农民合作社自发组织的培训,并发现,培训内容、知识单一,且滞后于当地实际的发展,除此之外,培训人员进行一味地知识灌输,缺乏体系化教学,培训中缺乏互动,培训效果不佳。此外,若业务培训的内容和方式与发展现状、农户的切实需求不匹配,也就不能真正起到推动农民合作社绩效增长的作用。

假设 H3－7:吸收意愿对农民合作社绩效存在显著的正向影响,未通过验证。吸收意愿与农民合作社绩效不存在显著影响,因素负荷量为 0.153 (P＝0.101)。吸收意愿的存在代表农民合作社对吸收知识的行为动机和意愿,一般来

---

① 于鹏. 跨国公司内部的知识转移研究[M].北京:知识产权出版社,2011.

说，行为动机和意愿有可能影响主体成功执行目标行为的可能性。然而，中国农村社会的复杂环境下，农民合作社的发展受到多方主体的共同影响，主观意愿目前并不能对其绩效产生作用。

本章小结

本章节对第四章提出的理论模型和四组研究假设进行检验，首先，对获取样本进行描述，并进行数据的信度检验、效度检验以及共同方法偏差检验，检验结果显示，数据具有良好的信度和效度，不存在严重的同源偏差问题。在此基础上，对样本数据进行描述性统计和相关性分析。其次，采用 AMOS21.0 进行结果方程模型分析，包括验证性因素分析和中介效应检验，研究结果表明，多数假设得到支持，而其中第一组假设中全部得到支持，第二组 18 个假设中有 3 个假设未得到支持，第三组 9 个假设中有 3 个未得到支持，第四组中介效应检验的 6 个假设中，4 个得到部分支持，另 2 个获得支持。

第七章　农民合作社知识吸收能力及其绩效的提升策略

农民合作社和社员被视为知识及技术的被动接受方，他们在知识传播的过程中的真实需求和吸收能力常常被忽视，这在一定程度上降低了知识在农民合作社的利用率，影响了农民合作社在其生命周期中的变异和持续发展。根据第三章扎根理论提炼出知识吸收能力影响因素，第四章构建出总体理论模型并在第六章实证检验得到的结论可知，知识吸收能力受多种因素影响，知识吸收能力对农民合作社绩效存在显著正向影响，且还有一些因素通过知识吸收能力对农民合作社绩效产生影响。本书的目的是通过对知识吸收能力的影响因素和对农民合作社的作用路径的分析，研究如何提高农民合作社的知识吸收能力，并基于知识吸收能力，提出农民合作社绩效的提升策略。本章在前几章的研究基础上，借鉴国外农民合作社的成功发展经验，提出农民合作社的知识吸收能力及绩效的提升策略。

第一节　农民合作社知识吸收能力的提升策略

明确提升农民合作社知识吸收能力要达到的目的是制定知识吸收能力提升策略的前提。在经济全球化的环境下，农民合作社面临来自国内外的双重压力，而知识吸收能力是帮助农民合作社获取持续竞争优势，得到长期生存发展的重要因素。竞争优势的来源不外乎两种，一种是尽可能延长已有优势的持续时间，另一种是通过不断寻找机会，创造新的竞争优势，以此获得长久的市场竞争力，在生命发展周期中获得可持续发展。

根据知识吸收能力影响因素的质性研究可知，农民合作社知识吸收能力受三个层面因素的影响，分别来自于个体层面、组织层面和外部层面。同时，农民合作社知识吸收能力的提升涉及农民合作社成员、政府、涉农机构、高校等多方面主体。基于这个逻辑，在第三章、第四章、第五章、第六章的研究基础上，得出提升农民合作社知识吸收能力的路径。通过培育新型农民，提高个体成员的知识水平，着重培养带头人领导力，利用带头人的魅力引领农民积极学习，吸收新知识、新技术，增强农民合作社成员的知识资本。与此同时，基于研究结果，并借鉴国外成熟的发展经验，采用建立农民合作社知识库、构建需求驱动知识业务培训的方式，并促进内部的互动和交流达到强化农民合作社内部知识管理的目的，进而提升潜在和实现知识吸收能力。最后，构筑完善的政府支持体系和努力积累社会资本来创建社会支持体系。以此获取市场竞争优势，达到农民合作社可持续发展的目的，具体如图7-1所示。

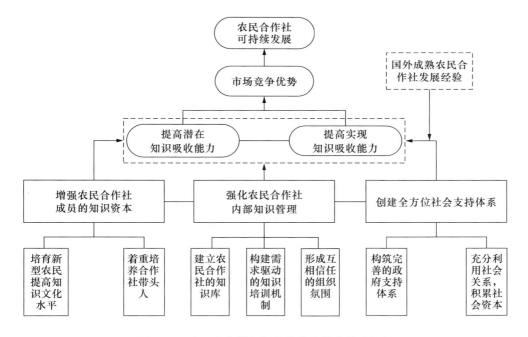

图7-1 农民合作社知识吸收能力提升策略框架

一、增强农民合作社成员的知识资本

（一）培育新型农民，提高知识文化水平

培养新型农民，提高农民合作社成员的知识水平是提升知识吸收能力最有效的方式之一。个体成员是对农民合作社知识管理具有重要影响的主体之一，本书的实证研究验证了个体知识存量对于获取、消化、转化和应用知识的显著影响，以及个体经验异质性对知识获取和消化存在作用。这表明，农民合作社中个体成员的知识存量和文化技能对于知识的获取、消化、转换、应用均存在至关重要的作用。然而目前，农民合作社中许多成员的知识水平较低，长年重复单一的生产劳作，并不具备异质性经验，缺乏识别外部新知识的能力，不具备获取和消化各类知识和技术的能力。因此，可以鼓励成员参与到农民合作社各个岗位的工作，培养除了农业技术以外的其他各方面的知识，同时还能促进合作社内部的知识转移。

农民合作社的能力基础来自于整合成员个体拥有的知识，以及最大限度地消化和利用成员个体知识。因此，要提高农民合作社的知识吸收能力，须注重新型农民的培养，契合农户在现代农业发展中对生产技术、市场信息等多方面知识的需求。培育新型农民，提高个体在农业种养殖新技术、市场经营理念、农民合作社内部管理等多方面的知识水平，并且教授现代化知识获取手段、农业机械化方面的知识和技能等，脱离传统农民的封闭圈子。长此以往，可以增进农户对农民合作社发展事业与目标的理解，提高减少农民合作社在运营过程中的冲突。

对于农民合作社知识吸收的过程，成员之间的知识共享也是重要环节，单一的知识体系在农民合作社内部不利于整个组织的知识获取。只有将个体成员各自积累的异质性经验和知识资源交叉融合，整合到农民合作社知识体内，才能够帮助农民合作社识别出更多复杂性知识，提高其解决难题的能力。

（二）着重培养合作社带头人

在农民合作社的发展过程中，带头人所发挥的作用不容小觑。有学者研究发现，我国东部地区一些发展较为领先的农民合作社展现出成长—繁荣现象，而这些农民合作社往往是由能力较强的带头人、核心成员进行运作，在销售渠道、产品创新、技术引进、知识培训等方面显示出明显优势[①]。此外，带头人的角色模范拥有独特的魅力，能够激发成员强烈的追随和学习欲望。当带头人展示出努力学习新的知识和技能，应用于生产发展和创新，并取得了较好的结果时，能够对农民合作社的成员产生积极影响。这一点，在本书的质性研究和实证分析中，均得到证实。借鉴柯兹纳理论，农民合作社的领导者更能够敏锐发觉知识，捕捉潜在的生产机会，具备整合知识资源的能力。因此，提高农民合作社个体知识文化水平的同时，还应着重培养合作社的带头人，在知识的获取、消化、转换和应用过程中引领方向，提供知识资源以及获取知识资源的渠道，利用带头人魅力和自身优势，培养合作社中追随者的学习意识，努力创建学习氛围，并积极鼓励和带领合作社成员提升农业生产、市场经营、销售渠道的专业技能，进而能够从容面对环境变化带来的各种挑战和困境。

---

① 胡伟斌，黄祖辉，梁巧. 合作社生命周期：荷兰案例及其对中国的启示[J]. 农村经济，2015（10）：117－124.

二、强化农民合作社内部知识管理

强化农民合作社内部的知识管理体系，可以帮助农民合作社发现自身的"知识缺口"（Knowledge Gap）、清楚获悉自身的知识需求，并构筑合理的知识结构，进而提高知识吸收能力。

（一）建立农民合作社的知识库

农民合作社在发展过程中建立自己的知识库，作为知识储存的场所，定期将农民合作社生产和运营过程中的经验、知识、成果转换为文字、音频、影像等形式，方便进行分类与管理。事实上，农民合作社的知识和技术大部分是从"干中学"中获得的，通过口口相传的方式在合作社内部的流动效率较低，通过建立知识库，这类隐含知识被数字化、编码化处理后，实现信息和知识的有序化，促进知识存量的不断增加，并有助于今后知识的检索和查找。此外，还可以由农民合作社的技术专家对知识库中的内容定期进行筛选，剔除重复、过时的知识和技术，以此确保知识库的质量和推广价值。

无论从外部知识源获得的新知识，还是农民合作社在转换、创新得到的知识和技术，都应及时反馈扩充到知识库中，通过这样不断地管理循环，进一步帮助农民合作社传播、共享和扩散知识，为农民合作社的发展提供源源不断的知识资源。在对江苏省农民合作社的实地调研中发现，目前，社内多数成员年龄偏大，文化水平较低，知识获取困难，获取速度偏慢。而知识库的建立成为农民合作社内部的知识共享平台，大大减少了搜寻知识的时间，自然加快了知识在社内流动的速度，这样不仅能够提高农民合作社的学习效率，节约学习成本，还能促进农民合作社成员整体文化素质水平的提升。

不同于企业组织，农民合作社内部的知识多来源于实践，而知识经验最丰富的往往是长年在一线的劳动者，但随着他们年龄增长，他们所拥有很多宝贵的经验技术便会逐渐丢失。因此，建立知识库的一个重要作用，就是把所有知识和技术进行保存及有效管理，以便其他成员随时学习和利用。

（二）构建需求驱动型的知识业务培训

构建知识业务培训，加强对农民合作社相关基础知识的教育和培训，旨在缩短与知识传送方的知识距离，提高农民合作社在面对新知识时获取、消化、转换和应用能力。第一，有效培训可以提升农民合作社成员的农业技能、文化水平和营销理念，进而增强成员的知识存量，有利于吸收和利用新知识、新技术。第二，培训有助于拓宽合作社的知识获取渠道，通过参与培训，形成与不同个体的正式或非正式交流。第三，合理的业务培训能够营造一种鼓励合作社内部的学习氛围，使成员参与学习、培训成为一种固定制度。值得注意的是，在构建业务培训时，应以市场为导向，以成员的实际需求为出发点，才能使培训真正发挥作用，落到实处，最大程度地提高知识吸收能力。

在实行业务培训时，一方面，应注重培训内容的时效性，满足农民合作社的知识需求。在对江苏省部分地区农民合作社的调研过程中发现，目前的培训中偏重农业技术理论知识和成员的被动学习，极少涉及市场走势分析和营销管理知识的教授，导致难以满足目前发展的需求。因此，在拟定业务培训时，应端正培训教育理念，改变传统单一的技术内容培训，更加注重综合型知识的传播，才能迎合市场的发展需要。

另一方面，注重地区农民合作社对培训方式的需求。事实上，农民合作社在全国各地的发展并不均衡，以江苏省为例，传统的课堂式培训并不能满足其发展需求，那么创新培训方式便迫在眉睫。本书拟借鉴美国成熟的农民培训方式：①辅助职业经验培训（SOE），对成员进行职业培训，邀请高校、研究所的专家学者对成员进行实时的生产管理和农业投资融资相关的知识；②辅助农业经验培训模式（SAE）农业知识的积累离不开"干中学"，因此，可以定期请资深技术专家以实践的方式，进行实地教授知识并指导成员学习；③专业课堂培训，由于高校、研究机构能够接触到最新的技术和知识，因此，农民合作社寻找并联系相关高校，开设专业农业课堂，或以夜校方式提供最新的种植养殖技术、农机使用方法，以此利用现代教育体系对成员开展农业知识培训，进而提高农民合作社整体素质。

（三）形成以人为本、互相信任的组织氛围

组织的文化氛围决定了成员的行为方式、共同愿景、价值观，继而影响了农民合作社成员对知识的态度，影响着农民合作社获取、消化、转换和应用知识的行为。在信息技术迅速发展的时代，知识沟通渠道越发便捷，但技术改善和激励机制只能作用于短期行为，而农民合作社要在长期时间不断地提升知识吸收能力更需要组织文化氛围的支持。组织氛围下成员之间互相信任、互相交流，能够增加农民合作社的凝聚力，为农民合作社的成员带来学习和吸收知识的共同价值观。本书的研究结论清楚地证实了农民合作社的信任程度越强，越能促进知识的获取、消化、转换和应用。因此，促进和谐和互相信任的人际关系，形成良好的组织氛围，能够提高成员对农民合作社的信任感、归属感，转变固有的"熟人信任"模式，促进合作社内部有效的知识共享。

培养农民合作社以人为本、互相信任的组织氛围，关键在于塑造组织的文化环境，一个开放的沟通氛围、成员积极参与决策、成员主动参与知识和信息的共享能够促进内部的信任关系。信任是成员建立联系的社会纽带、进行知识共享的关键因素，也是农民合作社内部知识管理的基点。信任基于主体的认知和自我意愿，信任的建立基于人与人之间的关系，而带头人、领导者无法强迫农民合作社内部成员形成相互信任的关系。但借鉴企业的管理实践经验，可以通过以下方式促进农民合作社的信任关系：首先，拟定知识共享相关的制度，由农民合作社所有成员共同参与内部讨论，包括技术和品种引进、知识应用和创新、生产困难的解决方式等，增加成员对集体目标的理解；其次，发挥产权、契约等现代制度的作用，培养成员之间的"普遍信任"，淡化以地缘、亲缘为纽带的"熟人信任"，改变因生产、生活方式缩短形成的小农信任逻辑；最后，鼓励管理层与普通农户之间的沟通和互动，有研究发现，理事长对成员的关心能够影响成员对理事长，乃至农民合作社的信任①。理事长还可以借此给成员灌输农民合作社的价值体系和发展蓝图，促进农民合作社内部的知识共享，提高知识吸收能力。

三、创建全方位社会支持体系

（一）充分利用外部社会关系，重视社会资本的积累

充分利用外部的社会关系，积极拓展社会资本是农民合作社提高知识吸收能力的重要手段之一。传统的农村社会价值观和思想文化抑制着农民合作社外部社会关系网络的形成和应用。而要在日趋激烈的市场竞争中站稳脚跟，就必须突破传统观念，从长远考虑进行农民合作社社会资本的积累。

第一，良好的承诺关系和诚信度有利于农民合作社建立和发展社会资本，拓展知识吸收的范围和效率。根据国外农民合作社发展壮大的经验看，进入成熟期并拥有持久发展能力的合作社与其承诺兑现态度和诚信度密不可分。这能获得更多与外部联系对象进行有效互动的机会，减少监督成本，促进合作双方的技术转移和知识共享。

第二，发展与科研机构、涉农企业、高等院校之间的关系脉络，知识管理具有跨行业、跨组织的特点，采取经验分享、互动来往、策略分享和共同研发创新等方式加强与这类机构、高校的联系，丰富了获取新知识、新技术的渠道，使得农民合作社的知识管理活动突破原有的边界，旨在寻找更多的市场机会，突破创新。

第三，增加与政府、涉农部门的联系，实时了解最新的政策导向，及时获取政策扶持的机会。此外，在农民合作社与外部组织机构社会互动时，应努力提高合作社的信誉度和品牌知名度，稳定双方之间的合作关系，通过频繁的接触合作增进双方的沟通和理解，积极化解可能存在的决策差异，争取求同存异，进而促进农民合作社与外部组织的互惠合作，实现知识融合和资源的有效共享，进而提

---

① 郭红东，杨海舟，张若健. 影响农民专业合作社社员对社长信任的因素分析——基于浙江省部分社员的调查［J］. 中国农村经济，2008（8）：52－60.

高知识吸收能力。

（二）加大政府对农民合作社的支持，构筑完善的政府支持体系

政府支持对农民合作社知识吸收能力发展是存在关键性影响的，政府部门，尤其是与农民合作社存在直接关系的涉农部门，应充分发挥其指导、服务、协调的职能。

指导职能，即在农民合作社遇到各种难题时予以指导，提供知识、经验和技术支持。政府应充分认识到农民合作社所处的阶段性特点，根据地区农民合作社的发展特点，采取针对性的指导方式。例如，对发展初期的农民合作社，指导重点应落脚于基础知识和技术支持，稳步推动前进，对发展比较成熟、规模较大的农民合作社可以给予激励措施，牵线研发机构、高校，鼓励共同研发创新，而对于寻求变革或扩大规模的农民合作社，提供政策中融资方面的信息、知识，帮助发展。

服务职能，建立地区农民合作社的数据库，传播最新市场资讯，定期举办相关知识的教育和培训，一方面，帮助提高农民合作社的知识文化水平，带来最新的农业技术、知识；另一方面，是为了宣扬农民合作社对于发展农村经济的作用，让更多的农户了解并认识到推行农民合作社发展的重要性，发挥主观能动力，真正参与进来。

协调职能，一方面，当农民合作社与外部机构合作产生问题和纠纷时，帮助并积极维护农民合作社及成员的利益；另一方面，从前期的调研分析发现，目前农民合作社应用的新技术、新知识很多来自于科研机构、高校等途径，多数农民合作社不具备研发创新的能力，因此，需要政府部门协调与高校、科研机构之间的技术合作、项目申报、科技人员进农民合作社、建立研发基地等。同时，地区政府还应提高科技投入，制定相关激励政策支持农民合作社承担科研工作、创建科技园区、建立标准化生产基地，营造良好的环境鼓励农民合作社技术创新和发展。

第二节　农民合作社绩效的提升策略

农民合作社处于一个动态变化的市场环境中，并且面临着越来越激烈的国内外市场竞争，要获得绩效的稳步前进，农民合作社应通过各种渠道和手段，提高绩效，获得可持续发展。除了上文提出的知识吸收能力的提升策略以外，本书从知识吸收能力的角度，进一步寻求提升农民合作社绩效的策略。根据实证研究结

论，潜在和实现知识吸收能力均对农民合作社绩效存在正向作用。此外，个体层因素（个体知识存量、带头人领导力）、组织层因素（先验知识、信任程度）、外部层因素（社会资本、政府支持）均能通过中介变量对农民合作社绩效的提高产生作用。鉴于此，从增强人力资本、培养学习型组织、优化农业发展环境三个方面提出如图 7 - 2 所示的农民合作社绩效的提升策略框架。

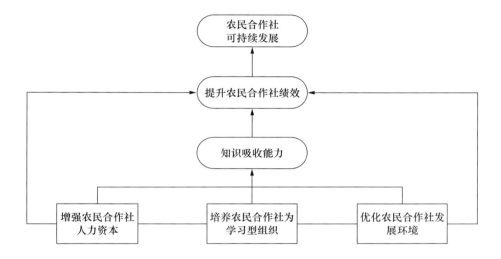

图 7 - 2　农民合作社绩效的提升策略框架

一、增强农民合作社人力资本

知识经济时代下，科学技术和劳动生产率带来的经济"增长效应"受到越来越多的关注，人力资本是带来这种"增长效应"的根本原因（田国强，1993）[1]。德国学者迪克斯等（2001）提出，人力资本是劳动力总和，以及其他所有业务相关的知识，其中包含业务技术、创新意识、有价值的知识等[2]。经济合作与发展组织（Organization for Economic Co - operation and Development，OECD）赋予人力资本的解释是个人在市场、非市场环境中获得的应用于生产、管理、服务等方面的知识。要为农民合作社带来经济增长、绩效提升，加大开发人力资源的力度，增强人力资本刻不容缓。

农民合作社的"能人"、"带头人"往往担任理事长、技术专家、理事等职

① 田国强. 大众市场经济学［M］.上海：上海人民出版社，1993.
② 迪克斯等. 组织学习与知识创新［M］.上海：上海人民出版社，2001.

务，是农民合作社的核心成员，是经营和发展农民合作社的真正主导者。而目前，农民合作社中的带头人和能人多数文化水平不高，不具备适应市场经济的能力，缺乏市场竞争意识，真正懂专业技术、能管理合作社、开发市场的综合型人才少之又少。农村劳动力大量转移到城镇务工，导致农民合作社的技术能人和管理者严重匮乏。在调研中还发现，许多家在农村的大学生、专科生不愿意回归农村，导致了大量人力资本的流失。因此，需要农民合作社增强人力资本的意识，地方政府应通过建设医疗保健设施、健全医疗保障系统，以避免人力资本的流失。

农民合作社的持续发展离不开成员自主经营管理的能力。地方政府应定期开展合作经济理论教育，普及合作原则、合作思想、合作管理、合作技巧以及融资投资等方面的知识，提高全体成员在合作经济组织方面的知识水平以及合作能力。引导农民合作社能人的自我提升意识，努力获取更多商品经营、品牌管理、市场走向、经营管理等多方面知识。同时，通过能人、带头人的知识资源共享行为和自身的魅力表现加深其他成员对集体身份的感知，加深共同提高组织绩效的认同感，进而提高农民合作社的人力资本储备。

二、培养农民合作社为学习型组织

培养农民合作社成为学习型组织，是为了创建整个合作社内部良好的学习气氛，充分发挥成员的知识、经验、创新思维，建立起拥有持续发展能力的组织。我国农民合作社近年来发展迅速，数量虽多，但因市场竞争力弱而被淘汰的问题屡见不鲜，培养学习型组织具有获得和吸收知识，反省和修正合作社行为，增强创新能力的积极作用。发展成为学习型组织需要经历组织学习的过程（林丽惠，1999），以可持续发展为目标导向，通过发现、修正和成长适应市场环境。组织学习的目标旨在将知识资源转换为农民合作社的核心能力，形成竞争优势，并借鉴 Andreu 和 Ciborra （1998）[①] 的组织学习层级循环，提出相应策略：加强对组织学习重要性的认识，将发展学习型组织作为实现提升农民合作社绩效的路径选择；在农业生产、管理、运营过程中发现"知识缺口"，寻找和获取多样化、最新的知识，建立知识库剔除冗余信息资源，为提升能力提供互补而非成堆相似的知识资源，通过"干中学"消化和应用知识，大幅度提高农民合作社的知识吸收能力；树立以可持续发展为目标的共同愿景，增加信任程度，实现知识和经验的共享，在面对激烈的市场竞争时，努力通过知识吸收能力获取竞争优势，能够立足于不断变化的环境，提高农民合作社绩效。事实上，在建立组织学习循环的

---

① Andreu R., Ciborra C. Organizational learning and core capabilities development: The role of information technology and organizational transformation [M]. 1998.

过程中,农民合作社可以与外部环境进行相互作用,在获取外部新知识、新技术的同时,还能借助过去积累的经验,实行所有知识资源的有效配置。农民合作社的组织学习循环如图7-3所示。

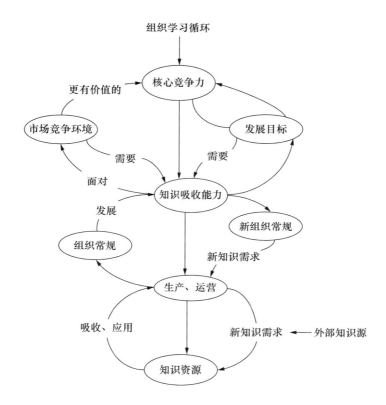

图7-3 农民合作社组织学习循环

三、优化农民合作社发展环境

从世界各国农民合作社发展的经验看,政府支持对农民合作社健康持续的发展必不可少。比如,农业在美国经济中的比重逐渐下降,但美国政府仍然对农民合作社采取多种支持和保护措施。市场经济组织在成长过程中,需要的不只是资金和基础设施的支持,更需要与时俱进的管理、市场、农业技术等知识的服务提供,以确保持续健康发展。因此,我国各级政府、相关农业部门要积极引导,营造良好的发展环境,建立知识服务平台,帮助发展农民合作社。具体包括:

(1)制定因地制宜、循序渐进的扶持政策。政策的制定要与地区农村生产力水平相当,符合当地农民合作社的发展速度,从政策上鼓励和引导成员自我学习、自我管理方面的能力，才能实现农民合作社的健康发展。提供全面的政策体系，包括税收优惠、信贷融资、产品流通、机构合作、项目承接等多方面内容。

（2）扶持各类特色农民合作社的典型，能够起到引领周边农民合作社健康发展的作用，促进多种形式农民合作社的形成。此外，示范合作社能够起到积极的宣传效果，提供合作思想和合作意识的教育引导，同时树立农民合作社的良好社会形象，推动发展。例如，江苏省句容戴庄农业有机专业合作社在政府支持下，利用句容当地的农业资源条件，引进日本农协的技术，采用高效环保、节约的农业产业化经营和丘陵山区农牧复合经营、立体种养的有机农业生态模式，并创建了较高知名度的品牌，产品包括日本越光大米、有机蔬菜、茶叶、果品等，市场销售范围广，社会评价度高，并引领了周围一批同类型农民合作社的发展。

（3）整合农业部门力量，为农民合作社的持续发展提供技术、资金、知识、平台等方面的服务工作。随着农业经济的快速发展，对农产品质量、农药和化肥的使用标准、品牌的建设推广有越来越高的要求。这需要地区涉农部门支持农民合作社创立自己的品牌，提供绿色、无公害产品和有机产品的申报工作，鼓励农民合作社根据地区资源优势，建立特色品牌和产品，从而扩大知名度，提高销售量。此外，还可以借鉴美国的卡帕—沃尔斯坦德法（Capper – Volstead Act），在地区政府专门设立一个综合部门，负责指导研究、统计数据、提供知识和技术援助、开发农业相关教育资料，加深成员对农民合作社更深的认识，促进发展。

（4）重视农村乡村文化在农民合作社发展中的根基作用，结合农村独特文化资源和合作经济理论，通过不同形式加强农民合作社的思想教育，提高成员对合作思想的了解，提高组织化程度，增强成员的合作意识，提高农民合作社的凝聚力，进而提升可持续发展能力。

优化农业发展环境应当以农民合作社为中心，涉及社会多主体社会网络的互动协调。根据本书的实证结果，社会资本对农民合作社绩效具有显著促进作用。鉴于此，一方面，农民合作社作为市场经济实体，应通过恰当的市场行为，积极建立和维护横向及纵向社会网络关系，合理利用社会资本和网络资源，获取竞争优势。同时，还可以构建一个农业相关机构的互动平台，将农民合作社、协会、涉农部门、科研机构、高校集合在一起，通过频繁互动和项目合作建立良好的关系，争取这类机构、组织的帮助和支持，形成一个良好的农业发展环境。另一方面，江苏省的农民合作社已经逐渐开始与生产基地、农产品加工企业、龙头企业、农贸市场、超市学校等对接并形成较为完整的产业链，而产业链中涉及的知识和技术往往是相关联的，产业链中的其他组织均可能成为知识的提供者，而农民合作社作为知识的接收方，两者之间可以形成互补关系，紧密联系。

本章小结

　　本章根据前文的研究结果提出了知识吸收能力和农民合作社绩效的提升策略。首先梳理了实证结果和逻辑关系，然后基于我国发展现代农业，实现农民合作社可持续发展的目标，借鉴国外成熟农民合作社的发展经验，分别提出了农民合作社知识吸收能力提升策略框架和农民合作社绩效的提升策略框架，并从不同层面给出了具体的策略方案，旨在增强我国农民合作社的市场竞争能力，在其生命周期中获得可持续发展。

第八章 结论与展望

本章将针对本书的主要研究内容进行综述，概括研究的主要结论和重要观点，并指出研究的贡献和本书的不足之处，最后提出了研究局限和研究展望。

第一节 主要研究结论

本书以江苏省农民合作社为研究对象，基于知识管理、组织学习、合作经济理论等相关理论，采用了质性研究、理论演绎、实证研究，定性分析和定量方法相结合的方式，围绕知识吸收能力、农民合作社绩效相关概念的界定、知识吸收能力影响因素的提取与总体理论模型构建等展开研究工作，得到了以下主要结论：

第一，知识吸收能力这一概念适用于我国农民合作社的发展研究。知识吸收能力曾被应用于诸多市场经济组织，但现有文献鲜见将这一概念与农民合作社发展结合展开系统研究。本书通过对江苏省农村地区的深入调研，与农民合作社成员的访谈和考察，证实了知识吸收能力的存在。此外，基于对农民组织化、组织学习等相关理论的推演，构建了以知识吸收能力为核心的理论模型，采用了结构方程方法，证明知识的获取、消化、转换和利用能够促进绩效的提高，肯定了知识吸收能力同样作用于农民合作社这类具有社会团体属性和企业性质的市场经营主体。

第二，知识吸收能力受到来自个体、组织和外部三个层面因素的影响。以往对企业知识吸收能力影响因素的考察相对分散，缺乏多个层面的共同考量和实证检验。而以农民合作社为研究对象进行知识吸收能力影响因素分析的少之又少。因此，本书采用扎根理论方法提炼知识吸收能力的影响因素，并结合一定的理论分析与实证分析得到，个体层因素中，个体知识存量和带头人领导力对潜在和实现知识吸收能力具有显著正向影响，个体经验互补性对潜在知识吸收能力存在显著影响；农民合作社的先验知识、业务培训和信任程度对两种知识吸收能力具有显著正向影响；外部的社会资本和政府支持亦对两种知识吸收存在显著影响。最终实证的结论基本与质性研究结果一致，两种方法互相印证，具有比较高的可靠性。

第三，农民合作社绩效是一个多维度概念。作为一种具备企业属性和社会共同体属性的特殊市场经济组织，应从财务指标和非财务指标构建完整的绩效测量体系。不仅重视基本的市场经营情况，增强成员收入，还应发挥社会属性，关注环境友好，发展绿色农业。此外，本书还基于可持续发展视角，将创新绩效纳入农民合作社"三重"绩效之一，支持其在知识经济时代下，不断学习、创新，成为真正的具备市场竞争力的新型农民合作组织。因此，本书中农民合作社绩效由市场绩效、社会绩效和创新绩效三个维度组成。市场绩效考察了农民合作社的运营状况，社会绩效是农民合作社对应担负起的社会责任的体现，而创新绩效与农民合作社的持续发展能力相关。通过第六章中验证性因素分析结果可知，农民合作社绩效具有较好的内部因子结构，且二阶验证性因素分析中，农民合作社绩效作为高阶因子能够被市场绩效、社会绩效和创新绩效三个一阶因子很好地解释。

第四，潜在知识吸收能力和实现知识吸收能力均对农民合作社绩效产生显著正向影响。在现有知识吸收能力对绩效、创新、组织产出等方面的研究中，多数强调和肯定了实现知识吸收能力对企业或组织的影响，而潜在知识吸收能力的作用并没有得到重视。本书的实证结果表明，农民合作社的潜在和实现知识吸收能力均能够对绩效产生促进作用。潜在知识吸收能力帮助农民合作社了解不断变化的市场环境和消费者需求，使其快速调用和配置知识资源，从而满足农民合作社的发展需求，而实现知识吸收能力能够推动农民合作社充分整合知识，持续开展创新活动，维持市场竞争优势，对农民合作社的生存和可持续发展至关重要。因此，应避免研究上的偏颇，同时研究潜在知识吸收能力和实现知识吸收能力对绩效的作用机制十分必要。

第五，基于中介效应模型，本书在提炼知识吸收能力影响因素，阐述了知识吸收能力对农民合作社绩效的作用机理之后，试图探寻三个层面影响因素对农民合作社绩效的作用，并通过结构方程实证分析之后发现，个体层因素中，个体知识存量、带头人领导力以知识吸收能力为中介变量对农民合作社绩效产生显著的正向影响；组织层因素中，先验知识、信任程度以知识吸收能力为中介变量对农民合作社绩效产生显著的正向影响；外部层因素中，社会资本、政府支持以知识吸收能力为中介变量对农民合作社绩效产生显著的正向影响。可以说，农民合作社绩效在实际生活中，受到众多因素的影响，而个体的知识存量和合作社的先验知识对绩效的作用肯定了知识因素对于农民合作社发展的重要性。

第六，对江苏省不同领域的多家农民合作社调研所获得的 414 份有效问卷的分析结果显示，农民合作社成员对于知识的需求类型十分丰富，除了与种植、养殖、病虫害和动物疾病防治等生产相关的知识，保险信息、金融信贷、文化艺术和市场走势也受到许多农户关注，说明知识需求已经向持续生产和健康生活多方面发展，对提高成员的文化素质水平有积极作用。此外，获取知识的渠道也开始向互联网方式发展，虽然技术专家和合作社带头人依然是新知识传播的主要渠道，但数据表明，农户不再单纯依赖自身的经验和农民合作社技术能人的指导，而是选择更丰富的知识获取渠道，许多农户学会使用微信、QQ 等方式搜寻更多需要的信息和知识，通过互联网平台改变销售方式、拓宽销售渠道，能够与时俱进。

第二节　研究局限

（1）本书在问卷调查的过程中努力遵循规范科学的程序进行，以确保得到可靠的研究结果，但由于一些原因，仍然存在调研范围的局限性。本书的访谈对象和问卷调查对象最终锁定为江苏省范围内的农民合作社成员，基本涵盖了各种类型的合作社，为本书的研究提供了丰富的样本类型。但由于获取农村一手数据存在较大的困难，收集样本的工作量也十分巨大，且受到时间限制，未能在全国范围内展开全面的调查，因此，获得的数据可能存在一定地域特征，影响到研究结论的绝对普适性。

（2）质性研究中，对江苏省内农民合作社进行抽样时，需要对成员进行一定时间的访谈，因此选择的基本是发展相对成熟，并有一定规模的、有办公地点的农民合作社。但本书可能忽略了初创时期、规模较小，或是正处于发展危机中等农民合作社的调查，导致在质性研究中的样本因忽略一部分信息而导致可能存在的偏差。因此，未来研究可以进行更深入的田野调查，挖掘出更丰富的资料，进而完善整个质性研究。

（3）本书构建的知识吸收能力影响因素及其对农民合作社绩效的模型中，从知识吸收能力的角度切入，研究了影响农民合作社绩效的因素，但影响农民合作社绩效的提升还存在其他许多因素，本书并未纳入考虑。未来研究，可根据研究需要，从其他角度探索其他因素。

第三节　研究展望

（1）扩大调研范围。本书锁定江苏省为实地调研的区域，分别对苏中、苏南、苏北不同市县进行抽样调研，以确保所获得数据具有样本代表性。但数据来源仍局限于江苏省，可能带有一定的地域特征。因此，在未来的研究中，将扩大样本选择的地理范围，对更多处于不同发展时期的农民合作社进行调研，增加对诸如时间、行业、类型等方面因素的考量，才能提高研究结论在中国情境下的普适性。

（2）结合多样性研究方法。本书采用了质性研究、理论研究和实证研究方法，均属于相对静态的分析过程。在知识吸收能力影响因素的提炼过程中涉及了个体层面因素的作用，个体影响是农民合作社各方面能力发展的要素，个体之间的互动将可能对农民合作社的知识吸收能力产生演化作用。未来可以通过计算实验，从动态视角更为生动地研究知识吸收能力相关问题。

（3）深入剖析知识吸收能力内部维度之间的相互作用。知识吸收能力是一个由不同能力构成的动态能力，这些能力维度共存于组织中，但并不能看作是简单的因果关系、先后关系。潜在知识吸收能力与实现知识吸收能力在农民合作社内部是如何交互作用的，如何形成内部的知识循环，是未来研究一个很有意义的问题。

附录1 访谈提纲（管理层）

访谈前准备：

1. 准备好录音笔、笔记本。
2. 牢记访谈步骤、掌控时间、控制访谈中心。

一、基本信息

1. 姓名：_____
2. 性别：男（ ）　女（ ）
3. 合作社内职务：_____
4. 年龄：_____
5. 您所在合作社：_____ 成立时间：_____ 人员规模：_____ 合作社年产值：_____
6. 您所在合作社生产的主要农产品/提供的主要服务？（主次排序记录）_____

二、工作内容

1. 您平时的工作任务有哪些？（例如：组织生产工作？负责销售工作？对外联系工作？）
2. 完成这些任务您要做哪些具体工作？（地点、时间？）
3. 您工作过程中会用到哪些知识/技术/经验？

三、提纲

请回顾您在参加农民合作组织后，是否有在组织生产、销售以及其他管理工作中取得了比较好的成果的案例，您觉得取得成功的关键是什么？是因为知识方面的因素吗？如果是，您觉得哪方面知识起到了最大作用？如果在工作中有失败的教训，您认为失败的原因是否因为某类知识、技术、经验的匮乏，具体是哪种？请举例说明，并从以下方面加以阐述。

成功案例：

◆是什么样的工作任务？当时的情景如何？有哪些人参与了此项任务？您运用了什么样的知识/技术/经验？

◆您从哪里获得这种知识/技术/经验？您平时学习知识的主要途径是什么？

◆遇到困难时，您求助最多的机构或人是谁？是否有效果？

失败案例：

◆您觉得是什么原因导致了失败？是不是因为缺乏某些知识？事后您是否填补了这个知识空缺？您是如何填补的？

◆在遇到困难时，您有没有求助于其他人或机构？如果有，为什么最终还是失败了？如果没有，为什么？

◆为了避免这样的失败再发生，您以后会怎么做？

四、其他相关问题

◆您会关注其他合作社的发展动态吗？如何获得？

◆您觉得合作社发展中遇到的最大困难是什么？

◆合作社里对您影响最大的人物是谁？和您的关系是什么？他是如何影响您的？

◆您与村委会、乡镇农业服务中心、高校之类联系多吗？联系的目的是什么？

◆您是否会使用电脑搜寻相关所需信息？您会选择自己查询信息（网络、电话、报纸、书籍等）还是求助他人？为什么？

◆您对合作社的发展有什么建议吗？

◇访谈到这里，您还有什么特别想说的吗？

附录2 访谈提纲（普通成员）

访谈前准备：

1. 准备好录音笔、笔记本。
2. 牢记访谈步骤、掌控时间、控制访谈中心。

一、基本信息

1. 姓名：＿＿＿＿＿＿＿＿

2. 性别：男（　　）　　女（　　）

3. 年龄：＿＿＿＿＿＿＿＿

4. 您所在合作社：＿＿＿＿＿＿＿＿＿＿成立时间：＿＿＿＿＿＿＿

人员规模：＿＿＿＿＿＿＿＿＿＿＿合作社年产值：＿＿＿＿＿＿

5. 您所在合作社生产的主要农产品/提供的主要服务？（主次排序记录）＿＿＿＿＿＿＿＿＿＿＿＿＿＿＿＿

二、工作内容

1. 您平时的工作任务有哪些？（例如：种植工作？养殖工作？销售工作？运输工作？）

2. 完成这些任务您要做哪些具体工作？（地点、时间？）

3. 您工作过程中需要哪些知识/技术/经验？

三、提纲

请回顾您在参加农民合作组织后，是否有在种植、养殖、销售等方面的工作取得了比较好的成果的案例，您觉得取得成功的关键是什么？是因为知识方面的因素吗？如果是，您觉得哪方面知识起到了最大作用？如果在工作中有失败的教训，您认为失败的原因是否因为某类知识、技术、经验的匮乏，具体是哪种？请举例说明，并从以下方面加以阐述。

成功案例：

◆是什么样的工作任务？当时的情景如何？有哪些人参与了此项任务？您运用了什么样的知识/技术/经验？

◆您从哪里获得这种知识/技术/经验？您平时学习知识的主要途径是什么？

◆遇到困难时，您求助最多的机构或人是谁？是否有效果？

失败案例：

◆您觉得是什么原因导致了失败？是不是因为缺乏某些知识？事后您是否填补了这个知识空缺？您是如何填补的？

◆在遇到困难时，您有没有求助于其他人或机构？如果有，为什么最终还是失败了？如果没有，为什么？

◆为了避免这样的失败再发生，您以后会怎么做？（例如：积极参加培训？更加关注各类渠道信息？）

四、其他相关问题

◆合作社里对您影响最大的人物是谁？和您的关系是什么？他是如何影响您的？

◆您在参与合作社后感觉到的最大的变化是什么？

◆您与村委会、乡镇农业服务、高校之类中心联系多吗？为什么与他们联系？

◆您是否参加过培训？多久参加一次？是什么样的培训？收获如何？

◆您是否会使用电脑搜寻相关所需信息？当您遇到问题时，您会选择自己查询信息（网络、电话、报纸、书籍）还是求助他人？为什么？

◆您对合作社的发展有什么建议吗？

◆合作社的领导在成员中的影响力大吗？

◇访谈到这里，您还有什么特别想说的吗？

附录3 农民合作社知识吸收能力调查问卷

问卷编号：_____

农民合作社知识吸收能力调查问卷

尊敬的女士/先生：

您好！这是一份针对"农民合作社"的调查问卷，答案无对错之分，请您根据实际情况作答。本问卷不记名填写，您的回答对于我们的研究具有重要的参考价值。为了保证科学研究的质量，我们真诚期待您真实地表达自己的想法。衷心感谢您的支持与合作！

江苏大学新农村发展研究课题组

2014 年 6 月

第一部分：基本信息，请在符合您基本情况的序号前画"√"

1. 您所在合作组织的名称：_____；

成立年度：_____；主营业务：_____。

2. 性别：□ 男　　□ 女

3. 年龄：_____岁。

4. 受教育程度：

（1）初中及以下　　（2）高中（包括职高/中专/技校）

（3）大专　　　　　（4）本科

（5）研究生

5. 您的职务（如有兼职可多选）：

（1）理事长　　　　（2）理事　　　　（3）村主任/书记

（4）大学生村官　　（5）合作社成员　　（6）其他_____

6. 担任现任职务时间：

（1）0~2年　（2）3~4年　（3）5~6年　（4）7~8年　（5）9年以上

7. 合作社经营情况：

社员人数：_____；年销售收入：_____；社员平均年收入：_____。

8. 请您回忆贵社成立以来，您与高校的主要合作方式有哪些？

□ 技术支持　　□ 教育培训　　□ 挂职锻炼　　□ 合作开发

9. 您平常最关注哪几类知识？（可多选）

□ 医疗保健知识　□ 文学艺术　□ 耕作、灌溉、栽培等种植技术　□ 病虫害防治知识

□ 动物疾病防治　□ 农用物资的选择与使用　□ 农业气象预报及减灾方法

□ 市场走势　□ 农村相关政策　□ 金融信贷　□ 法律法规　□ 管理知识

□ 保险信息

10. 您获取知识的主要途径？（可多选）

□ 电视、广播、报纸、杂志等获得　□ 合作社或农合组织的网站宣传推广

□ 示范户　□ 布告栏等宣传　□ 农合组织或合作社的领导或能人推广

□ 高校来的老师/大学毕业生传播　□ 来农村的创业者的传播

□ _____培训（横线填写培训方如：政府、合作社）　□其他网络平台（相关 QQ 群、微信群等）

11. 您在农业生产或销售的过程中遇到问题时，一般找谁询问？（可多选）

□ 自己凭经验摸索　□ 朋友、亲戚或熟人　□ 示范户　□ 合作组织或协会的领导或能人

□ 相关专家　□ 高校的老师或大学毕业生　□ 网上搜索查询获取

以下表述与您的实际情况相符吗？①表示"非常不符合"；②表示"基本不符合"；③表示"不确定"；④表示"基本符合"；⑤表示"非常符合"。请根据您实际情况与这些表述的符合程度，在相应数字上画"√"

	个体相关	非常不符合↔非常符合				
GC1	我具有丰富的农业生产经验	①	②	③	④	⑤
GC2	我具有丰富的农产品销售经验	①	②	③	④	⑤
GC3	我具备所在工作岗位所需的技能	①	②	③	④	⑤
YZ1	我在工作中遇到困难时，其他成员可以帮我解决	①	②	③	④	⑤

续表

	个体相关	非常不符合↔非常符合				
YZ2	我能从其他成员处学到很多经验和知识	①	②	③	④	⑤
LD1	我们的带头人是务实、高效而且变通的	①	②	③	④	⑤
LD2	我们的带头人在组织中具有广泛影响力	①	②	③	④	⑤
LD3	我们的带头人积极倡导农业合作交流	①	②	③	④	⑤
LD4	我们的带头人积极引进外部先进技术和知识	①	②	③	④	⑤

	组织相关	非常不符合↔非常符合				
XY1	合作社拥有相关农业知识和技术较多	①	②	③	④	⑤
XY2	合作社了解与其相关的农业产业的最新发展信息	①	②	③	④	⑤
XY3	合作社定期对内部各类知识和经验进行整理和总结	①	②	③	④	⑤
XY4	合作社拥有的农业技术和管理知识具有多样性	①	②	③	④	⑤
PX1	合作社成员拥有很多的培训机会	①	②	③	④	⑤
PX2	合作社成员定期接受培训	①	②	③	④	⑤
PX3	引进新品种/新技术时，合作社会对成员进行培训	①	②	③	④	⑤
PX4	培训内容具体、实用	①	②	③	④	⑤
XR1	合作社成员愿意将自己的知识和经验告知他人	①	②	③	④	⑤
XR2	合作社成员间经常交流不同的观点和看法	①	②	③	④	⑤
XR3	合作社成员和领导者之间互动交流频繁	①	②	③	④	⑤
XR4	合作社鼓励成员间的沟通和交流	①	②	③	④	⑤
XS1	合作社愿意接受外来的新知识	①	②	③	④	⑤
XS2	合作社鼓励成员对外学习和交流	①	②	③	④	⑤
XS3	合作社鼓励成员进行品种改良	①	②	③	④	⑤
XS4	合作社对外学习交流频繁	①	②	③	④	⑤

	外部相关	非常不符合↔非常符合				
ZB1	与合作社合作的外部机构数量很多	①	②	③	④	⑤
ZB2	合作社与高校、科研院所联系频繁	①	②	③	④	⑤
ZB3	合作社与外部各方能够真诚合作	①	②	③	④	⑤
ZB4	合作社与外部各方合作满意度高	①	②	③	④	⑤
ZB5	合作社与外部各方沟通比较顺畅	①	②	③	④	⑤
ZC1	政府定期组织培训或提供技术指导	①	②	③	④	⑤
ZC2	政府土地流转方面的政策比较好	①	②	③	④	⑤
ZC3	政府对国家的惠农政策落实到位	①	②	③	④	⑤
ZC4	政府帮助合作社拓宽融资渠道	①	②	③	④	⑤

续表

	知识吸收能力	非常不符合↔非常符合				
PCA1	我们经常与外界进行交流，获取新知识	①	②	③	④	⑤
PCA2	我们定期从客户、代理商处获取产品的反馈信息	①	②	③	④	⑤
PCA3	我们能快速分析和理解变化的市场需求	①	②	③	④	⑤
PCA4	我们擅长把外部新技术/经验吸纳到组织内部	①	②	③	④	⑤
PCA5	我们能够快速理解外部技术/市场机遇	①	②	③	④	⑤
RCA1	我们能够密切跟踪新品种的市场需求变化	①	②	③	④	⑤
RCA2	我们能够快速识别外部新知识对组织是否有用	①	②	③	④	⑤
RCA3	我们很容易向市面推行新品种	①	②	③	④	⑤
RCA4	合作社成员间对合作社产品和服务有共同的话题	①	②	③	④	⑤
RCA5	我们清楚合作社运营（养殖/种植/销售等）的方式和过程	①	②	③	④	⑤

	农民合作社绩效相关	非常不符合↔非常符合				
CP1	与同行相比，我们常常推出新品种/新产品	①	②	③	④	⑤
CP2	与同行相比，我们常常应用新技术	①	②	③	④	⑤
CP3	与同行相比，我们的品种改良有比较好的市场反应	①	②	③	④	⑤
CP4	与同行相比，我们的产品包含较高的技术含量	①	②	③	④	⑤
MP1	与同行相比，我们的销售收益较高	①	②	③	④	⑤
MP2	与同行相比，我们对成本的控制比较令人满意	①	②	③	④	⑤
MP3	参与合作社的农户对自己的收益比较满意	①	②	③	④	⑤
MP4	与同行相比，我们的市场份额较高	①	②	③	④	⑤
SP1	与同行相比，我们的产品口碑较好	①	②	③	④	⑤
SP2	与同行相比，顾客对我们评价较高	①	②	③	④	⑤
SP3	与同行相比，我们的产品绿色（无公害）程度较高	①	②	③	④	⑤
SP4	与同行相比，我们的产品对环境的污染（破坏）很小	①	②	③	④	⑤

参考文献

［1］ Abramovitz M. Catching up, forging ahead, and falling behind ［J］. The Journal of Economic History, 1986, 46 (2)：385 – 406.

［2］ Adizes C. 企业生命周期［M］. 赵睿等译. 北京：华夏出版社, 2004.

［3］ Agryris C. , Shcon D. ogrnaiaztionalleamnig11：Htoe mehtod, and Praetice. Reading, MA：Addiosn Velsle, 1996.

［4］ Ahuja G. , Lampert C. M. Entrepreneurship in the large corporation：A longitudinal study of how established firms create breakthrough inventions ［J］. Strategic Management Journal, 2001 (22)：521 – 543.

［5］ Andreu R. , Ciborra C. Organizational learning and core capabilities development：The role of information technology and organizational transformation ［M］. 1998.

［6］ Argyris C. , Schon D. Organizational learning：A theory of action research ［M］. General Inequalities 2. Birkhäuser Basel, 1978：419 – 427.

［7］ Avsec F. , Štromajer J. Development and socioeconomic environment of cooperatives in Slovenia ［J］. Journal of Co – operative Organization and Management, 2015, 3 (1)：40 – 48.

［8］ Bantel K. A. , Jackson S. E. Top management and innovations in banking：Does the composition of the top team make a difference? ［J］. Strategic Management Journal, 1989, 10 (1)：107 – 124.

［9］ Barringer B. R. , Jones F. F. , Neubaum D. O. A quantitative content analysis of the characteristics of rapid – growth firms and their founders ［J］. Journal of Business Venturing, 2005, 20 (5)：663 – 687.

［10］ Bell G. G. Clusters, networks and firm innovativeness ［J］. Strategic Management Journal, 2005 (26)：287 – 297.

［11］ Berdiel M. T. R. Mécanismes d'intrusion des granites supracrustaux：Modèles analogiques et exemples naturels ［J］. Annales De Chirurgie De La Main,

1994, 2 (4): 355.

［12］ Beverland M. B. Can cooperatives brand? Exploring the interplay between cooperative structure and sustained brand marketing success ［J］. Food Policy, 2007 (32): 480 – 495.

［13］ Beverland M. B. Repositioning new zealand version: From commodity to brand ［J］. Australasian Markerting Journal, 2005 (12): 62 – 67.

［14］ Birkinshaw J., Hood N., Young S. Subsidiary entrepreneurship, internal and external competitive forces, and subsidiary performance ［J］. International Business Review, 2005, 14 (2): 227 – 248.

［15］ Boateng W. Knowledge management working tool for agricultural extension practice: The case of Ghana ［J］. Knowledge Management for Development Journal, 2006, 2 (3): 19 – 29.

［16］ Borgen S. O. Rethinking incentive problems in cooperative organizations ［J］. The Journal of Socio – Economics, 2004, 33 (4): 383 – 393.

［17］ Bos W., Tarnai C. Content analysis in empirical social research ［J］. International Journal of Educational Research, 1999, 31 (8): 659 – 671.

［18］ Bower G. H., Hilgard E. R. Theories of learning ［M］. Englewood Cliffs, NJ: Prentice – Hall, 1981.

［19］ Bowers B. J., Schatzman L. Dimensional analysis. In developing grounded Theory: The second generation (developing qualitative inquiry) ［M］. Left Coast Press, 2009.

［20］ Brezis E. S., Krugman P. R., Tsiddon D. Leapfrogging in international competition: A theory of cycles in national technological leadership ［J］. The American economic review, 1993 (10): 1211 – 1219.

［21］ Byrne B. Structural Equation Modeling with Lisrel, Prelis and Simplis, Mahwah ［M］. NJ: Lawrence Erlbaum Associates, 1998.

［22］ Cabrita M., Vaz J. L. Relationship capital and value creation evidence from the Portuguese banking industry ［J］. The Electronic Journal of Knowledge Management, 2006, 4 (1): 11 – 20.

［23］ Camisón C., Forés B. Knowledge absorptive capacity: New insights for its conceptualization and measurement ［J］. Journal of Business Research, 2010, 63 (7): 707 – 715.

［24］ Cannon M. D., Edmondson A. C. Failing to learn and learning to fail (intelligently): How great organizations put failure to work to innovate and improve ［J］.

Long Range Planning, 2004, 38 (3): 299 – 319.

[25] Cohen W. M, Levinthal D. A. Innovation and Learning: The Two Faces of R&D [J]. Social Science Electronic Publishing, 1989, 99 (397): 569 – 596.

[26] Cohen W., Levinthal D. Absorptivee capacity: A new perspecitve on learning and innovation [J]. Administrative Science Quarterly, 1990, 35 (1): 128 – 156.

[27] Conner K. R., Prahalad C. K. A resource – based theory of the firm: Knowledge Versusu opportunism [J]. Organization Science, 1996, 7 (5): 477 – 501.

[28] Cook M. L. The future of US agricultural cooperatives: A neo – institutional approach [J]. American Journal of Agricultural Economics, 1995, 77 (5): 1153 – 1159.

[29] Crossan M. M., White R. E. An organizational learning framework: from intuition to institution [J]. Academy of Management Review, 1999, 24 (3): 522 – 537.

[30] Cummings J. L., Teng B S. Transferring R&D knowledge: The key factors affecting knowledge transfer success [J]. Journal of Engineering and Technology Management, 2003, 20 (2): 39 – 68.

[31] Cyert R. M., March J. G. Organizational factors in the theory of oligopoly [J]. Quarterly Journal of Economics, 1956, 70 (1): 44 – 64.

[32] Daft R. L., Weick K. E. Toward a model of organizations as interpretation systems [J]. Academy of management review, 1984, 9 (2): 284 – 295.

[33] Daghfous A. Absorptive capacity and the implementation of knowledge – intensive best practices [J]. Sam Advanced Management Journal, 2004, 69 (2): 21 – 27.

[34] Deed D. L. The role of R&D intensity, technical development and absorptive capacity in creating entrepreneurial wealth in high technology start – ups [J]. Journal of Engineering and Technology Management, 2001 (18): 29 – 47.

[35] Deng H., Huang J., Xu Z., et al. Policy support and emerging farmer professional cooperatives in rural China [J]. China economic review, 2010, 21 (4): 495 – 507.

[36] Dunn P. O., Robertson R. J., Michaud – Freeman D., et al. Extra – pair paternity in tree swallows: Why do females mate with more than one male? [J]. Behavioral Ecology and Sociobiology, 1994, 35 (4): 273 – 281.

[37] Elkington J. Accounting for the triple bottom line [J]. Measuring Business Excellence, 2013, 2 (2): 18 – 22.

[38] Emery S. B. Independence and individualism: Conflated values in farmer

cooperation？［J］. Agriculture and Human Values，2015，32（1）：47 –61.

［39］ Everitt B. ，Dunn G. Applied multivariate data analysis［M］. New York：Oxford，2001.

［40］ Fassinger R. E. Paradigms，praxis，problems，and promise：Grounded theory in counseling psychology research. ［J］. Journal of Counseling Psychology，2005，52（2）：156 –166.

［41］ Faysse N. ，Sraïri M. T. ，Errahj M. Local farmers' organisations：A space for peer – to – peer learning? The case of milk collection cooperatives in Morocco［J］. The Journal of Agricultural Education and Extension，2012，18（3）：285 –299.

［42］ Fichman R. G. ，Kemerer C. F. The illusory diffusion of innovation：An examination of assimilatin gaps［J］. Information Systems Research，1999，10（3）：255 –275.

［43］ Fountain J. Social capital and technological innovation［J］. Technology Management Handbook，2000.

［44］ Freeman S. ，Polasky S. Knowledge – based growth［J］. Journal of Monetary Economics，1992，30（1）：3 –24.

［45］ Fulton M. The future of Canadian agricultural cooperatives：A property rights approach［J］. American Journal of Agricultural Economics，1995，77（5）：1144 –1152.

［46］ Garvin D. A. ，Edmondson A. C. ，Francesca G. Is yours a learning organization? ［J］. Harvard Business Review，2008，33（3）：118 –130.

［47］ Gavetti G. Cognition and Hierarchy：Rethinking the microfoundations of capabilities' development［J］. Organization Science，2005，16（6）：599 –617.

［48］ Ghauri P. N. ，Park B. I. The impact of turbulent events on knowledge acquisition［J］. Management International Review，2012，52（2）：293 –315.

［49］ Glaser B. ，Strauss A. The discovery of grounded theory［M］. Chicago：Aldine，1967.

［50］ Grant R. M. Toward a knowledge – based theory of the firm［J］. Strategic Management Journal，1996，17（2）：109 –122.

［51］ Gregoire M. B. ，Arendt S. W. Leadership：Reflections over the past 100 years［J］. Journal of the Academy of Nutrition and Dietetics，2014，114（5）：S10 –S19.

［52］ Hair J. F. ，Anderson R. E. ，Tatham R. L. ，et al. Multivariate data analysis［M］. NJ：Prentice Hall，1998.

［53］ Haire M. Biological models and empirical histories in the growth of organizations［M］. New York: John Wiley, 1959: 1 – 5.

［54］ Hakelius K. Farmer cooperatives and trust［D］. Swedish University of Agricultural Sciences, 1999.

［55］ Hall H. G., McKenna L. G., Griffiths D. L. Applaying grounded theory to midwifery research problems［J］. International Journal of Childbirth, 2012, 2（2）: 136 – 141.

［56］ Hans H. M. 合作社法律原理十讲［M］. 成都: 西南财经大学出版社, 1991.

［57］ Hansen M. H., Morrow J. L., Batista J. C. The impact of trust on cooperative membership retention, performance, and satisfaction: an exploratory study［J］. The International Food and Agribusiness Management Review, 2002, 5（1）: 41 – 59.

［58］ Hansen S. D., Dunford B. B., Boss A. D., et al. Corporate social responsibility and the benefits of employee trust: A cross – disciplinary perspective. ［J］. Journal of Business Ethics, 2011, 102（1）: 29 – 45.

［59］ Hansmann H. The ownership of enterprise［M］. Boston: Harvard University Press, 1996.

［60］ Hanson J. C., Matavulj M., Manzuk G., et al. Agricultural cooperatives and unions of cooperatives in bosnia and herzegovina: Opportunities for improvement in providing services and educational programs for farmers［J］. Journal of Rural Cooperation, 2010, 38（1）: 3.

［61］ Hao C. X., Dong Z. F., Ge C. Z., et al. Research on the capacity building of xin sheng bamboo planting special farmer cooperative in na kou, shao wu city, fujian province［J］. Advance Journal of Food Science and Technology, 2015, 9（2）: 79 – 86.

［62］ Harrison D. A., Klein K. J. What's the difference? Diversity constructs as separation, variety, or disparity in organizations［J］. Academy of management review, 2007, 32（4）: 1199 – 1228.

［63］ Hendrikse G. W. J., Veerman C. P. Marketing cooperatives and financial structure: A transaction costs economics analysis［J］. Agricultural Economics, 2001, 26（3）: 205 – 216.

［64］ Higgins J. P., Thompson S. G., Deeks J. J., et al. Measuring inconsistency in meta – analyses［J］. British Medical Journal, 2003, 327（7414）: 557 – 560.

［65］ Hovakimian A., Kane E. Effectiveness of capital regulation at US commercial banks, 1985 to 1994 [J]. The Journal of Finance, 2000, 55 (1): 451.

[66] Huckman R. S. , Staats B. R. , Upton D. M. Team familiarity, role experience, and performance: Evidence from indian software services [J]. Engineering Management Review IEEE, 2009, 55 (1): 85 – 100.

[67] Ismail M. D. Learning orientation and trust in small and medium enterprises (SMEs) export competitive advantage [J]. Asian Academy of Management Journal, 2013, 18 (2): 153 – 179.

[68] Jansen J. J. P. , Van Den Bosch F. A. J. , Volberda H. W. Managing potential and realized absorptive capacity: How do organizational antecedents matter [J]. Academy of Management Journal, 2005, 48 (6): 999 – 1015.

[69] Jansen J. J. P. , Volberda H. W. Managing potential and realized absorptive capacity: How do organizational antecedents matter? [J]. Social Science Electronic Publishing, 2005, 48 (6): 999 – 1015.

[70] Jantunen A. Knowledge – processing capabilities and innovative performance: An empirical study [J]. European Journal of Innovation Management, 2005, 8 (3): 336 – 349.

[71] Jensen M. C. , Murphy K. J. Performance pay and top – management incentives [J]. Journal of Political Economy, 1990: 225 – 264.

[72] Julius A. Effects of farmers' level of education and cooperative membership on access to agricultural extension services in Abuja, Nigeria [J]. Trends in Agricultural Economics, 2012, 5 (4): 104 – 114.

[73] Kaplan R. , Norton D. The balanced scorecard – Measures that drive performance [J]. Harvard Business Review, 1992, 70 (1): 71 – 79.

[74] Katz R. , Allen T. J. Investigating the not – invented – here (NIH) syndrome: A look at the performance, tenure and communication patterns of 50 R&D project groups [J]. R&D Management, 1982 (12): 7 – 19.

[75] Keeling J. J. , Carter C. A. Trading places: Fortunes of california rice co – ops took opposite trajectories; As RGA faded, FRC ascended [J]. Rural Cooperatives, 2005 (5): 32 – 35.

[76] Kilduff M. , Angelmar R. , Mehra A. Top management – team diversity and firm performance: Examining the role of cognitions [J]. Organization Science, 2000, 11 (1): 21 – 34.

[77] Kim D. H. The link between individual and organizational learning [J]. Sloan Management Review, 1993, 35 (1): 37 – 50.

［78］ Kim L. Crisis construction and organizational learning：Capability building in catching – up at Hyundai Motor［J］. Organization science，1998，9（4）：506 – 521.

［79］ Kim Y. C.，Lu J. W.，Rhee M. Learning from age difference：Interorganizational learning and survival in Japanede foreign subsidiaries［J］. Journal of Internaitonal Business Studies，2012，43（8）：719 – 745.

［80］ Kolb D. A. Management and the learning process［J］. California Management Review，1976，18（3）：21 – 31.

［81］ Kolb D. A. Organizational psychology：An experiential approach to organizational behavior［M］. Englewood Cliffs，NJ：Prentice Hall，1984.

［82］ Kraemer K. L.，Perry J. L. Innovation and computing in the public sector：A review of research［J］. Knowledge and Policy，1999，2（1）：72 – 87.

［83］ Kumar N.，Anderson J. C. Conducting interorganizational research using key informants［J］. Academy of Management Journal，1993，36（6）：1633 – 1651.

［84］ Lane P. J.，Lubatkin M. Relative absorptive capacity and interorganizational learning［J］. Strategic Management Journal，1998，19（5）：461 – 477.

［85］ Lane P. J.，Pathak S. The reification of absorptive capacity：A critical review and rejuvenation of the construct［J］. Academy of Management Review，2006，31（31）：833 – 863.

［86］ Lane P. J.，Salk J. E.，Lyles M. A. Absorptive capacity，learning，and performance in international joint ventures［J］. Strategic Management Journal，2001，22（12）：1139 – 1161.

［87］ Lane P.，Koka B.，Pathak S. The reification of absorptive capacity：A critical review and rejuvenation of the construct［J］. Academy of Management Review，2006，31（4）：833 – 863.

［88］ Larry E. Greiner. Evolution and revolution as organizations grow［J］. Harvard Business Review，1998（3）：55 – 56.

［89］ Lawshe，C. H. A quantitative approach to content validity［J］. Personnel Psychology，1975（28）：563 – 575.

［90］ Li H.，Atuahene – Gima K. Product innovation strategy and the performance of new technology ventures in China［J］. Academy of Management Journal，2001（44）：1123 – 1134.

［91］ Liang Q.，Hendrikse G.，Huang Z.，et al. Governance structure of chinese farmer cooperatives：Evidence from zhejiang province［J］. Agribusiness，2015，

31 (2): 198 – 214.

[92] Lissitz R. W. , Green S. B. Effect of the number of scale points on reliability: A Monte Carlo approach [J]. Journal of Applied Psychology, 1975, 60 (1): 10 – 13.

[93] Luo J. L. , Hu Z. H. Risk paradigm and risk evaluation of farmers cooperatives' technology innovation [J]. Economic Modelling, 2015 (44): 80 – 85.

[94] Lwoga E. T. , Ngulube P. , Stilwell C. Managing indigenous knowledge for sustainable agricultural development in developing countries: Knowledge management approaches in the social context [J]. International Information & Library Review, 2010, 42 (3): 174 – 185.

[95] MacDonald R. P. , Ho M. R. Principles and practice in reporting structural equation analysis [J]. Psychological Methods, 2002 (7): 64 – 82.

[96] MacKinnon D. P. , Lockwood C. M. , Hoffman J. M. , et al. A comparison of methods to test mediation and other intervening variable effects [J]. Psychological Methods, 2002 (7): 83 – 104.

[97] March J. G. , Simon H. A. Organizations [J]. Social Science Electronic Publishing, 1958, 2 (1): 105 – 132.

[98] Mascarenhas A. Knowledge, indigenous knowledge, peace and development [J]. African Journal of Indigenous Knowledge Systems, 2004 (14): 1 – 15.

[99] Miles M. B. , Huberman A. M. Qualitative data analysis: A sourcebook of new methods [M]. Sage Publications, 1984.

[100] Mroczkowski T. , Wermus M. Managerial assumptions, organizational learning, and competitive adjustment in US companies [J]. The International Trade Journal, 1988, 3 (1): 81 – 109.

[101] Murovec N. , Prodan I. Absorptive capacity, its determinants, and influence on innovation output: Cross – cultural validation of the structural model [J]. Technovation, 2009, 29 (12): 859 – 872.

[102] Nahapiet J. , Ghoshal S. Social capital, intellectual capital and the organizational advantage [J]. Academy of Management Review, 1998, 23 (2): 242 – 266.

[103] Nieto M. , Quevedo P. Absorptive capacity, technological opportunity, knowledge spillovers, and innovative effort [J]. Technovation, 2005, 25 (10): 1141 – 1157.

[104] Nikolaos T. , Young Ah K. , Hammad A. , et al. Absorptive capacity and performance: The role of customer relationship and technological capacities in high –

tech SMEs [J]. Industrial Marketing Management, 2015, 47 (5): 134 – 142.

[105] Nonaka I. , Toyama R. The knowledge – creating theory revisited: Knowledge creation as a synthesizing process [J]. Knowledge Management Research and Practice, 2003, 1 (1): 2 – 10.

[106] Nonaka I. A dynamic theory of organitional knowledge creation [J]. Organization Science, 1994, 5 (1): 14 – 37.

[107] Nooteboom B. , Van Haverbeke W. , Duysters G. , et al. Optimal cognitive distance and absorptive capacity [J]. Research Policy, 2007 (36): 673 – 695.

[108] Park B. I. , Giroud A. , Glaister K. W. Acquisition of managerial knowledge from foreign parents: Ebidence from Korean joint ventures [J]. Asia Pacific Business Review, 2009, 15 (4): 527 – 545.

[109] Petrash G. Dow's journey to a knowledge value management culture [J]. European Management Journal, 1996, 14 (4): 365 – 373.

[110] Podsakoff P. M. , MacKenszie S. B. , Lee J. Y. et al. Common method biases in behavioral research: A critical review of the literature and recommended remedies [J]. Journal of Applied Psychology, 2003, 88 (5): 879 – 903.

[111] Putnam R. W. Transforming social practice: An Action science perspective [J]. Management Learning, 1999, 30 (2): 177 – 187.

[112] Rodan S. , Galunic C. More than network structure: How knowledge heterogeneity influences managerial performance and innovativeness [J]. Strategic Management Journal, 2004, 25 (6): 541 – 562.

[113] Rolland N. , Chauvel D. Knowledge transfer in strategic alliances [J]. Knowledge horizons: The present and the promise of knowledge management, 2000 (33): 225 – 236.

[114] S. Burt. Structural Hotels: The social structure of competition [M]. Cambridge: Harvard University Press, 1992.

[115] Sara Lev, Avi Fiegenbaum, Aviv Shoham. Managing absorptive capacity stocks to improve performance: Empirical evidence from the turbulent environment of Israeli Hospital [J]. European Management Journal, 2009, 27 (1): 13 – 25.

[116] Sarstedt M. , Mooi E. Factor Analysis [M]. A Concise Guide to Market Research. Springer Berlin Heidelberg, 2014: 235 – 272.

[117] Schultz T. W. Economic growth and agriculture [J]. American Journal of Agricultural Economics, 1968.

[118] Schumacker, Randall E. , Lomax, Richard G. A beginner's guide to

structural equation modeling（2nd Ed.）［J］. Structural Equation Modeling – A Multi-disciplinary Journal, 2012, 175（3）: 828 – 829.

［119］Senge P. M. 第五项修炼——学习型组织的艺术与实践［M］. 张成林译. 北京: 紫光阁, 2010.

［120］Sexton R. J., Iskow J. Factors critical to the success or failure of emerging agricultural cooperatives［C］. IEEE International Conference on Indium Phosphide & Related Materials. University of California, Davis, Giannini Foundation, 1988: 39 – 42.

［121］Simonen J., Mccann P. Innovation, R&D cooperation and labor recruit-ment: Evidence from Finland［J］. Small Business Economics, 2008, 31（2）: 94 – 181.

［122］Slater S. F., Narver J. C. Market orientation and the learning organization［J］. Journal of Marketing, 1995, 59（3）: 63 – 74.

［123］Steiger J. H. Structure modeling evaluation and modification: An interval estimation approach multivariate Behavioral research［J］. Multivariate Behavioral Re-search, 1990, 2（25）: 173 – 180.

［124］Szulanski G. Exploring internal stickiness: Impediments to the transfer of best practice within the firm［J］. Strategic Management Journal, 1996, 17（2）: 27 – 43.

［125］Tennbakk B. Marketing cooperatives in mixed duopolies［J］. Journal of Ag-ricultural Economics, 1995, 46（1）: 33 – 45.

［126］Tenriverdi H., Venkatraman N. Knowledge relatedness and the perform-ance of multi – business firms［J］. Strategic Management Journal, 2005, 26（2）: 97 – 119.

［127］Tippings M. J., Sohi R. S. IT competency and firm performance: Is organ-izational leraning a missing link?［J］. Strategic Management Journal, 2003, 24（8）: 745 – 761.

［128］Todorova G., Durisin B. Absorptive capacity: Valuing a reconceptualiza-tion［J］. Academy of Management Review, 2007, 32（3）: 774 – 786.

［129］Tsai W. Knowledge transfer in intraorganizational networks: Effects of net-work position and absorptive capacity on business unit innovation and performance［J］. Academy of Management Journal, 2001, 44（5）: 996 – 1004.

［130］Tsai W., Ghoshal S. Social capital and value creation: The role of in-trafirm networks［J］. Academy of Management Journal, 1998, 41（4）: 464 – 476.

[131] Upadhyayula R. S. , Kumar R. Social capital as an Antecedent of absorptive of firms [J]. Indian Institute of Management, 2004 (12): 1 – 30.

[132] Van den Bosch F. A. J. , van Wijk R. , Volberda H. W. Absorptive capacity: Antecedents, models and outcomes [J]. ERIM Report Series Research in Management, 2003.

[133] Van Dijk W. F. A, Lokhorst A. M. , Berendse F. , et al. Collective agri – environment schemes: How can regional environmental cooperatives enhance farmers' intentions for agri – environment schemes? [J]. Land Use Policy, 2015 (42): 759 – 766.

[134] Van Wijk R. , Van Den Bosh F. A. J. , Volberda H. W. The impact of the depth and breadth of knowledge absorbed on levels of exploration and exploitation [A]. Academy of Management Meetingm BPS Division, Insights into Knowledge Transfer, Washington DC, USA, 2001 (8): 3 – 8.

[135] Vandewalle D. , Cron W. L. , Slocum J. W. The role of goal orientation following performance feedback [J]. Journal of applied psychology, 2001, 86 (4): 629 – 640.

[136] Vanhaverbeke W. , Cloodt M. Van V. V. Connecting absorptive capacity and open innovation [D]. Hasselt University, 2007.

[137] Verhofstadt E. , Maertens M. Can agricultural cooperatives reduce poverty? Heterogeneous impact of cooperative membership on farmers' welfare in Rwanda [J]. Applied Economic Perspectives and Policy, 2014, 37 (1): 86 – 103.

[138] Von Hippel E. The sources of innovation [M]. New York: Oxford University Press, 1988.

[139] Wiersema M. F. , Bantel K. A. Top management team demography and corporate strategic change [J]. Academy of Management Journal, 1992, 35 (1): 91 – 121.

[140] Wiig K. Knowledge management foundations [M]. Arlington: Schema Press, 1993.

[141] Yang D. , Liu Z. Study on the Chinese farmer cooperative economy organizations and agricultural specialization [J]. Agricultural Economics, 2012, 58 (3): 135 – 146.

[142] Yli – Renko H. , Autio E. , Sapienza H. J. Social capital, knowledge acquisition, and knowledge exploitation in young technology – based firms [J]. Strategic management journal, 2001, 22 (6 – 7): 587 – 613.

［143］Yukl G. Leadership in organizations（8th ed.）［M］. Eaglewood Cliffs，NJ：Prentice Hall，2012.

［144］Yuliando H.，Erma K. N.，Cahyo S. A.，et al. The strengthening factors of tea farmer cooperative：Case of indonesian tea industry［J］. Agriculture and Agricultural Science Procedia，2015（3）：143 – 148.

［145］Zahra S. A.，George G. Absorptive capacity：A review reconceptualization and extension［J］. Academy of Management Review，2002，27（2）：185 – 203.

［146］Zhou J.，Yan Z.，Li K. Understanding farmer cooperatives' self – inspection behavior to guarantee agri – product safety in China［J］. Food Control，2016（59）：320 – 327.

［147］边燕杰，丘海雄. 企业的社会资本及其功效［J］. 中国社会科学，2000，2（2）：2.

［148］陈共荣，沈玉萍，刘颖. 基于 BSC 的农民专业合作社绩效评价指标体系构建［J］. 会计研究，2014（2）：64 – 70.

［149］陈国权，马萌. 组织学习的过程模型研究［J］. 管理科学学报，2000，3（3）：15 – 23.

［150］陈国权. 学习型组织的过程模型、本质特征和设计原则［J］. 中国管理科学，2002，10（4）：86 – 94.

［151］陈华宁. 我国农民科技培训分析［J］. 农业经济问题，2007（2）：19 – 22.

［152］陈佳贵. 关于企业生命周期与企业蜕变的探讨［J］. 中国工业经济，1995（11）：5 – 13.

［153］陈劲，蒋子军，陈钰芬. 开放式创新视角下企业知识吸收能力影响因素研究［J］. 浙江大学学报（人文社会科学版），2011，5（41）：71 – 82.

［154］陈向明. 从一个到全体——质的研究结果的推论问题［J］. 教育研究与实验，2000（2）：1 – 7.

［155］陈晓红，宋洋. 区域创新系统中知识吸收能力的评价及比较研究［J］. 科技进步与对策，2011，28（1）：108 – 112.

［156］程克群，孟令杰. 农民专业合作社绩效评价指标体系的构建［J］. 经济问题探索，2011（3）：70 – 75.

［157］崔志，于渤，崔崑. 企业知识吸收能力影响因素的实证研究［J］. 哈尔滨工业大学学报（社会科学版），2008，10（1）：127 – 132.

［158］崔志，于渤，郝生宾. 企业知识吸收能力对竞争优势影响的实证研究［J］. 工业技术经济，2007，26（11）：29 – 34.

[159] 道格拉斯·C. 诺斯. 经济史中的结构与变迁[M]. 上海：上海人民出版社，1994（3）.

[160] 德鲁克. 卓有成效的管理者[M]. 北京：机械工业出版社，2009.

[161] 邓衡山，王文烂. 合作社的本质规定与现实监视——中国到底有没有真正的农民合作社？[J]. 中国农村经济，2014（7）：15 – 26.

[162] 迪克斯. 组织学习与知识创新[M]. 上海：上海人民出版社，2001.

[163] 丁浩，王炳成. 员工知识吸收对商业模式创新的影响——以员工的社会网络异质性为调节变量[J]. 技术经济与管理研究，2013（3）：45 – 49.

[164] 董金秋. 主轴编码方法及其应用中存在的问题[J]. 社会学，2011（2）：29 – 35.

[165] 董晓波. 政府支持与农民专业合作社经营绩效关系的实证研究——基于高管团队集体创新的中介作用[J]. 统计教育，2010（6）：33 – 37.

[166] 董勋. 知识吸收能力，组织记忆与创新绩效的关系研究[J]. 科技管理研究，2015，35（4）：132 – 136.

[167] 戴勇，朱桂龙. 以吸收能力为调节变量的社会资本与创新绩效研究——基于广东企业的实证分析[J]. 软科学，2011，1（25）：80 – 85.

[168] 樊路青，刘雯雯. "二元论"视角下的技术获取战略与吸收能力——基于中国经验的实证研究[J]. 科学学研究，2014，2（32）：257 – 266.

[169] 范远江，杨贵中. 农民专业合作社绩效评价研究范式解析[J]. 经济纵横，2011（10）：58 – 61.

[170] 付敬，朱桂龙. 知识源化战略、吸收能力对企业创新绩效产出的影响研究[J]. 科研管理，2014，3（35）：25 – 33.

[171] 高雄. 基于农村弱势群体知识援助保障机制研究[J]. 图书馆工作与研究，2014（5）：9 – 14.

[172] 戈锦文，肖璐，范明. 魅力型领导特质及其对农民合作社发展的作用研究[J]. 农业经济问题，2015（6）：67 – 74.

[173] 葛沪飞，仝允桓，高旭东. 开放式创新下组织吸收能力概念拓展[J]. 科学学与科学技术管理，2010（2）：46 – 52.

[174] 郭红东，杨海舟，张若健. 影响农民专业合作社社员对社长信任的因素分析——基于浙江省部分社员的调查[J]. 中国农村经济，2008（8）：52 – 60.

[175] 郭群成，郑少锋. 返乡农民工经验异质性与团队化创业实证研究[J]. 软科学，2010（12）：91 – 97.

[176] 何永清，张庆普. 知识吸收能力的内涵和构成维度：基于人体消化吸收视角[J]. 情报理论与实践，2012，35（3）：32 – 36.

［177］何永清．商业银行客户知识吸收能力研究［D］.哈尔滨工业大学博士学位论文，2012.

［178］胡冉迪．当前我国农民专业合作社创新发展问题与对策研究［J］.农业经济问题，2012（11）：44－48.

［179］胡旺盛．基于组织学习的动态能力研究［J］.财贸研究，2006，17（2）：118－122.

［180］胡伟斌，黄祖辉，梁巧．合作社生命周期：荷兰案例及其对中国的启示［J］.农村经济，2015（10）：117－124.

［181］黄家亮．乡土场域的信任逻辑与合作困境：定县翟城村个案研究［J］.中国农业大学学报（社会科学版），2012，29（1）：81－92.

［182］黄祖辉，扶玉枝，徐旭初．农民专业合作社的效率及其影响因素［J］.中国农村经济，2011（7）：4－13.

［183］黄祖辉，扶玉枝．合作社效率评价：一个理论分析框架［J］.浙江大学学报，2012（11）：1－12.

［184］黄祖辉，梁巧．小农户参与大市场的集体行动［J］.农业经济问题，2007（9）：66－71.

［185］黄祖辉，吴彬，徐旭初．合作社的"理想类型"及其实践逻辑［J］.农业经济问题，2014（10）：8－16.

［186］黄祖辉，徐旭初，冯冠胜．农民专业合作组织发展的影响因素分析——对浙江省农民专业合作组织发展现状的探讨［J］.中国农村经济，2012（3）：13－22.

［187］凯西·卡麦兹．建构扎根理论：质性研究实践指南［M］.重庆：重庆大学出版社，2009.

［188］孔祥智，蒋忱忱．成员异质性对合作社治理机制的影响分析——以四川省井研县联合水果合作社为例［J］.农村经济，2010（9）：8－11.

［189］拉坦．诱致性制度变迁理论，财产权利与制度变迁［M］.上海：上海三联书店，1991.

［190］李道和，陈江华．农民专业合作社绩效分析——基于江西省调研数据［J］.农业技术经济，2014（12）：65－75.

［191］李明贤，樊英．经营模式、经营特性与农民专业合作社的发展研究——基于湖南省浏阳市三家典型蔬菜类合作社的研究［J］.农业经济问题，2013（2）：81－87.

［192］李业．企业生命周期的修正模型及思考［J］.南方经济，2000（2）：47－50.

［193］林春培，张振刚．过程视角下企业吸收能力的组织与结构的实证研究［J］．科研管理，2014，2（35）：25－34．

［194］林榕航．知识管理原理［M］．厦门：厦门大学出版社，2005．

［195］刘滨，陈池波，杜辉．农民专业合作社绩效度量的实证分析——来自江西省 22 个样本合作社的数据［J］．农业经济问题，2009（2）：90－95．

［196］刘常勇，谢洪明．企业吸收能力的主要影响因素［J］．科学学研究，2003，21（3）：307－310．

［197］刘青海．吸收能力的概念及影响因素：文献综述［J］．浙江社会科学，2011，2（2）：126－142．

［198］刘松博，王凤彬．基于知识平衡计分卡的知识管理模型［J］．科学学研究，2005（2）：123－129．

［199］刘雅莉．自然垄断企业利益相关者导向的综合绩效评价［J］．管理评论，2003，15（12）：31－36．

［200］刘云芬，陈砺．多元化、政府支持与公司绩效——基于中国农业上市公司的实证研究［J］．农业技术经济，2015（2）：118－128．

［201］楼靖华．文献信息资源共建共享的利益平衡机制研究［J］．图书馆杂志，2006，25（5）：20－32．

［202］罗彪，张哲宇．领导力与动态能力对企业绩效影响的实证研究［J］．科学学与科学技术管理，2012，33（10）：137－146．

［203］罗瑾琏，门成昊，钟竞，顾玉婷．高校知识溢出对周边企业创新绩效的影响机制研究——基于地理邻近性的调节作用［J］．科技进步与对策，2014，31（10）：138－142．

［204］罗颖玲，李晓，杜兴端．农民专业合作社综合绩效评价体系设计［J］．农村经济，2014（2）：117－120．

［205］倪旭东．知识异质性对团队创新的作用机制研究［J］．企业经济，2010（8）：57－63．

［206］宁东玲，吴远巍．吸收能力的影响因素及对策研究［J］．技术经济与管理研究，2007（1）：98－99．

［207］任爱莲．吸收能力对合作创新绩效的影响研究——来自中小电子信息科技企业的证据［J］．科学管理研究，2010，1（28）：70－73．

［208］世界银行．2008 年世界发展报告：以农业促发展［M］．北京：清华大学出版社，2008．

［209］侍文庚，蒋天颖．社会资本、知识管理和核心能力关系研究［J］．科研管理，2012，33（4）：62－72．

［210］宋燕平．我国新型农民合作组织技术吸收能力的历史演化、理论框架和评价［D］.中国科学技术大学博士学位论文，2010.

［211］孙亚范．新型农民专业合作经济组织发展研究［M］.北京：社会科学文献出版社，2006：24－37.

［212］唐丽艳，周建林，王国红．社会资本、在孵企业吸收能力和创新孵化绩效的关系研究［J］.科研管理，2014，35（7）：51－59.

［213］田国强．大众市场经济学［M］.上海：上海人民出版社，1993.

［214］涂琼理，钟涨宝．江西农民专业合作社政策扶持的调查分析［J］.江西社会科学，2012（7）：236－240.

［215］托马斯·H.达文波特，劳伦斯·普鲁萨克．营运知识［M］.南昌：江西教育出版社，1999.

［216］万坤扬，陆文聪．创业企业知识异质性与公司投资者知识创造［J］.科研管理，2016，37（2）：9－19.

［217］王国顺，李清．基于吸收能力的跨国公司知识转移过程研究［J］.武汉大学学报（哲学社会科学版），2006，59（6）：762－766.

［218］王雎．吸收能力的研究现状与重新定位［J］.外国经济与管理，2007，7（29）：1－8.

［219］王璐，高鹏．扎根理论及其在管理学研究中的应用问题探讨［J］.外国经济与管理，2010（12）：10－18.

［220］卫东．开放式创新环境下装备制造企业知识吸收系统动力学模型［D］.哈尔滨工业大学博士学位论文，2012.

［221］温忠麟，张雷，侯杰泰等．中介效应检验程序及其应用［J］.心理学报，2004，36（5）：614－620.

［222］文雷．中国农民专业合作社治理机制与绩效［D］.西北农林科技大学博士学位论文，2013.

［223］吴明隆．结构方程模型——AMOS的操作与应用［M］.重庆：重庆大学出版社，2010.

［224］吴晓波，陈宗年，曹体杰等．技术跨越型企业的技术吸收能力探究［J］.自然辩证法研究，2005（3）：69－70.

［225］夏先良．知识论——知识产权、知识贸易与经济发展［M］.北京：对外经济贸易大学出版社，2000.

［226］徐二明，陈茵．中国企业吸收能力对竞争优势的影响［J］.管理科学，2009，2（22）：14－23.

［227］徐金海，蒋乃华，秦伟伟．农民农业科技培训服务需求意愿及绩效的

实证研究：以江苏省为例[J].农业经济问题，2011（12）：66－72.

　　[228] 徐笑君.跨国公司总部向在华子公司转移知识的影响因素模型构建[J].管理学报，2010（6）：896－902.

　　[229] 徐旭初，吴彬.治理机制对农民专业合作社绩效的影响——基于浙江省526家农民专业合作社的实证分析[J].中国农村经济，2010（5）：43－55.

　　[230] 徐旭初.农民专业合作社绩效评价体系及其验证[J].农业技术经济，2009（4）：11－19.

　　[231] 阎海峰，程鹏.吸收能力研究评述[J].管理评论，2009（8）：95－103.

　　[232] 杨大蓉.农民专业合作社绩效评价模型构建与应用[J].统计与决策，2015（18）：60－62.

　　[233] 杨东红，金微子.油田装备制造企业知识吸收能力影响因素分析——基于结构方程模型[J].辽宁工程技术大学学报（社会科学版），2013（5）：453－457.

　　[234] 杨培芳.网络经济学[M].北京：经济科学出版社，2000.

　　[235] 野中郁次郎，迈诺尔夫·迪尔克斯.组织学习与知识创新[M].张新华等译.上海：上海人民出版社，2001.

　　[236] 叶春森，梁雯.知识吸收能力的要素延异和维度研究[J].情报理论与实践，2015，38（1）：44－48.

　　[237] 应瑞瑶.江苏农民专业合作组织发展总报告[M].北京：科学出版社，2015.

　　[238] 于鹏.跨国公司内部的知识转移研究[M].北京：知识产权出版社，2011.

　　[239] 苑鹏.中国农村市场化进程中的农民合作组织研究[J].中国社会科学，2001（6）：63－75.

　　[240] 苑鹏.中国特色的农民合作社制度的变异现象研究[J].中国农村观察，2013（3）：40－46.

　　[241] 曾德明，黄玉勇，禹献云.产业技术创新战略联盟知识转移障碍及对策研究[J].情报理论与实践，2012，35（2）：64－67.

　　[242] 张德茗，李艳.科技型中小企业潜在知识吸收能力和实现知识吸收能力与企业创新绩效的关系研究[J].研究与发展管理，2011，3（23）：56－67.

　　[243] 张德茗.企业隐性知识沟通的动力机制研究[J].中国软科学，2011（10）：176－184.

　　[244] 张根明，彭艺杰.企业知识吸收能力对孵化企业绩效的影响研究[J].财务与金融，2013（6）：65－68.

　　[245] 张光磊，刘善仕，彭娟.组织结构，知识吸收能力与研发团队创新绩

效[J].研究与发展管理，2012，24（2）：19 –27.

［246］张开华，张清林．农民专业合作社成长的困惑与思考[J].农业经济问题，2007（5）：62 –65.

［247］张良，张润清，张艳峰．新型农民培训供需分析——基于河北省农民培训问卷的调查[J].西北农林科技大学学报（社会科学版），2010（2）：26 –29.

［248］张月辰．农民专业合作组织系统管理研究[D].天津大学博士学位论文，2006.

［249］赵昌文．农业宏观调控论[M].成都：西南财经大学出版社，1996.

［250］赵国杰，郭春丽．农民专业合作社生命周期分析与政府角色转换初探[J].农业经济问题，2009，30（1）：76 –80.

［251］赵佳荣．农民专业合作社"三重绩效"评价模式研究[J].农业技术经济，2010（2）：119 –127.

［252］浙江省农业厅课题组．农民专业合作社绩效评价体系初探[J].农村经营管理，2008，10（10）：7 –14.

［253］郑少锋，郭群成．返乡农民工创业决策的影响因素——基于重庆市6个镇204个调查样本数据的分析[J].华南农业大学学报（社会科学版），2010，9（3）：9 –15.

［254］郑少红，刘淑枝．农民专业合作社运营绩效评价——以福建省为例[J].技术经济，2012（9）：82 –87.

［255］周晓东．企业知识内部转移：模式、影响因素与机制分析[J].南开管理评论，2003（5）：7 –15.

［256］周子敬．结构方程模型——精通 LISREL［M].台北：全华，2006.

［257］朱荣．基于扎根理论的产业集群风险问题研究[J].会计研究，2010（3）：44 –50.

［258］朱淑枝．企业知识管理实务[M].北京：清华大学出版社，2009.

［259］朱秀梅，费宇鹏．关系特征，资源获取与初创企业绩效关系实证研究[J].南开管理评论，2010（3）：125 –135.

［260］邹波，于渤，卜琳华．校企知识转移网络中企业员工吸收能力研究[J].科学学研究，2011，29（1）：106 –111.

后　记

　　本书是在我的博士学位论文基础上修改、完善而来。回望这段宝贵的人生之旅，感慨万千。三年博士求学生涯转瞬即逝，一路走来，虽然艰辛，却也充实。

　　感谢导师范明教授。自读博以来，老师一直以导师的身份对我的研究工作进行指导。范明老师学识渊博，尽职尽责，在我的学习和研究上给予了悉心的指导，并营造了一个宽松的环境，让我能够全心全意投入研究工作中。在过去三年的研究过程中，我的导师提供给我大量实地调研和学习的机会，锻炼了我独立自主进行科研的能力。在后期撰写过程中，老师经常开展研讨会，帮助我更好地按时完成每一阶段的撰写工作，并指导我解决遇到的困惑和问题。范明老师恪尽职守的工作态度、高尚的人格魅力、严谨的治学态度引领我不断感悟、思考，帮我形成正确的人生观和价值观，老师是我一生学习的楷模。

　　我觉得自己无比幸运，在我的成长道路上，很多老师给予我指引和帮助。梅强教授、杜建国教授、施国洪教授、路正南教授在博士生课程学习中给予我教育和指导，他们深厚的学识底蕴和高屋建瓴的学术思想让我受益匪浅。感谢江苏大学管理学院对我的培养。在学院就读期间，得到了马志强教授、周绿林教授、庄晋财教授等的关心和指导，对于老师们的悉心栽培，我深表谢意，今后踏入社会，一定努力工作，回报学院。

　　本书依托国家自然科学基金项目，是整个课题小组的智慧结晶，感谢无数次研讨中给予我灵感和指导的范明老师、杜建国老师、金帅老师、肖璐老师、孟庆峰老师、刘素霞老师、李真老师等。感谢课题组老师以及科研小组中所有的学弟学妹，在课题调研过程中走街串巷付出的艰辛努力，一丝不苟地完成堆积如山的资料录入工作。还要特别感谢在调研过程中接待过我们，帮助我们联系农民合作社的政府部门的领导，没有他们的帮助和配合，调研工作难以顺利进行。

　　感谢三年来父母对我的鼓励和支持，使我有源源不断前进的动力，感谢我的先生李宇光，让我在博士期间收获了自己的小家庭，并给予我学业上极大的支持。最后，向所有曾经关心与支持过我研究工作的朋友们致以最诚挚的敬意和最衷心的感谢！